앤서블 마스터하기 2/e

앤서블 마스터하기 2/e

앤서블의 고수가 되는 방법

제시 키팅 지음

김용기 옮김

제시 키팅 Jesse Keating

숙련된 앤서블 사용자이자 코드 기여자며 강연자다. 15년 이상 리눅스와 오픈소스를 활용해 일해왔으며, 소프트웨어 개발, 대용량 시스템 관리 등 다양한 IT 분야를 초기부터 관여해오고 있다. 현재 수많은 강연과 커뮤니티 모임에서 발표를 하고, 다양한 주제에 관한 글을 쓰고 있다.

| 기술 감수자 소개 |

스리니바스 마캄 Sreenivas Makam

인도 남부의 방갈로르 시에 위치한 시스코 시스템즈 사에서 시니어 엔지니어링 매니저로 근무하고 있다. 전기공학 학위를 취득했으며, 약 18년간 네트워크 산업에서 종사하고 있다. 또한 스타트업 기업과 대기업 모두에서 근무한 경험이 있다. 컨테이너, SDN, 네트워크 자동화, 데브옵스, 클라우드 기술에 관심을 갖고 이 분야의 오픈소스 프로젝트를 찾아서 테스트한다.

블로그 주소는 http://www.slideshare.net/SreenivasMakam이며, 발표 자료는 http://www.slideshare.net/SreenivasMakam에, 소스코드는 https://github.com/smakam에 올려놓았다.

도커Docker 캡틴으로 선정된 바 있으며(https://www.docker.com/community/docker-captains), 블로그 글이 도커 주간 뉴스레터에 실린 경험도 있다. 트위터 계정인 @srmakam을 통해 그와 연락할 수 있다.

스리니바스는 팩트출판사에서 『Mastering CoreOS』(2016)를 출간했으며, 『Mastering Ansible』(2015)을 감수했다.

> 이 책을 감수하면서 둘째 딸 마샤가 태어났기에 나에게 더욱 특별한 의미가 있다. 나를 항상 열정 넘치게 만들어주는 나의 딸들, 사샤와 마샤에게 감사의 마음을 전한다.

| 옮긴이 소개 |

김용기(hatsari@gmail.com)

약 15년간 시스템 엔지니어 및 솔루션 아키텍트로 일해오고
있다. 현재는 레드햇에서 클라우드 솔루션과 자동화 솔루션
을 맡고 있으며, 커뮤니티로는 페이스북 앤서블 유저그룹에
서 활동하고 있다. 특정한 하나의 제품을 깊게 튜닝하기보다
는 전체 솔루션을 잘 디자인하고 효율적으로 연계하는 것이
성능과 기능 향상에 도움이 된다는 생각을 항상 하고 있다.
최근에는 신속한 서비스 제공을 위한 인프라 구조 개선에 관
심을 갖고 관련된 공부를 계속하는 중이다.

2000년에 처음으로 리눅스로 서버를 관리할 때는 관리 대수가 많지 않았다. 두 명의 관리자가 샌 스토리지, 라우터와 스위치, 그리고 OS, WAS, DB 설정까지 만능으로 담당해야 했다. 이렇게 많은 분야를 다루는 만큼 전체 IT 구성요소를 어느 정도 자세하게 알 수 있는 환경은 되었지만, 모든 설정을 외우고 있을 수는 없기 때문에 대부분의 설정 파일을 텍스트 파일로 저장해 놓고 필요할 때마다 복사해 붙여 넣는 방식으로 처리해야 했다. 하지만 서버의 변경 작업이 별로 없었고, 필요한 작업은 스크립트를 만들어 놓았기 때문에 업무에 부담은 많지 않았다. 당시에는 서버의 uptime이 높을수록 관리를 잘 한다는 인식을 갖게 되었다.

하지만 모든 산업에서 IT 서비스의 의존도가 점점 높아지고, 가상화가 도입되면서 상황은 급격히 변화하게 되었다. 가상화를 처음 도입했을 때에는 추운 서버실에서 서버가 부팅되길 기다리면서 벌벌 떨 필요도 없어지고, 네트워크 케이블 작업도 훨씬 줄어들게 돼 IDC를 방문할 일이 많이 줄어 정말 좋았다. 그리고 서버를 구축할 때도 가상머신의 템플릿을 찍어내기만 하면 되기 때문에 OS 설치 시간과 애플리케이션 설치 및 설정 시간도 훨씬 단축되었다. 그런데 이렇게 쉽게 OS를 만들 수 있게 되니 관리해야 할 서버 대수가 기하급수적으로 늘어나게 되는 현상이 발생했다. 처음에는 하나의 서버에 하나의 애플리케이션만 돌아가도록 분류하고 그룹화할 수 있어서 관리가 편해졌다고 느꼈지만, 나중에는 너무 많은 서버가 생겨서 표준화 적용도 힘들고 관리도 어려워지게 되었다. 패치 하나 적용하려면 수십 대를 각각 접속해서 동일한 작업을 해야 하고, 어떤 서버에 적용했는지 여부를 파악하기도 힘들어졌다. 그래서 결국은 파이썬으로 서버 정보를 관리하는 프로그램을 만들 수밖에 없었다.

초기 서버관리자들은 프로그래밍과 서버 운영을 어느 정도 같이 하는 경우가 많았으나, IT 업무가 분업화되면서 스토리지 관리자는 스토리지만, 네트워크 관리자는 네트워크만, 그리고 서버 관리자는 OS 및 DNS, FTP 같은 시스템 애플리케이션만 관리하도록 분화되고, 개발은 모두 전문 개발자가 하는 영역으로 분리시키는 경향이 생겼다. 그러면서 시스템 관리자는 점차 프로그래밍을 배우려 하지 않게 되고, 굳이 자신이 개발하지 않더라도 크게 불편하지 않게 되었다. 하지만 이제 '소프트웨어 정의' 인프라가 대두되고 시스템의 클러스터링과 API를 통한 시스템 간의 연계가 중시되면서 프로그래밍도 시스템 관리자가 가져야 할 기술 요소로 부각되게 되었다. 하지만 프로그래밍을 학습하는 데는 어느 정도 시간이 필요하며, 배운다고 해도 시스템 관리자가 막상 활용할 분야도 여의치 않다.

하지만 앤서블이 나타나면서 판도가 달라졌다. 앤서블은 일단 배우기 쉽고 적용할 범위가 넓다. 그리고 기존에 서버마다 접속해서 반복해 스크립트를 실행해야 하는 일도 앤서블의 플레이북 몇 줄로 해결이 가능해졌다. 앤서블은 프로그래머를 위한 언어가 아닌, 시스템 관리자를 위한 언어이며, OS 관리 명령을 알고 있으면 쉽게 관련 모듈을 찾아서 적용할 수 있다. 하지만 꼭 시스템 관리자만 사용해야 한다는 의미는 아니다. 왜냐면 앤서블은 현재 900여 개 이상의 모듈을 통해서 900여 개 이상의 기능을 제공하기 때문에 IT 엔지니어라면 가상화 또는 클라우드 관리자든, 네트워크 담당자든, 자신에게 필요한 모듈을 활용해서 자동화를 할 수 있게 도와준다. 그리고 이렇게 자동화해 놓으면 업무효율성이 높아져 기존 2~3시간 걸리는 일을 10분 안으로 줄일 수 있고, 에러 발생률도 현격히 낮출 수 있다.

그럼 이렇게 모든 작업을 자동화해 버리면 관리자들은 무엇을 해야 할까? 그 대답은 표준화 정립이다. 지루하고 반복되는 작업은 자동화해 버리고, 애플리케이션에 필요한 시스템 파라미터 표준화, 애플리케이션 설정 파라미터 표준화 등 더 안정적 운영과 빠른 배포를 위한 표준화를 수립하기 위해서 시간을 할애해야 한다. 자동화의 기본 전제는 잘 만들어진 표준화 수립임을 명심해야 한다. 또 다른 중요한 업무로는 애플리케이션의 테스트 시나리오를 최신으로 완벽하게 준비하는 것이다. 애플리케이션의 기능이 정상적으로 작동하는지 판단하는 기능테스트와 다른 서버와의 연계테스트 시나리오가 완벽하게 준비돼 있어야 실제 업무환경으로 전환했을 때도 큰 문제없이, 또는 사소한 일에 시간을 빼앗기지 않고 애플리케이션 또는 시스템 변경 작업을 진행할 수 있다.

지금껏 IT관리자들은 "서비스가 늘 살아있어야 한다."라는 강박감에 밤샘 작업을 밥 먹듯이 하고, 오분 대기조 상태로 신경을 곤두세워왔다. 이제는 설정 표준화와 테스트 시나리오를 완벽히 준비하고, 이를 기반으로 IT자동화를 구현해 밤에는 두 다리 뻗고 잠을 잘 수 있는 인프라 환경을 만들었으면 좋겠다.

마지막으로는 고마운 분들께 감사의 말을 전하고 싶다. 이 책을 권해주고 번역하는 데 도움을 준 에이콘출판사 관계자들, 너무나 가족적인 회사 동료들에게 이 지면을 빌어 고맙다는 말을 하고 싶다. 앞에서는 낯간지러워 못하겠다. 끝으로 어느 하나에 집중할 때면 짜증이 많아지는 못된 버릇이 있는 나를 항상 바로 잡아주는 사랑하는 아내 이명희, 늘 끊이지 않고 이야기를 해주는, 너무나 애교가 많은 시준이와 지민이, 그리고 나를 항상 묵묵히 지켜봐 주시는 부모님과 처가 식구들에게 감사와 사랑을 표한다.

차례

1장   앤서블 디자인과 시스템 구조   27

앤서블을 마스터하기 위해 온 것을 환영한다. 이 책은 앤서블이 제공하는 자동화, 그리고 오케스트레이션 같은, 다양한 고급 기능을 습득할 있는 가이드가 돼줄 것이다. 또한 독자는 이 책을 통해 앤서블이 작동하는 가장 기본적인 원리부터 알아가게 될 것이고 그 원리를 알게 되면 오늘날은 물론 향후에 마주치게 될 복잡하고 어려운 문제도 손쉽게 해결할 수 있는 고급 능력도 익힐 수 있다. 독자는 또한 앤서블 작동 방식을 잘 이해할 수 있고, 고급 기능을 사용하는 방법, 예상치 못한 일이 발생했을 때 이를 해결하는 방법, 그리고 앤서블을 자신의 환경에 맞게 변형하는 방법을 익힐 수 있다.

▍ 이 책이 다루는 내용

1장, 앤서블 디자인과 시스템 구조 앤서블이 어떻게 엔지니어를 대신해서 작업을 수행하는지 자세히 알아보고, 어떻게 디자인되었으며, 인벤토리, 변수와 어떻게 상호 동작하는지 알아본다.

2장, 앤서블을 통한 데이터 보호 패스워드 같은 보안이 유지되는 데이터를 암호화하고 실행 단계에서 복호화하는 방법을 알아본다.

3장, 진자2 템플릿 고급 활용 방안 앤서블에서 사용되는 진자2^{Jinja2} 템플릿을 다양하게 사용하는 방법에 대해 알아보고, 해당 능력을 최대한 발휘하는 방법을 찾아본다.

4장, 작업 조건 제어 앤서블의 기본 작동 방식을 변경해 작업 조건과 에러를 사용자 환경에 맞게 변경한다.

5장, 롤을 이용해 재사용 가능한 플레이북 작성 방법　앤서블 코드를 단순히 실행시키는 것을 넘어, 재사용이 가능하도록 추상화하고 캡슐화해서 목표 호스트에서 호스트당 각각 목적에 맞는 특별한 기능을 수행하는 방법을 제시한다.

6장, 순차적 배포를 활용한 서비스 중단 최소화 방안　관련된 앤서블 기능을 활용해 일반적으로 사용되는 애플리케이션 배포와 업그레이드 전략을 설명한다.

7장, 앤서블 장애 처리　앤서블 작업을 검사하고, 작동 방식을 파악하고, 수정하고, 디버그하는 여러 가지 도구를 알아본다.

8장, 앤서블 기능 확장　앤서블 모듈, 플러그인, 인벤토리 소스를 추가해 새로운 기능을 추가하는 다양한 방법을 알아본다.

9장, 인프라 환경 배포 관리　클라우드 인프라 환경과 컨테이너 시스템 환경에서 인프라 환경을 생성하고 관리하는 방법을 알아본다.

▌ 준비 사항

이 책에서 제시하는 예제를 따라하기 위해서는 앤서블이 실행될 수 있는 컴퓨터 환경이 필요하다. 현재 앤서블은 파이썬 2.6 또는 2.7이 설치되는 어떤 컴퓨터에서도 동작하기 때문에 레드햇, 데비안, 센토스, OS X, 그리고 BSD 등에서 사용 가능하다(단, 윈도우는 관리 머신control machine[1]이 될 수 없음).

이 책은 앤서블 2.2.x.x 버전을 사용한다.

앤서블 설치 방법은 http://docs/ansible.com/ansible/intro_installation.html에서 확인할 수 있다.

1　앤서블이 설치돼 다른 서버에 작업을 내리는 머신을 '관리 머신(control machine or node)'이라 부르고, 명령을 내려받아 작업이 실제로 수행되는 머신을 '작업대상 머신(managed machine or node)'이라 부른다. 이 명칭은 앤서블을 사용할 때 많은 문서에서 사용되는 용어다. – 옮긴이

몇 가지 예제는 도커^{Docker}를 사용하고 있으며, 해당 버전은 1.12.6이다. 도커 설치 방법은 https://www.docker.com/community-edition에서 확인할 수 있다.

▌ 이 책의 대상 독자

이 책은 앤서블의 핵심 구성요소와 기본 작동 방법은 알고 있지만, 앤서블을 사용해 자동화 적용에 필요한 기술을 향상시키려는 앤서블 개발자와 운영자를 대상으로 한다.

▌ 편집 규약

이 책에서는 여러 종류의 정보를 구분하기 위해 다양한 텍스트 스타일을 사용하는데, 이런 스타일을 사용한 예제와 그 의미에 대해 설명한다.

텍스트상의 코드, 데이터베이스 테이블 이름, 폴더 이름, 파일 이름, 파일 확장자, 파일 경로, 임의의 URL, 사용자 입력값과 트위터 처리 문자는 다음과 같이 보여주며, failed_when 구문에서 사용된다.

코드 블록은 다음과 같이 표시된다.

```
- name: query sessions
  command: /sbin/iscsiadm ?m session
  register: sessions
  failed_when: sessions.rc not in (0, 21)
```

모든 명령어 입력과 출력은 다음과 같이 표시된다.

```
$ source ./hacking/env-setup
```

주의해야 하거나 중요한 내용은 이 아이콘으로 표시한다.

 팁과 요령은 이 아이콘으로 표시한다.

▌독자 의견

독자 의견은 언제나 환영한다. 이 책에 대해 좋은 점이든 부족한 점이든 모두 알려주기 바란다. 독자 의견으로 알고 싶은 사항을 알려주면 이 책은 더욱 나은 책으로 발전할 수 있다. 일반적인 의견은 feedback@packtpub.com으로 제목에 책 이름을 적어서 이메일을 보내면 된다. 또한 당신이 전문적으로 다루는 주제가 있거나 책으로 펴내는데 관심이 있다면 저자 안내 페이지(www.packtpub.com/authors)를 참고하길 바란다.

▌고객 지원

팩트출판사의 도서를 구매하면 책을 더 이해하기 쉽도록 도와주는 다양한 보조 자원을 지원받을 수 있다.

예제 코드 다운로드

http://www.packtpub.com에 계정을 만들면 이 책에서 사용된 예제 코드를 다운로드할 수 있다. 또는 http://www.packtpub.com/support에 방문해 등록하면 이메일로 직접 받을 수도 있다.

다음의 과정으로 코드 파일을 다운로드한다.

1. 계정 등록 또는 이메일 주소와 패스워드로 로그인
2. 상단의 SUPPORT 탭에 마우스 지정
3. Code Downloads & Errata 클릭
4. Search 박스에 도서명 입력
5. 코드를 다운 받기 원하는 책을 선택
6. 드롭다운 메뉴에서 책 구매처 선택
7. Code Download 클릭

다운로드가 완료되면, 최신버전의 다음 애플리케이션을 사용해 압축을 풀어준다.

- 윈도우: WinRAR / 7-Zip
- 맥: Zipeg / iZip / UnRarX
- 리눅스: 7-Zip / PeaZip

이 책의 코드는 또한 Github의 https://github.com/PacktPublishing/Mastering-Ansible-Second-Edition 사이트에서도 찾을 수 있다. 그리고 https://github.com/PacktPublishing/에서는 방대한 도서와 비디오에서 사용된 코드를 제공하고 있으니 꼭 확인하기 바란다. 또한 에이콘출판사의 도서정보 페이지인 http://www.acornpub.co.kr/book/ansible-master-2에서도 예제 코드를 다운로드할 수 있다.

책에서 사용한 컬러 이미지 다운로드

이 책에서 사용된 스크린샷과 다이어그램을 컬러 이미지로 볼 수 있는 PDF 파일을 제공한다. 이 컬러 이미지는 이 책의 출력물에서 나타나는 차이점을 이해하는데 많은 도움이 될 것이다. 이 파일은 https://www.packtpub.com/sites/default/files/downloads/MasteringAnsibleSecondEdition_ColorImages.pdf 링크에서 다운로드할 수 있다. 또한 에이콘출판사의 도서정보 페이지인 http://www.acornpub.co.kr/book/ansible-master-2에서도 예제 코드를 다운로드할 수 있다.

정오표

책을 출간할 때 내용을 정확하게 전달하기 위해 항상 최선을 다하지만 실수가 있을 수 있다. 책 내용에서나 코드에서 오탈자를 발견한다면 알려주기 바란다. 그렇게 함으로써 다른 독자들은 동일한 경험을 하지 않아도 되고, 다음 버전에서 개선할 수 있게 된다. 만약 오탈자를 발견하게 되면 http://www.packtpub.com/submit-errata페이지에 접속해 책을 선택하고, Errata Submission Form 링크를 누른 후 발견한 오탈자 상세 사항을 기록해주면 된다. 내용이 확인되면 개선 사항이 채택돼 웹사이트에 오탈자를 업로드하거나 해당 도서의 오탈자 섹션의 목록에 추가된다.

등록된 오탈자는 https://www.packtpub.com/books/content/support에 접속해서 검색창에 책 제목을 입력하면, 책의 오탈자 섹션에서 확인할 수 있다.

한국어판의 오탈자는 에이콘출판사의 도서정보 페이지 http://www.acornpub.co.kr/book/ansible-master-2에서 볼 수 있다.

저작권 침해

인터넷의 저작권 침해는 모든 미디어가 가지는 문제다. 팩트출판사는 저작권과 라이선스를 매우 중요하게 보호하며, 어떤 형태로든 팩트출판사의 불법 복제물을 인터넷에서 발견한다면, 조치할 수 있도록 해당 주소나 웹사이트 이름을 바로 알려주길 바란다. 불법 복제물로 의심되는 자료에 대한 링크는 copyright@packtpub.com으로 연락하기 바란다. 저자를 보호하고 귀중한 콘텐츠를 제공하는 데 도움을 줘서 감사한다.

질문

한국어판에 관한 질문은 이 책의 옮긴이나 에이콘출판사의 편집팀(editor@acornpub.co.kr)에 문의할 수 있다.

앤서블 디자인과 시스템 구조

1장에서는 **앤서블**이 시스템에서 어떻게 작동하는지 자세하게 설명한다. 또한 1장에서 인벤토리 파싱inventory parsing의 기본 개념을 살펴보고, 시스템 데이터를 어떻게 앤서블이 가져오며 더 나아가 플레이북이 어떻게 시스템에 적용되는지를 알아볼 것이다. 그리고 플레이북에서 사용된 모듈이 준비되고 적용 서버에 전달돼 실행되는 과정을 따라가보겠다. 마지막으로 변수 타입을 자세히 알아보고 변수가 어디에서 정의돼야 하는지, 정의된 변수가 어느 범위에서 사용될 수 있는지, 그리고 두 번 이상 변수가 정의될 경우 어떤 것이 우선순위를 갖는지도 알아보겠다. 이 모든 것이 앤서블을 마스터하기 위한 기초가 될 것이다.

1장에서는 다음 주제를 다룬다.

- 앤서블 버전과 환경설정
- 인벤토리 파싱과 데이터 소스
- 플레이북 파싱
- 실행 전략
- 모듈 전송과 실행
- 변수 타입과 위치
- 변수 우선순위

앤서블 버전과 환경 설정

이 책에서는 시스템에 앤서블 2.2.x.x 버전이 설치됐다고 가정한다. 인터넷에는 앤서블을 다양한 종류의 운영체제와 버전에서 설치하는 문서가 이미 많이 나와 있기 때문에 별도로 설명하지 않는다. 그리고 설치된 앤서블의 버전을 알기 위해서는 ansible 또는 ansible-playbook 명령어에 version 아규먼트를 사용하면 된다.

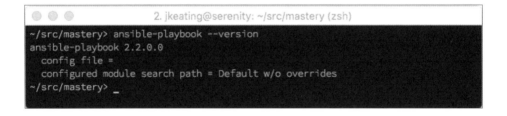

 ansible은 하나의 작업을 수행하는 명령어(ad-hoc command)이며, ansible-playbook은 여러 작업을 묶어서 작성한 플레이북을 실행하는 명령어다.

ansible을 위한 환경설정 파일은 몇 군데 다른 위치에 존재할 수 있고, 가장 먼저 발견된 설정파일의 값이 적용된다. 환경파일 참고 순서는 1.5 버전 이후로 약간 변경됐으며, 새로운 참고 순서는 다음과 같다.

- ANSIBLE_CONFIG: 환경 변수
- ~/ansible.cfg: 현재 디렉터리
- ansible.cfg: 사용자의 홈 디렉터리
- /etc/ansible/ansible.cfg

일부 설치 프로그램은 config 파일을 위 경로 중 하나에 포함시키고 있다. 어느 위치에 설정 파일이 있는지 확인하고, 어떤 설정 변경이 앤서블이 작동하는데 어떤 변화를 일으키는지 확인해야 한다. 이 책에서는 ansible.cfg를 변경하지 않고 앤서블의 기본 작동 방식 그대로 사용할 것이다.

▌ 인벤토리 파싱과 데이터 소스

앤서블은 인벤토리inventory가 없으면 아무것도 할 수 없다. 심지어 로컬호스트localhost에서 실행되는 간단한 작업ad hoc조차도 로컬호스트가 포함된 인벤토리를 필요로 한다. 인벤토리는 앤서블의 가장 기본적인 구성요소다. ansible 또는 ansible-playbook 명령어를 실행할 때, 인벤토리는 항상 참조돼야 한다. 인벤토리는 파일 또는 디렉터리로 만들 수 있으며 ansible 또는 ansible-playbook과 같은 시스템에 있어야 한다. 인벤토리는 ansible 또는 ansible-playbook이 실행될 때, --inventory-file(-i) 아규먼트로 참조되거나 또는 config 파일에 선언돼 사용된다.

인벤토리는 정적으로 선언되거나 동적으로 선언, 또는 두 가지 방식이 혼합돼 사용될 수 있다. 그리고 앤서블은 여러 개의 인벤토리를 참고할 수 있다. 일반적으로 인벤토리는 논리적으로 분리해 참고한다. 예를 들어 엔지니어가 유효성 검사를 위해 스테이징과 상용 서버로 인벤토리를 분리하고 스테이징 환경에서 정상 작동하는지 확인한 후, 해당 설정 그대로 상용 서버에서 실행할 수 있게 한다.

인벤토리에서 특정 서버에 어떤 방식으로 접속하는지를 지정하는 변수 데이터는 다양한 방법으로 인벤토리에 정의할 수 있다. 사용 가능한 옵션은 이후 좀 더 살펴보겠다.

정적 인벤토리

다양한 인벤토리 구성 방식 중에서 가장 기본은 정적 인벤토리다. 보통 정적 인벤토리는 ini 형식으로 작성된 하나의 파일로 구성된다. 다음 mastery.example.name 호스트를 포함하는 정적 인벤토리 예제를 보기 바란다.

```
mastery.example.name
```

간단하게 인벤토리 파일에 호스트 이름만을 적어주면 된다. 물론 이렇게만 해서는 인벤토리의 모든 기능을 사용할 수가 없다. 이렇게 호스트 이름만 적어주는 방식을 사용하게 되면, 작업 대상 서버를 모두 각각 지정하거나 또는 all이라는 특별한 그룹을 지정하는 수밖에 없다. 그리고 이런 방식으로 여러 인프라 환경에서 작동하는 플레이북을 작성하는 것은 꽤 지루한 작업이다. 최소한 시스템은 적어도 그룹으로 정리돼야 한다. 인벤토리를 잘 구성하는 디자인 패턴은 원하는 목적에 맞게 기능별로 시스템을 그룹화해 정렬하는 것이다. 처음에는 이런 방식의 구성이 어렵게 느껴질 수 있다. 특히나 하나의 시스템에서 여러 작업을 수행할 수 있고, 그 정도로 충분하다고 느낀다면 말이다. 하나의 인벤토리 시스템은 하나 이상의 그룹으로 분리될 수도 있고, 또는 그룹이 다른 그룹을 포함할 수도 있다. 게다가 그룹과 호스트를 정리할 때, 특정 그룹에 포함되지 않는 별도의 호스트를 지정하는 것도 가능하다. 이런 호스트는 보통 그룹으로 분리되기 전에 먼저 선언된다. 그럼 이제 이전 예제에 추가해서 좀 더 많은 수의 호스트를 갖고 이를 그룹화해보겠다.

```
[web]
mastery.example.name

[dns]
backend.example.name

[database]
backend.example.name

[frontend:children]
web

[backend:children]
dns
database
```

우리가 이번 예제에서 만든 인벤토리는 각각 하나의 시스템을 가진 세 그룹의 집합
이다. 그리고 세 개의 그룹을 논리적으로 통합하는 2개의 그룹을 추가로 더 생성했
다. 그룹을 위한 그룹을 이와 같은 방식으로 정의할 수 있다. 여기에서 사용된 구문은
[groupname:children]이며, 앤서블의 인벤토리 파서는 groupname의 이름으로 이 그룹
이 다른 그룹을 그룹화했음을 나타낸다. 그리고 이 경우 children은 다른 그룹의 이름이
다. 이제 이 인벤토리를 사용하면 특정 호스트(예: mastery.example.name)를 대상으로 하
거나 로우 레벨의 특정 그룹(예: web), 하이 레벨의 논리 그룹(예: frontend), 또는 모든 조
합에 대해 플레이를 작성할 수 있다.

dns, database 같은 일반적인 그룹 이름을 사용하면, 앤서블 플레이는 각각의 호스트를
지정하지 않고도 유연하게 작동할 수 있다. 가령 엔지니어는 상용 서버에 적용하기 이전에
스테이징 환경의 호스트를 그룹화해서 하나의 인벤토리 파일을 만든다. 그리고 실제 상용
서버를 동일한 이름의 그룹 이름으로 묶어서 또 다른 인벤토리 파일을 만들게 된다. 이런
방식으로 운영하면 플레이북에 대한 수정할 필요 없이, 동일한 플레이북을 사용해서 상용
서버와 스테이징 서버를 분리해 작업을 실행시킬 수 있게 된다. 플레이북에서 작업 대상

을 그룹으로 지정했을 경우 인벤토리는 양쪽 인벤토리에 공통으로 존재하는 그룹 이름만을 참고하고, 그 안의 호스트 이름은 참고하지 않기 때문이다. 즉 엔지니어는 자신이 작업하고자 하는 대상이 정의된 인벤토리만 선택해서 플레이북을 실행하면 된다.

인벤토리 변수 데이터

인벤토리는 시스템 이름을 나열하고 그룹화하는 것 이상의 기능을 제공하며, 시스템 관련 정보도 인벤토리에서 지정할 수 있다. 인벤토리를 통해 전달되는 데이터는 다음과 같다.

- 템플릿에서 사용하는 호스트 관련 데이터
- 조건문 또는 작업 아규먼트로 사용하는 그룹 관련 데이터
- 앤서블이 작업 대상 서버와 통신할 때 참고하는 SSH 관련 파라미터

변수는 앤서블 내부에서 사용하는 강력한 구성요소다. 여기서 언급되는 내용 이상의 다양한 방법으로 사용할 수 있고, 아무리 간단한 작업도 앤서블에서는 변수를 사용해서 처리할 수 있다. 앤서블은 'setup'[1] 과정 동안 시스템의 각종 정보를 수집하는데, 이때 시스템의 모든 정보를 가져오는 것은 아니다. 그러므로 인벤토리에 사용자가 필요한 시스템 정보를 추가 정의하면 플레이북을 작성하면서 사용할 수 있는 시스템 정보가 더욱 풍부해진다. 변수 데이터는 여러 다양한 소스에서 참고될 수 있다. 그래서 동일한 변수 이름이 여러 곳에 선언되면 해당 변수는 사용자가 의도치 않게 다른 값으로 덮어쓸 수 있다. 이를 방지하기 위해 변수 우선순위가 있으며, 이 부분은 1장의 뒷부분에서 다루겠다.

그럼 기존 인벤토리 예제에 변수 데이터를 추가해보겠다. 여기서 추가되는 부분은 호스트 관련 데이터와 그룹 관련 데이터다.

---

1 setup 과정은 앤서블이 대상 시스템에 접속해서 최초로 수행하는 작업으로 시스템 관련 정보(fact)를 수집하고, 이 정보는 변수 데이터로 사용할 수 있다. – 옮긴이

```
[web]
mastery.example.name ansible_host=192.168.10.25

[dns]
backend.example.name

[database]
backend.example.name

[frontend:children]
web

[backend:children]
dns
database

[web:vars]
http_port=88
proxy_timeout=5

[backend:vars]
ansible_port=314

[all:vars]
ansible_ssh_user=otto
```

이 예제에서 mastery.example.name 시스템은 192.168.10.25의 IP 주소로 접속한다는 것을 알려주기 위해 ansible_host 변수를 선언했다. ansible_host 변수는 **접속 방식 인벤토리 변수**behavioral inventory variable이며, 이 변수는 앤서블이 대상 서버에 접속하는 방식을 조정할 수 있는 변수를 의미한다. 이 경우 ansible_host 변수는 이름이 mastery.example.name인 DNS 검색을 수행하지 않고 해당 변수가 제공하는 IP 주소를 사용해 시스템에 연결하도록 앤서블에게 알려준다. 이 절의 끝에서는 다양한 접속 인벤토리 변수를 보여주므로 이를 참고해 시스템 접속 방식을 변경할 수 있다.

앤서블 버전 2.0 이후로 긴 문자열로 된 접속 인벤토리 파라미터는 점차 지원되지 않고 있다. 가령 ansible_ssh_host와 ansible_ssh_user, ansible_ssh_port에서 ssh 부분은 생략되고, 향후 버전에서는 이런 형태의 긴 변수는 아예 없어질 것이다.

앞에서 새롭게 작성한 인벤토리 데이터는 또한 web과 backend 그룹에 대한 그룹 단위에서의 변수를 제공한다. Web 그룹에서는 nginx 환경설정 파일에서 사용된 http_port가 지정되었고, HAProxy에서 사용되는 proxy_timeout 변수가 지정되었다. backend 그룹은 또 다른 형태의 접속 인벤토리 파라미터를 사용하는데, 이 변수는 SSH를 접속할 때 일반적으로 사용하는 22번 포트가 아닌 314번 포트로 접속하라고 지시하는데 사용된다.

마지막으로 소개할 인벤토리 요소는 all 그룹이다. 이 그룹은 별도로 지정하지 않아도 인벤토리에 등록된 모든 호스트를 포함한다. 그러므로 all 그룹에 선언된 변수 데이터는 인벤토리에서 모든 호스트에게 적용된다. 앞 예제에서는 앤서블이 모든 시스템에 접속할 때 otto 유저로 접속하도록 지시했다. 이 변수 역시 일종의 접속 인벤토리 변수이며 기본 접속유저는 ansible 또는 ansible-playbook 명령을 실행하고 있는 유저를 그대로 따라간다.

다음 표에서 접속 인벤토리 변수와 어떤 부분을 변경하는지 보여준다.

인벤토리 파라미터	접속 방식
ansible_host	호스트에 접속할 DNS 이름, 또는 IP 주소나 도커 컨테이너 이름, 인벤토리에 기록된 호스트 명과 다를 경우 사용
ansible_port	SSH 접속 포트, 22번 포트 접속이 아닐 경우 사용
ansible_user	SSH 접속 사용자 이름이거나 컨테이너 사용자 이름
ansible_ssh_pass	SSH 접속 패스워드, 보안에 취약하므로 --ask-passwd 또는 SSH Key 사용 권고
ansible_ssh_private_key_file	SSH 접속용 개인키 파일, 여러 개인키를 사용하고 SSH 에이전트 미사용 시 유용
ansible_ssh_common_args	ssh, sftp, scp 접속 시, 추가 아규먼트 정의
ansible_sftp_extra_args	sftp 실행 시 추가 아규먼트

(이어짐)

인벤토리 파라미터	접속 방식
ansible_scp_extra_args	scp 실행 시 추가 아규먼트
ansible_ssh_extra_args	ssh 실행 시 추가 아규먼트
ansible_ssh_pipelining	호스트 접속 시 SSH pipelining 기능 사용/미사용
ansible_ssh_executable	SSH 실행파일에 대한 경로 지정
ansible_become	호스트 접속 시 sudo 또는 su 같은 권한 상승 사용/미사용
ansible_become_method	권한 상승 방법 지정. sudo, su, pbrun, pfexec, doas, dzdo,ksu 중 한 가지 방법 선택
ansible_become_user	su 또는 sudo 등을 통해 전환될 사용자 이름
ansible_become_pass	권한 상승을 위한 패스워드
ansible_sudo_pass	sudo 패스워드. 보안에 취약하므로 --ask-sudo-pass 사용 권장
ansible_connection	호스트 접속 방식 지정. local, smart, ssh, paramiko, docker 중 사용 가능. 앤서블 1.2 이전 버전에서 기본은 paramiko였으나 이후 ControlPersist가 지원하는지 판단해 결정하는 smart 방식으로 변경
ansible_docker_extra_args	도커를 사용할 때 전달되는 추가 아규먼트. 보통 원격 도커 데몬을 지정할 때 사용
ansible_shell_type	대상 시스템의 셸 타입. 기본은 sh 스타일 문법을 사용하나 csh 또는 fish 셸 문법으로 변경해 사용 가능
ansible_shell_executable	대상 시스템의 셸 실행파일 경로. /bin/sh가 사용 불가할 때만 지정해야 함
ansible_python_interpreter	대상 시스템의 파이썬 경로. 한 시스템에 여러 파이썬이 설치돼 있을 때 유용. BSD계열 같이 /usr/bin/python 경로가 아니거나, /usr/bin/python이 2.x 시리즈 파이썬이 아닌 경우 사용. 사용자 환경변수에 의존하는 /usr/bin/env 호출 방식은 사용하지 않으며 실행 명령어는 python으로 실행 가능해야 함(python26 실행 명령어가 python 링크 걸림).
ansible_*_interpreter	ansible_python_interpreter처럼 ruby, perl 같은 언어를 지정하기 위해 사용. 호스트에서 실행되는 모듈의 언어를 대체

동적 인벤토리

정적 인벤토리만으로도 훌륭하고 이 정도면 대부분의 경우에 충분하지만, 인벤토리에 정적으로 쓰기에는 관리 대상 호스트가 너무 다루기 힘든 경우가 있다. 또한 LDAP나 클라우드 서비스 제공자, 또는 인벤토리, 자산추적과 데이터 웨어하우징 같은 내부 CMDB^{Configuration Management DataBase} 시스템에 이미 호스트 정보가 기록된 경우도 있다. 이미 기록된 호스트 정보를 다시 앤서블용 인벤토리에 기록하는 작업은 시간과 에너지 낭비일 뿐이며, 게다가 요즘처럼 서버가 생성되고 소멸되는 시간이 빠른 IT 환경에서 이를 수작업으로 관리하기란 끔찍한 일이 아닐 수 없다.

동적 인벤토리를 사용해야 하는 또 다른 사례는 다수의 플레이북 저장소를 관리해야 할 경우다. 다수의 플레이북 저장소를 이용하려면 동일한 인벤토리 데이터를 복제해서 사용하거나, 또는 하나의 인벤토리 데이터 복사본을 다른 플레이북 저장소에서 참조하도록 만드는 복잡한 과정을 거쳐야만 한다. 그래서 외부 인벤토리를 사용해서 쉽게 플레이북 저장소 외부에 저장된 공통 인벤토리 데이터에 접근해 설정을 간단하게 할 수 있다. 다행히도 앤서블은 정적 인벤토리만 사용하도록 제한돼 있지 않다.

동적 인벤토리 소스(또는 플러그인)는 앤서블이 실행될 때 인벤토리 데이터를 실시간으로 검색하는 실행 스크립트다. 이 스크립트는 외부 데이터 소스에 접속해 호스트 정보를 가져오기도 하고, 아니면 앤서블 인벤토리(ini 포맷)가 아닌 다른 로컬 데이터를 분석해서 호스트 정보를 가져올 수도 있다. 동적 인벤토리 소스를 직접 만드는 것은 어렵지 않으며 이 내용은 8장에서 살펴보겠다. 앤서블은 다음과 같은 다양한 동적 인벤토리 소스 예제를 제공한다.

- 오픈스택 노바^{OpenStack Nova}
- 랙스페이스 퍼블릭 클라우드^{Rackspace Public Cloud}
- 디지털오션^{DigitalOcean}
- 리노드^{Linode}

- 아마존 EC2
- 구글 컴퓨트 엔진Compute Engine
- 마이크로소프트 아주르Azure
- 도커
- 베이그랜트Vagrant

이 같은 플러그인은 EC2 사용자 계정 정보, 또는 오픈스택 노바를 위한 엔드포인트 인증 같은 일정 수준의 설정 변경이 필요하다. 그리고 동적 인벤토리 스크립트로는 추가 아규 먼트를 호스트에 전달할 수 없기 때문에 스크립트를 위한 설정 변수가 잘 관리돼야 하며, 이 설정 변수는 ini config 파일, 또는 ansible이나 ansible-playbook이 실행되는 셸 환 경 변수를 통해서 참조된다.

ansible이나 ansible-playbook 명령이 인벤토리 소스로 실행 권한이 있는 스크립트를 참 고하게 되면 앤서블은 --list 아규먼트로 해당 스크립트를 실행한다. 이것은 앤서블이 데 이터를 나타내는 내부 객체를 구축하기 위해서 전체 인벤토리 목록을 얻을 수 있게 한다. 한 번 이 정보가 구축되면 앤서블은 모든 호스트를 대상으로 다른 아규먼트를 사용해 스 크립트를 다시 실행하고, 이로써 호스트에 관련된 변수 데이터를 축적하게 된다. 이 과정 에서 사용되는 아규먼트는 --host <hoastname>이며, 호스트에 관련된 변수 데이터를 앤 서블 인벤토리에 전달하는 기능을 한다.

'8장 앤서블 기능 확장'에서 동적 인벤토리가 어떻게 작동하는지 알아보기 위해 직접 플러 그인 스크립트를 만들어보겠다.

런타임 인벤토리 추가

앤서블이 정적 인벤토리 파일을 처리하는 방법을 알게 됐다면, ansible 또는 ansible-playbook 명령이 작동할 때, 단 한 번만 호스트 데이터를 분석하는 방법도 있음을 기억해 야 한다. 클라우드를 사용하는 사용자는 새로운 클라우드 자원이 자주 생성되었다가 소멸되는 것을 경험하게 되는데, 이때 플레이북이 자주 변경되는 클라우드 자원을 정확히 인식해서 작업을 수행하려면 해당 자원을 인벤토리 목록에 동적으로 추가하는 시도가 필요하다. 클라우드 환경에서 인벤토리에 동적으로 추가하지 못하면 플레이북은 원하는 작업을 수행할 수 없게 된다. 앤서블에서는 이를 위해 add_host라는 특별한 모듈을 제공한다. 이 모듈을 사용하면 호스트 대상을 메모리상의 인벤토리 목록에 임시로 추가해서 플레이북이 이 데이터를 사용할 수 있게 한다.

add_host 모듈은 name과 groups라는 두 가지 옵션을 가진다. name 옵션은 호스트 이름을 지칭하며 다른 호스트와 구분될 수 있도록 명확해야 하고, 앤서블이 해당 호스트에 접속할 때 사용된다. groups 옵션은 새로운 시스템에 추가되는 인벤토리 그룹 이름이며, 콤마(,)로 구분된다. 이 외의 다른 옵션은 신규 추가된 호스트의 호스트 변수 데이터로 선언된다. 예를 들어 newmastery.example.name이라는 새로운 시스템을 추가하면서 해당 호스트를 web 그룹에 포함시키고, 접속 IP주소는 192.168.10.30을 사용한다고 가정하면 다음 코드를 통해 작업을 수행할 수 있다.

```
- name: add new node into runtime inventory
  add_host:
    name: newmastery.example.name
    groups: web
    ansible_host: 192.168.10.30
```

새로운 호스트는 이제 newmastery.example.name이라는 호스트명이나 web이라는 그룹명으로 이후 플레이북이 실행되는 과정에서 사용 가능하게 됐다. 하지만 작업 실행이 완료되면 이 호스트는 더는 참고될 수 없기 때문에 인벤토리 목록에 별도로 추가하는 작업을 해줘야 한다. 물론 인벤토리가 동적으로 구성돼 있다면, 다음으로 ansible이나 ansible-playbook이 실행되면서 자동으로 새로운 서버를 인벤토리에서 인식해서 사용할 수 있다.

인벤토리 제한

앞에서 설명한 바와 같이 ansible 또는 ansible−playbook이 실행되면 지정된 인벤토리 전체를 스캔해서 호스트 목록을 가져오게 된다. 이 작업은 limit[2]가 적용될 때도 마찬가지다. limit는 ansible 또는 ansible-playbook 명령이 실행될 때 --limit 아규먼트로 지정되며, 인벤토리에서 사용되는 패턴을 그대로 사용할 수 있다. 전체 인벤토리 목록을 가져오더라도 각각의 플레이에서 limit로 지정된 호스트(패턴으로 정의 가능)에서만 작업이 수행된다.

그럼 이전 인벤토리 예제를 다시 한 번 살펴보고 limit가 선언됐을 때와 선언되지 않았을 때를 비교해보겠다. all은 인벤토리 내의 전체 호스트를 참조하는 데 사용할 수 있는 특별한 그룹이라는 사실을 다시 한 번 상기하고, 인벤토리 정보는 mastery−hosts 파일에 작성했다고 가정한다. 그리고 앤서블이 작동하는 호스트에 mastery.yaml이라는 플레이북을 작성해 살펴보겠다.

```
- name: limit example play
  hosts: all
  gather_facts: false

  tasks:
  - name: tell us which host we are on
      debug:
          var: inventory_hostname
```

debug 모듈은 텍스트나 변수의 값을 출력하기 위해 사용된다. 이 debug 모듈은 이 책에서 상당히 많이 사용되는데, 실제 작업을 재현하고 변수의 상태를 확인하는 데 도움을 준다.

먼저 limit 없이 이 플레이북을 실행시켜 보겠다. 간단한 테스트를 하기 위해 localhost를

---

2 limit는 특정 호스트에서만 해당 작업이 수행되도록 제한을 거는 아규먼트다. 또한 호스트 이름 뿐이 아닌 *, !, & 같은 패턴으로도 지정할 수 있다. − 옮긴이

연결해 진행할 것이며, 이때 사용되는 local 연결 방식은 SSH 연결을 사용하지 않는다. 그림 다음 예제 화면을 살펴보겠다.

```
                    2. jkeating@serenity: ~/src/mastery (zsh)
~/src/mastery> ansible-playbook -i mastery-hosts -c local -v mastery.yaml
No config file found; using defaults

PLAY [limit example play] ***********************************************

TASK [tell us which host we are on] *************************************
ok: [mastery.example.name] => {
    "inventory_hostname": "mastery.example.name"
}
ok: [backend.example.name] => {
    "inventory_hostname": "backend.example.name"
}

PLAY RECAP **************************************************************
backend.example.name      : ok=1    changed=0    unreachable=0    failed=0
mastery.example.name      : ok=1    changed=0    unreachable=0    failed=0

~/src/mastery> _
```

그림에서 보듯이 두 개의 호스트, backend.example.name과 mastery.example.name, 에서 작업이 실행됐다. 그럼 이번에는 limit 아규먼트에 frontend 시스템을 지정하고 실행해보자.

```
                    2. jkeating@serenity: ~/src/mastery (zsh)
~/src/mastery> ansible-playbook -i mastery-hosts -c local -v --limit frontend ma
stery.yaml
No config file found; using defaults

PLAY [limit example play] ***********************************************

TASK [tell us which host we are on] *************************************
ok: [mastery.example.name] => {
    "inventory_hostname": "mastery.example.name"
}

PLAY RECAP **************************************************************
mastery.example.name      : ok=1    changed=0    unreachable=0    failed=0

~/src/mastery> _
```

이번에는 mastery.example.name 시스템에서만 작업이 실행되는 것을 확인할 수 있다. 비록 전체 인벤토리 호스트 정보가 파싱된 시각적 단서는 없지만, 앤서블 코드를 살펴보고 인벤토리 객체를 검사해보면 실제로 limit로 지정된 호스트를 찾기 위해 모든 호스트 목록이 인벤토리에서 호출된다는 사실을 알 수 있다.

즉 작업 대상을 지정할 때 호스트 패턴을 사용하거나 limit를 지정하는지에 관계없이 각 플레이가 실행되는 동안 전체 인벤토리의 모든 호스트 목록이 파싱된다는 것을 알아야 한다. 사실 이 부분은 limit 지정으로 제외된 다른 호스트의 호스트 변수를 접근해 보는 것만으로도 간단히 증명할 수 있다. 그럼 플레이북을 조금 수정해 backend.example.name 호스트의 ansible_port 변수를 접근해 보도록 하겠다.

```
---
- name: limit example play
  hosts: all
  gather_facts: false

tasks:
  - name: tell us which host we are on
    debug:
      var: inventory_hostname

  - name: grab variable data from backend
    debug:
      var: hostvars['backend.example.name']['ansible_port']
```

이번에도 limit를 지정해 mastery.example.name 서버에서만 작동하도록 제한을 두겠다.

```
2. jkeating@serenity: ~/src/mastery (zsh)

~/src/mastery> ansible-playbook -i mastery-hosts -c local -v --limit frontend ma
stery.yaml
No config file found; using defaults

PLAY [limit example play] *************************************************

TASK [tell us which host we are on] **************************************
ok: [mastery.example.name] => {
    "inventory_hostname": "mastery.example.name"
}

TASK [grab variable data from backend] ***********************************
ok: [mastery.example.name] => {
    "hostvars['backend.example.name']['ansible_port']": "314"
}

PLAY RECAP ***************************************************************
mastery.example.name      : ok=2    changed=0    unreachable=0    failed=0

~/src/mastery> _
```

결과에서 보듯이 limit 설정에 의해 작업에서 제외된 backend.example.name 서버의 호
스트 변수값을 성공적으로 가져오는 것을 확인할 수 있다. 이 동작 방식을 이해해야 좀 더
고급 기술을 응용하는데 도움이 되므로 꼭 기억하기 바란다. 이를 활용하면 limit 설정으
로 제외된 호스트에서 작업을 수행하도록 할 수도 있고 역할 위임delegation 기능도 가능해
진다. 역할 위임의 사용 사례를 보면, 로드 밸런서load balancer 시스템을 조작해 특정 시스템
을 업그레이드하기 위해 서비스에서 제외시키는 등의 작업을 진행할 수 있으며, 이때 굳
이 로드 밸런서 시스템을 limit 설정에 포함시킬 필요도 없다.

▌ 플레이북 파싱

인벤토리 소스는 시스템을 사용자가 원하는 대로 조작하기 위해서 필요하다. 그런데 이런
시스템 조작은 플레이북 또는 앤서블의 임시 명령 수행을 통해서 이뤄진다. 이 책에서는
독자가 플레이북 구조를 이미 이해하고 있다고 가정하고 있으나, 플레이북 파싱이 어떻게
이뤄지는지를 알아보기 위해 다음 사항을 살펴보겠다.

- 작동 순서
- 상대 경로 가정
- 플레이 행위 지시자
- 플레이와 작업을 위한 호스트 선택
- 플레이와 작업[3] 이름

작동 순서

앤서블은 사람이 최대한 이해하기 쉽게 디자인됐다. 그리고 앤서블 개발자는 이용자가 이해하기 쉬우면서도 컴퓨터가 효율적으로 작동하도록 개발하기 위해 끊임없이 노력하고 있다. 이에 따라 앤서블의 거의 모든 작업은 위에서 아래로 작업이 흐르도록 구성된다. 즉 플레이북에서 윗부분에 작성된 코드가 먼저 실행되고, 아래 부분에 작성된 코드는 나중에 실행이 된다. 하지만 예외는 늘 있기 마련이며, 이 순서에 영향을 줄 수 있는 몇 가지 방법과 주의사항은 존재한다.

플레이북은 크게 두 가지의 동작 방식이 있다. 첫 번째는 플레이를 실행하는 것이고, 두 번째는 파일시스템에 있는 다른 플레이북을 호출[include]해 실행하는 방식이다. 이런 동작 방식 역시 플레이북 파일에서 먼저 작성된 부분이 앞서 실행되고, 후에 작성된 부분은 나중에 실행된다. 그런데 이때 알아둬야 할 점은 모든 플레이북은 실행이 되기 전에 파싱이 돼야 한다는 것이다. 즉 실행돼야 할 플레이북은 내부에서 호출되는 플레이북을 포함해 실행되기 전에 모두 작성돼 있어야 하며, 작업 실행 중간에 새로운 플레이북을 만들어 실행시킬 수는 없다. 이런 방식은 플레이북 호출 방식에 적용되며 다음에 다룰 작업 호출[task include]에는 적용되지 않는다.

---

3 플레이(play)와 작업(task) 정의: 플레이와 작업은 플레이북을 이루는 기본 요소이며 플레이북을 설명하기 위해서는 이 둘을 구분할 수 있어야 한다. 플레이는 하나의 호스트 또는 그룹을 대상으로 원하는 목적의 작업이 실행되는 단위이며, 작업은 하나의 모듈을 사용해서 시스템에 변경을 가하는 행위에 대한 단위다. – 옮긴이

플레이에는 몇 가지 추가 동작 방식이 더 있다. 플레이북이 정확히 위에서 아래로 작동하는 방식인 반면, 플레이는 좀 더 유연한 동작 순서를 갖는다. 다음 목록에 적용 가능한 동작 방식과 순서를 몇 가지 소개하겠다.

- 변수 로딩
- 팩트 수집
- pre_tasks 실행
- pre_tasks 실행에서 호출되는 핸들러handler
- 롤role 실행
- 작업 실행
- 롤 또는 작업 실행 시 호출되는 핸들러
- post_tasks 실행
- post_tasks 실행에서 호출되는 핸들러

다음 플레이는 앞에 소개된 동작 순서를 대부분 보여주고 있다.

```
---
- hosts: localhost
  gather_facts: false

  vars:
    - a_var: derp

  pre_tasks:
    - name: pretask
      debug:
        msg: "a pre task"
      changed_when: true
      notify: say hi

  roles:
    - role: simple
```

```
    derp: newval

tasks:
  - name: task
    debug:
      msg: "a task"
    changed_when: true
    notify: say hi

post_tasks:
  - name: posttask
    debug:
      msg: "a post task"
    changed_when: true
    notify: say hi
```

이 예제 코드는 코드 블록의 순서에 상관없이 일정한 순서로 작동한다. 예를 들면 pre_
tasks 블록은 항상 tasks 또는 post_tasks 블록보다 먼저 실행된다. 핸들러(다른 작업이 성
공적으로 변경됐을 때만 호출되는 작업)는 특별한 경우다. meta라는 모듈은 특정 시점에서 핸
들러를 실행시키기 위해 사용된다.

```
  - meta: flush_handlers
```

이 코드는 다음 작업, 또는 다음 블록이 실행되기 전에 대기하는 핸들러를 바로 실행시킨
다. 이처럼 실행 순서를 이해하고 flush_handlers를 통해 작업 순서를 변경할 수 있어야
앤서블을 통한 오케스트레이션 구현 같은 복잡한 코드 작성이 가능해진다. 특히나 서비스
재기동에 매우 민감한 운영환경에서는 특히 그렇다. 새로운 서비스를 새로 가동했다고 가
정해보자. 이 플레이는 설정 파일을 수정하는 작업을 먼저 수행하고, 설정 변경이 성공하
면 핸들러를 활용해 서비스를 재시작하도록 돼 있다. 그리고 또한 서비스가 계속 실행 중
인지를 나타내야 한다. 논리적으로는 이 플레이를 처음 실행하면 설정 파일이 변경되고,
서비스가 실행 중이 아닌 상태에서 실행 중으로 재시작된다. 이렇게 갑자기 서비스가 재

시작되면 서비스 사용자는 당황스러울 수밖에 없고 서비스 단절을 경험하게 된다. 그러므로 앞의 meta 코드처럼 설정 변경을 앤서블이 인식하는 순간 바로 서비스를 실행시키도록 동작 순서를 변경하면, 서비스가 반복적으로 재시작되는 경우를 막을 수 있다.[4]

상대 경로 가정

플레이북을 작성하다 보면 참고하는 파일의 상대 경로relative path를 알아야 하는데, 앤서블은 상대 경로를 위한 디렉터리 경로 규칙이 있다. 이런 참고 파일은 변수를 따로 선언해 놓은 변수 파일, 환경 설정 파일로 사용되는 템플릿 파일, 또는 서버로 전송할 파일, 또는 원격에서 실행되는 스크립트 파일 등을 의미하며 상대 경로를 통해 해당 파일을 찾아갈 수 있게 돼 있다. 그럼 예제 플레이북을 통해 이런 파일을 어디에 놓고, 어떻게 상대 경로로 지정할 수 있는지 알아보자.

- 디렉터리 구조

```
.
├── a_vars_file.yaml
├── mastery-hosts
├── relative.yaml
└── tasks
    ├── a.yaml
    └── b.yaml
```

- a_vars_file.yaml의 내용:

```
---
something: "better than nothing"
```

---

4 notify에 의해 핸들러 작업이 실행되는 시점은 notify 구문이 끝나는 시점이 아니라 notify가 포함된 플레이의 마지막 시점이다. – 옮긴이

- relative.yaml의 내용

```
---
- name: relative path play
  hosts: localhost
  gather_facts: false
  vars_files:
    - a_vars_file.yaml
  tasks:
    - name: who am I
      debug:
        msg: "I am mastery task"
    - name: var from file
      debug:
        var: something

    - include: tasks/a.yaml
```

- tasks/a.yaml 파일의 내용

```
---
- name: where am I
  debug:
    msg: "I am task a"

- include: b.yaml
```

- tasks/b.yaml 파일의 내용

```
---
- name: who am I
  debug:
    msg: "I am task b"
```

플레이북 실행 결과 화면은 다음과 같다.

```
                    2. jkeating@serenity: ~/src/mastery (zsh)
~/src/mastery> ansible-playbook -i mastery-hosts -c local -v relative.yaml
No config file found; using defaults

PLAY [relative path play] ***********************************************

TASK [who am I] *********************************************************
ok: [localhost] => {
    "msg": "I am mastery task"
}

TASK [var from file] ****************************************************
ok: [localhost] => {
    "something": "better than nothing"
}

TASK [where am I] *******************************************************
ok: [localhost] => {
    "msg": "I am task a"
}

TASK [who am I] *********************************************************
ok: [localhost] => {
    "msg": "I am task b"
}

PLAY RECAP **************************************************************
localhost                  : ok=4    changed=0    unreachable=0    failed=0

~/src/mastery> _
```

이 예제와 결과를 통해서 상대 경로가 어떻게 참조되고, 파일이 어디에 존재해야 하는지를 확실히 알 수 있다. 롤을 사용하게 되면 이외에 추가적인 경로 규칙이 더 있으나 이 부분은 2장에서 다루도록 하겠다.

플레이 행위 지시자

앤서블이 플레이를 파싱할 때 사용되는 몇 가지 지시자가 있는데 이것을 활용하면 플레이를 다양한 방법으로 동작시킬 수 있다. 행위 지시자는 yaml 파일에서 hosts: 지시자 같은 레벨에서 작성돼야 한다. 다음은 주로 사용되는 주요 지시자를 설명한다.

- any_errors_fatal: 불린 지시자(True or False 입력값). 어떤 작업이 실패하면 무조건 심각한 장애로 앤서블이 받아들이게 한다. 앤서블은 기본적으로 모든 작업이 끝나거나 모든 호스트가 실패하면 작업이 멈추는데, 이 지시자를 True로 사용했을 때는 단 하나의 작업이라도 실패하면 전체 플레이북 작업을 중지시킨다.

- connection: 문자열 지시자(문자열 입력값). 플레이에서 관리 대상 서버에 연결하는 방식을 지정하는 지시자다. 여기에서 주로 다루는 접속 방식은 local이고 앤서블이 자기 자신을 접속해 작업을 수행하도록 지시하며, 인벤토리에 기록된 시스템 정보를 참고해 수행한다.

- gather_facts: 불린 지시자. 작업 시작 부분에서 팩트fact를 수집할지 안할지 지정한다. 팩트 작업은 관리 대상 서버에서 다양한 정보를 수집하는 특별한 작업을 말한다. 팩트 수집 작업을 제외시키면 팩트 데이터를 플레이북에서 사용할 수 없는 단점이 있지만, 대규모 서버 환경에서는 이로 인해 수행 시간을 상당히 단축시킬수 있는 장점이 있다.

- max_fail_percentage: 숫자 지시자. 이 지시자는 any_errors_fatal과 유사하지만 좀 더 유연한 작동 방식을 갖는다. 전체 작업 대상 중 지정된 비율의 호스트가 작업에 실패하면 전체 작업을 중지시키는 기능을 한다.

- no_log: 불린 지시자. 앤서블이 작업에서 받게 되는 결과 로그(화면 출력 또는 로그 파일 대상)를 기록할지 안할지를 결정한다. 작업 로그나 결과값의 보안을 유지해야 하는 경우, 로그를 숨겨서 보안을 강화할 수 있다. 이 지시자는 또한 작업에 직접 적용할 수도 있다.

- port: 숫자 지시자. SSH 또는 다른 원격 접속 포트를 지정한다. 인벤토리에 포트가 선언돼 있다면 인벤토리가 우선한다.

- remote_user: 문자열 지시자. 원격 서버에 접속하는 사용자를 지정한다. 기본은 ansible 또는 ansible-playbook 명령을 실행하는 유저를 접속 유저로 사용한다.

- serial: 숫자 지시자. 앤서블이 다음 작업으로 넘어가기 전에 하나의 작업이 동시에 수행되는 시스템 대수를 지정한다. 앤서블은 기본적으로 하나의 작업이 작

업 대상 전체에 병렬적으로 수행되는데, serial 지시자를 사용하면 동시에 몇 대에서 작업이 이뤄지는지를 지정할 수 있다. 순차적 업데이트가 필요한 작업 시나리오의 경우에 매우 적합하며 이에 대한 사례를 2장에서 다루겠다.

- become: 불린 지시자. 원격에서 작업을 수행할 때 sudo 또는 다른 방식으로 권한 상승이 이뤄져야 하는지를 지정한다. 이 지시자 역시 작업 레벨에서도 선언될 수 있다. 관련된 지시자로는 become_user, become_method와 become_flags다. 이런 지시자는 권한 상승이 어떤 방식으로 이뤄지는지를 설정하는데 사용된다.

- strategy: 플레이에서 사용될 실행 전략을 수립하기 위해 사용된다.

이 책에서는 위에 설명한 지시자가 예제 플레이북으로 많이 사용될 것이다.

 앤서블 플레이에서 사용되는 지시자 키워드의 전체 목록을 보기 위해서는 https://docs.ansible.com/ansible/playbooks_variables.html#play에서 온라인 문서를 참고하기 바란다.

실행 전략

앤서블 2.0부터 실행 전략이라는 새로운 실행 방법 지시자를 이용해 플레이를 조정할 수 있게 되었다. 실행 전략은 앤서블이 작업 대상 서버를 대상으로 각 작업이 좀 더 유기적으로 작동하도록 설정한다. 앤서블은 두 가지의 실행 전략을 갖는데 하나는 선형적^{linear}이며 다른 하나는 개별적^{free}이다. 선형적 전략$^{linear\ strategy}$은 앤서블이 작동하는 기본 방식으로, 하나의 플레이가 작동할 때 모든 작업 대상 호스트에서 해당 플레이가 완료돼야 다른 플레이를 수행하는 방식이다. 시리얼^{serial} 지시자는 이런 방식을 이용해서 임의의 호스트 그룹을 만들 수 있지만 기본 전략은 동일하게 남아있다. 임의의 호스트 그룹은 해당 작업을 그룹 내의 모든 호스트가 완료해야만 다음 작업으로 넘어갈 수 있다. 반면에 개별적 전략^{free} ^{strategy}은 앤서블의 기본 방식과는 완전히 다르다. 개별적 전략을 사용하게 되면 작업 대상 호스트는 각 호스트가 수행하는 작업이 완료되자마자 다음 작업으로 넘어가 작업을 수행하고, 다른 호스트가 완료되기를 기다리지 않는다. 이런 작동 방식은 플레이 내의 모든 작업 수행 방식에 동일하게 적용된다. 호스트는 각자가 할 수 있는 최대의 속도로 작업을 완료하고 작업 수행 시간을 최대한 단축시킨다. 대부분의 플레이북이 기본으로 선형적 전략을 사용하지만 개별적 전략이 더 유리한 상황이 있다. 가령 대규모 호스트의 업그레이드 작업이 이뤄진다고 가정하자. 플레이는 업그레이드를 위해 대량의 작업을 수행해야 하고 서비스를 정지시켜야 한다. 이때는 각각의 호스트가 가능한 정지 시간을 줄이고 업그레이드를 최대한 빨리 완료하는 것이 중요하다. 각 호스트가 독립적으로 플레이를 가능한 빨리 수행하게 하는 것이 호스트마다 소요되는 시간을 최소화하는 방안이다. 개별적 전략을 사용하지 않는다면 전체 정지 시간은 작업을 가장 늦게 수행하는 호스트의 시간에 맞춰지기 때문에 그만큼 정지 시간이 늘어나게 된다.

 개별적 전략은 호스트 간의 작업 결과를 공유하지 않기 때문에 작업 도중 한 호스트에서 발생하는 데이터를 다른 호스트의 이후 작업에서 사용하면 안 된다. 그 이유는 참고할 데이터를 생성하는 작업이 성공적으로 끝날 것이라고 보장할 수 없기 때문이다.

실행 전략은 플러그인 형태로 작성됐다. 그러므로 앤서블 작동 기능을 향상하기 위해서 자신에게 맞는 플러그인을 별도로 개발해서 사용할 수도 있다. 하지만 플러그인 개발은 이 책이 다루는 범위를 넘어서기 때문에 따로 설명은 안 하겠다.

플레이와 작업을 위한 호스트 선택

플레이를 작성할 때 가장 먼저 선언하는 것은 (name 선언을 제외하고) 호스트 패턴이다. 이 패턴은 인벤토리에서 작업이 수행될 호스트를 선택하는 방식이고, 보통 이 패턴은 직관적이다. 호스트 패턴은 하나 또는 그 이상의 블록을 포함하는데 이 블록은 호스트, 그룹, 와

일드카드 또는 호스트를 선택하기 위한 정규식 패턴을 지칭한다. 블록은 콜론(:)으로 구분하고, 와일드카드로는 별표(*)가, 정규식 패턴은 물결무늬(~)로 시작한다.

```
hostname:groupname:*.example:~(web\db).example\.com
```

그룹 인덱스 선택이나 범위 선택과 같은 고급 기능도 제공한다.

```
Webservers[0]:webservers[2:4]
```

각 블록은 포함 관계로 취급해, 처음 패턴에서 발견된 호스트는 다음 패턴에서 발견된 호스트와 합쳐져서 호스트 그룹을 만든다. 하지만 이런 포함 관계도 특수문자에 의해 조절할 수 있다. 앤드 기호(&)를 사용하면 두 그룹에 동시에 존재하는 호스트가 선택된다. 느낌표(!)를 사용하면 불포함 관계가 돼 기존 패턴의 호스트에서 두 번째 호스트 패턴의 호스트를 제외하고 선택한다.

```
Webservers:&dbservers
Webservers:!dbservers
```

앤서블이 패턴을 처리하면 그 다음에는 그룹 범위를 제약할 수 있다. 제약은 limit 또는 실패 호스트^{failed hosts} 형식으로 선언된다. 이 결과는 플레이가 실행되는 동안 저장되고 `play_hosts` 변수를 통해 접근할 수 있다. 각 작업이 실행되면 저장된 호스트 데이터는 다시 동시 처리 대수^{serial} 선언에 의해 제약을 받을 수 있다. 작업이 실패하거나 접속에 실패하는 등 플레이 도중 실패가 발생하면, 실패된 호스트는 제약 대상으로 규정돼 다음 작업을 수행하지 않도록 처리된다. 이렇게 작업을 수행할 호스트 목록을 관리하다가 수행할 수 있는 호스트가 하나도 남지 않게 되면 해당 작업은 에러로 처리돼 종료된다. 여기서 주의할 점은 플레이가 `max_fail_percentage` 또는 `any_errors_fatal` 파라미터가 설정돼 있을 때다. 이때는 해당 조건이 맞는 순간 바로 플레이북 실행이 중단된다.

플레이와 작업 이름

반드시 필요한 것은 아니지만, 플레이와 작업에 이름을 붙이는 것은 매우 좋은 습관이다. 플레이와 작업 이름은 ansible-playbook 명령이 실행될 때 화면으로 출력되고, 로그파일 설정돼 있다면 로그에도 기록된다. 작업 이름은 또한 어느 단계에서 작업이 실행되는지, 또는 어떤 핸들러를 참고하는지 알려주기 때문에 유용하다.

플레이와 작업에 이름을 붙일 때는 크게 두 가지를 고려해야 한다.

- 플레이와 작업 이름은 중복되지 말아야 한다.
- 변수가 플레이와 작업 이름에 사용될 때는 주의해야 한다.

플레이와 작업에 중복되지 않는 이름을 붙이는 것은 좋은 개발 방식으로, 플레이북에서 어느 작업에서 문제가 발생했는지를 빨리 찾는데 도움이 된다. 특히나 롤, 참조 작업 파일, 핸들러 등 플레이북의 참조 관계가 깊을수록 더욱 유용하다. 특히나 핸들러를 호출하거나 특별한 작업을 바로 시작할 때는 유일한 작업 이름이 반드시 필요하다. 작업 이름이 중복되면 앤서블은 어떤 핸들러를 호출해야 할지 알 수 없게 된다.

많은 플레이북 작성자는 이름을 중복시키지 않기 위해 변수를 살펴보게 된다. 이런 방식은 잘 작동하긴 하지만 플레이북 작성자들이 주의해야 할 부분이 있다. 그것은 바로 참고하는 변수의 데이터를 어디에서 가져오는지 확인해야 한다는 의미다. 변수 데이터는 다양한 경로에서 가져올 수 있다(이 부분은 1장 후반에서 다루겠다). 그리고 변수에 할당되는 값은 여러 번 정의될 수 있다. 플레이와 작업 이름을 안전하게 짓기 위해서 꼭 기억해야 할 중요한 점이 있다. 변수에 선언되는 값은 플레이북 파싱이 되는 때에 정확히 결정돼 있어야 한다는 것이다. 참고되는 변수의 값이 작업이 진행되는 동안 또는 다른 작동이 진행되면서 할당되는 값일 경우, 변수값은 파싱되지 않은 형태로 나타날 것이다. 플레이와 작업 이름에서 변수를 사용하는 방법을 알아보기 위해 예제 플레이북을 보자.

```
---
- name: play with a {{ var_name }}
  hosts: localhost
  gather_facts: false

  vars:
  - var_name: not-mastery

  tasks:
  - name: set a variable
    set_fact:
    task_var_name: "defined variable"

  - name: task with a {{ task_var_name }}
    debug:
      msg: "I am mastery task"

  - name: second play with a {{ task_var_name }}
    hosts: localhost
    gather_facts: false

  tasks:
  - name: task with a {{ runtime_var_name }}
    debug:
      msg: "I am another mastery task"
```

한 번에 보면 적어도 var_name과 task_var_name 변수는 정확히 처리되는 것처럼 보일 수 있다. 하지만 task_var_name 변수는 이 변수가 사용되기 바로 전에 정의됐다. 이미 앞에서 설명했듯이 플레이북은 실행 전에 전체 파싱 과정을 거친다는 사실을 명심하자.

```
● ● ●                    2. jkeating@serenity: ~/src/mastery (zsh)
~/src/mastery> ansible-playbook -i mastery-hosts -c local names.yaml -vv
No config file found; using defaults

PLAYBOOK: names.yaml ********************************************************
2 plays in names.yaml

PLAY [play with a not-mastery] *********************************************

TASK [set a variable] ******************************************************
task path: /Users/jkeating/src/mastery/names.yaml:10
ok: [localhost] => {"ansible_facts": {"task_var_name": "defined variable"}, "cha
nged": false}

TASK [task with a defined variable] ****************************************
task path: /Users/jkeating/src/mastery/names.yaml:14
ok: [localhost] => {
    "msg": "I am mastery task"
}

PLAY [second play with a {{ task_var_name }}] ******************************

TASK [task with a {{ runtime_var_name }}] **********************************
task path: /Users/jkeating/src/mastery/names.yaml:23
ok: [localhost] => {
    "msg": "I am another mastery task"
}

PLAY RECAP *****************************************************************
localhost                  : ok=3    changed=0    unreachable=0    failed=0

~/src/mastery> _
```

결과에서 보듯이 정확히 변수값이 처리된 것은 정적 변수로 선언된 var_name뿐이다.

▌ 모듈 전송과 실행

플레이북이 파싱되고 호스트가 결정되면 앤서블은 작업을 시작할 준비가 됐다. 작업은 이름과(생략할 수는 있지만 생략하지 말 것) 참고 모듈, 모듈 아규먼트와 작업 조정 지시자로 구성된다. 작업 조정 지시자는 4장에서 자세히 다룰 것이고, 1장에서는 모듈 참고와 아규먼트만 다룬다.

모듈 참고

모든 작업은 모듈을 참고하고, 모듈에 따라 앤서블은 작동하게 된다. 앤서블은 사용자 모듈을 쉽게 추가할 수 있도록 개발돼 플레이북에서 이를 사용할 수 있다. 사용자 모듈은 완전히 새로운 기능을 제공할 수도 있고, 앤서블이 제공하는 모듈을 대체할 수도 있다. 앤서블이 작업을 파싱하고 작업에서 사용되는 모듈명을 알아내면, 해당 모듈을 찾기 위해 여러 경로를 찾아본다. 어느 경로를 찾아보는지는 작업이 어디에서 실행되는지와 롤을 사용하는지에 따라 달라진다.

만약 작업이 롤 안에서 실행된다면 앤서블은 먼저 롤 안의 library/ 디렉터리를 검색할 것이다. library/ 디렉터리에 해당 모듈이 없다면, 메인 플레이북에서 library/ 디렉터리를 찾아볼 것이다(ansible-playbook 실행파일이 참조하는 위치). 해당 위치에서도 모듈을 찾지 못하면 마지막으로 기본 라이브러리 경로인 /usr/share/ansible/ 경로를 검색할 것이다. 라이브러리 경로는 설정파일(ansible.cfg) 또는 ANSIBLE_LIBRARY 환경변수를 참조한다.

모듈은 롤과 플레이북이 묶이도록 설계되었기 때문에 기능을 추가하거나 빠르게 문제를 해결하기가 매우 쉬워진다.

모듈 아규먼트

모듈을 사용하는데 아규먼트가 항상 필요하지는 않다. 모듈의 도움말을 보면 어떤 아규먼트가 필요한지 알 수 있다. 모듈 도움말은 ansible-doc 명령어를 통해 볼 수 있다.

```
● ● ●                    2. jkeating@serenity: ~/src/mastery (zsh)
~/src/mastery> ansible-doc debug | cat -
> DEBUG

  This module prints statements during execution and can be useful for
  debugging variables or expressions without necessarily halting the
  playbook. Useful for debugging together with the 'when:' directive.

  * note: This module has a corresponding action plugin.

Options (= is mandatory):

- msg
       The customized message that is printed. If omitted, prints a
       generic message.
       [Default: Hello world!]
- var
       A variable name to debug.  Mutually exclusive with the 'msg'
       option.
       [Default: (null)]
- verbosity
       A number that controls when the debug is run, if you set to 3
       it will only run debug when -vvv or above
       [Default: 0]
EXAMPLES:
# Example that prints the loopback address and gateway for each host
- debug: msg="System {{ inventory_hostname }} has uuid {{ ansible_product_uuid }
}"

- debug: msg="System {{ inventory_hostname }} has gateway {{ ansible_default_ipv
4.gateway }}"
  when: ansible_default_ipv4.gateway is defined

- shell: /usr/bin/uptime
  register: result

- debug: var=result verbosity=2

- name: Display all variables/facts known for a host
  debug: var=hostvars[inventory_hostname] verbosity=4


MAINTAINERS: Michael DeHaan, Dag Wieers (@dagwieers)
~/src/mastery> _
```

 예제 명령은 셸 명령으로 파싱되는 것을 방지하기 위해 cat 명령으로 파이프(pipe) 처리됐다.

아규먼트는 **진자2** 형식으로 템플릿화(변수 전달)할 수 있다. 이 작업은 모듈 실행 시에 파싱되고, 이전 작업에서 나온 결과 데이터를 이후 작업의 입력값으로 사용할 수 있다. 이런 방식은 앤서블의 기능을 강력하게 만드는 요소다.

또한 아규먼트는 key=value 형식으로 입력될 수도 있고, 원래 YAML의 복잡한 형식으로도 입력될 수 있다. 다음의 아규먼트가 모듈에 전달되는 두 가지 형식의 예제를 살펴보자.

```
- name: add a keypair to nova
  os_keypair: cloud={{ cloud_name }} name=admin-key wait=yes

- name: add a keypair to nova
  os_keypair:
    cloud: "{{ cloud_name }}"
    name: admin-key
    wait: yes
```

이 예제에서의 두 가지 형식 모두 동일한 결과가 나올 것이다. 하지만 모듈에 복잡한 아규먼트를 전달하기 위해서는 복잡한 형식이 필요할 수밖에 없다. 어떤 모듈은 리스트[list] 타입[5], 또는 해시[hash] 타입의 데이터가 아규먼트로 전달돼야 하는데 이때는 복잡한 형식을 쓰면 된다. 두 가지 형식 모두 많은 작업에서 사용되지만 이 책에서는 복잡한 형식을 주로 사용한다.

모듈 전송과 실행

모듈이 발견되면 앤서블은 어떤 방식으로든 해당 모듈을 실행해야한다. 모듈이 어떻게 전송되고 실행되는지는 몇 가지 요소에 따라 달라진다. 그러나 일반적인 처리과정은 다음과 같다. 먼저 로컬 파일시스템에서 모듈을 검색하고 이를 읽어서 파일 오브젝트 형태로 메모리에 올린다. 이후 모듈로 전달된 아규먼트를 추가하고, 파싱하는데 필요한 코어 앤서

---

5 파이썬 언어의 자료형태인 리스트(list)와 딕셔너리(dic)타입이 사용된다. – 옮긴이

블 코드도 메모리의 파일 오브젝트에 추가된다. 이렇게 모인 코드는 zip 형태로 압축되고, base64로 인코드돼 스크립트로 만들어진다. 이후 작동 방식은 전적으로 서버 접속 방식과 실행 옵션(리뷰를 위해 모듈 코드를 원격 시스템에 그대로 남겨두는 것처럼)에 따라 달라진다.

기본 서버 접속 방식은 smart이며, 이 방식은 ssh가 어떻게 연결돼야 하는가를 결정한다. 기본 설정으로 접속하면, 앤서블은 SSH로 원격 서버에 접속하고 임시 디렉터리를 생성한 후 연결을 끊는다. 이후 다시 SSH로 연결한 후 메모리에 있는 ZIP 파일(로컬 모듈과 모듈 아규먼트, 그리고 코어 앤서블 코드의 묶음)을 이전 접속에서 생성한 임시 디렉터리 안에 기록한다.

끝으로 앤서블은 세 번째 SSH 연결을 통해 스크립트를 실행한 후 임시파일과 관련 파일을 모두 삭제한다. 모듈의 실행 결과는 JSON 형식으로 화면 출력돼 앤서블이 이를 파싱하고 적절히 다룰 수 있게 한다. 작업이 비동기^{async} 방식으로 작동하는 경우에는 세 번째 SSH 연결에서 모듈 실행이 완료되기 전에 연결을 끊는다. 그리고 미리 선언된 일정시간 이후 SSH로 재접속해 작업이 완료됐는지, 혹은 타임아웃에 도달했는지 확인하게 된다.

작업 성능

위에서 앤서블의 연결 방식을 설명한 바와 같이 앤서블은 작업마다 세 번의 SSH 연결이 필요하다. 연결 서버가 적고 해야 할 작업이 적을 경우에는 이런 방식이 아무 상관없지만, 작업 수가 많아지고 대상 서버도 많아지게 되면, SSH를 연결하고 끊는 시간도 상당히 오래 소요된다. 다행히도 이 시간을 단축시키는 두 가지 방법이 있다.

첫 번째는 ControlPersist라는 SSH 기능이다. 이 기능은 한 번 원격 서버에 소켓을 연결하게 되면 이 연결을 계속 유지해주는 구조를 갖고 있어서, 새로 연결을 맺을 때 필요한 연결 확인 단계^{handshaking}를 거치지 않아도 된다. 그래서 앤서블이 새로운 접속을 맺을 때 발생하는 시간을 상당히 줄여줄 수 있다. 앤서블이 작동하는 서버에서 이 기능을 제공하면, 앤서블은 자동으로 이 기능을 사용한다. 사용하는 플랫폼이 이 기능을 지원하는지 확인하기 위해서는 ControlPersist를 위한 SSH man 문서를 확인하면 된다.

두 번째로 성능을 향상시킬 수 있는 방법은 pipelining[6]이다. 이 기능은 SSH 기반 연결에서 사용 가능하며, 앤서블 설정 파일의 `ssh_connection` 섹션에서 설정할 수 있다

```
[ssh_connection]
pipelining=true
```

이 설정은 모듈이 전송되는 방식을 변경한다. 임시 디렉터리를 생성하기 위해 SSH를 한 번 접속하고, 모듈 기록하는데 또 한 번 접속하고, 다시 실행하고 지우는데 세 번째 접속하는 방법 대신, 앤서블이 한 번만 SSH접속을 한다. 그리고 해당 접속을 통해 모듈을 전송하고 스크립트를 실행한다. 세 번의 접속을 한 번으로 줄이기 때문에 성능을 향상시킬 수 있지만, 이 기능은 기본 설정이 아니다.

이 두 가지의 성능 개선 팁을 섞어서 사용하면 작업 대상 서버가 늘어난다 하더라도 플레이북 실행 시간이 훨씬 빨라질 수 있다. 하지만 앤서블은 설정 파일에 지정된 fork 설정의 대수만큼만 병렬로 처리된다는 점을 명심해야 한다. fork는 앤서블이 원격 서버와 통신하는 작업 프로세스의 개수를 의미하며 기본은 5이다. 즉 한 번에 5대의 서버에서만 동시에 작업이 수행된다. 작업 서버가 많을 경우에는 이 수를 늘리는 게 성능 향상에 도움이 된다. 이 수를 조정하는 방법은 앤서블 설정 파일에서 `forks=` 파라미터를 조정하거나 `ansible` 또는 `ansible-playbook` 실행파일의 `--forks(-f)` 아규먼트를 지정해주면 된다.

▌ 변수 타입과 위치

변수는 앤서블의 주요 구성요소다. 변수를 사용함으로써 인벤토리의 여러 호스트에서 데이터를 동적으로 가공할 수 있고, 플레이를 재사용할 수 있다. 앤서블을 사용하는데 가장

---

6 pipelining 기능은 ssh 접속 개수를 줄여주기 때문에 큰 성능 향상을 볼 수 있다. 하지만 이 기능이 기본 설정에 포함되지 않은 이유는 호환성 문제로 앤서블이 정상 작동하지 않을 수 있기 때문이다. pipelining은 tty를 지원하지 않기 때문에 sudo 옵션 중 requiretty 옵션과 호환되지 않으며, su의 경우는 항상 tty가 필요하기 때문에 이 경우는 사용될 수 없다. - 옮긴이

기본적인 작업은 변수의 활용이라 할 수 있다. 그러므로 앤서블을 마스터하기 위해서는 다양한 변수 타입을 이해하고, 어디에 변수가 위치해야 하는지 알고 또한 외부데이터를 접속하는 방법과 사용자 변수를 질문prompt 형식으로 받는 방법을 알아야 한다.

변수 타입

변수의 우선순위를 파악하기 전에 앞서 앤서블에서 사용되는 다양한 변수 타입과 하위변수, 그리고 변수가 존재해야 하는 위치와 어디에서 사용할 수 있는지를 알아야 한다.

첫 번째 주요 변수 타입은 **인벤토리 변수**inventory variable다. 이 변수는 인벤토리에 작성되는 변수다. 각각의 호스트를 위한 변수를 선언하기 위해서는 host_vars에 선언돼야 하고, 그룹단위로 적용하기 위해서는 group_vars에 선언해야 한다. 이 변수는 인벤토리 파일에 직접 작성할 수도 있고, 동적 인벤토리의 플러그인에 의해 호출될 수도 있으며, host_vars/〈host〉 또는 group_vars/〈group〉 디렉터리에서 호출될 수 있다.

인벤토리 변수는 앤서블의 작동 방식을 결정하기 위해 사용되는데, 이 경우는 호스트 관련 정보를 처리하거나 호스트에서 운영되는 애플리케이션과 관련된 특별한 데이터를 처리할 때다. 이 변수가 host_vars 또는 group_vars에서 가져오든 모두 해당 호스트의 hostvars 변수로 할당되고, 이 값은 플레이북과 템플릿 파일에서 사용될 수 있다. 호스트 자신의 변수값을 가져오기 위해서는 단순히 {{ foobar }} 같이 변수 이름으로 접근하면 되고, 다른 호스트의 변수에 접근하기 위해서는 hostvars 변수를 통해 접근하면 된다. 예를 들어 examplehost 시스템의 foobar 변수에 접근하기 위해서는 {{ hostvars['examplehost'] ['foobar'] }} 같이 작성하면 된다. 이 경우 변수는 전역 변수로 취급된다.

두 번째 주요 변수 타입은 **롤 변수**role variable다. 롤 변수는 롤에 특화된 변수로 롤 작업에 의해서 사용되고, 해당 변수가 정의된 롤 안에서만 사용될 수 있다. 또한 롤 변수는 보통 롤의 defaults 디렉터리에서 정의되며 변수의 기본값으로 사용된다. defaults 디렉터리에 정의된 변수는 롤이 정의될 때 다른 사용자 변수에 의해 쉽게 덮어쓸 수 있도록 만들어졌다.

롤이 참고될 때는 변수 데이터도 동시에 제공받을 수 있다. 해당 변수 데이터는 롤의 기본 변수값을 덮어쓸 수도 있고, 또는 완전히 새로운 데이터를 만들 수도 있다. 롤에 대해서는 5장에서 더욱 깊게 설명할 것이다. 롤 변수는 롤 작업이 실행되는 모든 호스트에 적용되면 hostvars 변수를 통해 직접 접근할 수 있다.

세 번째 주요 변수 타입은 **플레이 변수**play variable다. 플레이 변수는 플레이의 vars 지시자로 직접 선언하거나 vars_files 지시자로 외부 파일에서 변수값을 선언할 수 있다. 추가로 vars_prompt 지시자를 통해 플레이가 진행되는 때에 변수를 사용자 입력값으로 선언할 수 있다. 플레이 변수는 해당 플레이에서 또는 플레이의 작업에서, 그리고 플레이가 별도로 호출한 작업에서 사용 가능하다. 또한 플레이 변수는 플레이 안의 모든 호스트에게 적용될 수 있으며 hostvars 변수를 통해 참고될 수 있다.

네 번째 주요 변수 타입은 **작업 변수**task variable이다. 작업 변수는 작업이 수행된 결과값을 변수의 값으로 선언하거나 플레이의 팩트 수집과정에서 나온 결과값으로 이뤄진다. 그리고 작업 변수는 호스트에 국한되며 hostvars 변수에 추가되기 때문에 선언된 이후에는 전역 변수로 사용될 수 있다. 이 변수는 gather_facts 지시자, 또는 fact **모듈**(상태를 변형하지는 않고 상태값만 제공하는 모듈)을 통해 생성되거나 작업의 결과값을 저장하는 register 지시자로부터 값을 받아온다. 아니면 set_fact 또는 add_host 모듈을 통해 직접 변수로 선언될 수도 있다. 변수의 값은 pause 모듈의 prompt 아규먼트를 통해서 플레이북 실행 도중에 입력받아 선언될 수 도 있다.

```
- name: get the operators name
  pause:
    prompt: "Please enter your name"
  register: opname
```

마지막 변수 타입은 **특수 변수**extra variable 또는 extra-vars다. 특수 변수는 ansible-playbook 명령이 실행될 때 --extra-vars 파라미터로 입력되며 key=value 형식의 리스트 타입으로 선언되거나 JSON 타입, 또는 변수 데이터가 정의된 YAML 형식의 파일 형태로 선언된다.

```
--extra-vars "foo=bar owner=fred"
--extra-vars '{"services":["nova-api","nova-conductor"]}'
--extra-vars @/path/to/data.yaml
```

특수 변수는 전역 변수로 간주되고 전체 플레이북의 모든 호스트와 영역에서 사용될 수 있다.

▌외부 변수값 접근 방법

롤 변수값, 플레이 변수값과 작업 변수값은 또한 외부 소스에서 가져올 수 있다. 앤서블은 **관리 머신**(ansible-playbook 명령이 실행되는 시스템)으로부터 데이터를 접근하고 검사하는 메커니즘을 제공한다. 이 메커니즘은 룩업 플러그인lookup plugin이라 하며, 앤서블은 수많은 플러그인을 제공한다. 이런 플러그인은 파일을 읽어 데이터를 찾아 접근하기 위해 사용하거나, 앤서블 호스트에 나중에 사용할 패스워드를 생성하거나 저장하기 위해 사용한다. 그리고 환경변수를 검사하고 실행결과 데이터를 가져오거나, Redis 또는 etcd 시스템의 데이터를 접근하고, 템플릿 파일의 변수 데이터를 가공, dnstxt 레코드를 질의하는 등의 기능을 제공한다. 룩업의 문법은 다음과 같다.

```
lookup('<plugin_name>', 'plugin_argument')
```

예를 들어 etcd에서 mastery 값을 가져오는 debug 작업은 다음 코드와 같다.

```
- name: show data from etcd
  debug:
    msg: "{{ lookup('etcd', 'mastery') }}"
```

룩업은 해당 플러그인을 참조하는 작업이 실행될 때 작동하고, 동적으로 데이터를 찾아낸다. 다수의 작업에서 사용되는 특별한 룩업을 재사용하고, 매번 재검사하기 위해서는 룩업으로 찾은 값을 플레이북 변수로 선언하면 된다. 그러면 플레이북 변수가 참고될 때마다 룩업이 실행되고, 시간이 지남에 따라 다른 결과값을 제공해 줄 수 있다.

▌ 변수 우선순위

앞서 설명한 바와 같이 여러 곳에서 선언할 수 있는 몇 가지 주요한 변수가 있다. 이렇게 여러 곳에서 변수가 선언되는 것에 대한 강한 의구심이 생기는데, 그 의문은 "동일한 이름의 변수가 여러 곳에서 선언이 되면 무슨 일이 벌어질까?"에 대한 것이다. 앤서블은 변수 데이터를 불러들이는데 우선순위가 있다. 그래서 이 규칙에 따라 어떤 변수의 값을 선택할지 결정하게 된다. 변수값을 덮어쓰는 것은 앤서블의 고급 사용법이다. 그렇기 때문에 변수 덮어쓰는 방식을 사용하기 전에, 이것이 정확히 어떻게 작동하는지를 완전히 이해해야 한다.

우선순위 순서

앤서블은 변수의 우선순위 순서를 다음과 같이 정의한다.

1. extra vars(명령어 파라미터로 입력): 항상 최고 우위

2. 작업 vars(특정 작업 내에서만 우위)

3. 블록 vars(블록 안의 작업에서만 우위)

4. Role과 include 변수

5. set_fact로 생성된 변수

6. register 작업 지시자로 생성된 변수

7. 플레이 vars_files

8. 플레이 vars_prompt

9. 플레이 vars

10. Host facts

11. 플레이북 host_vars

12. 플레이북 group_vars

13. 인벤토리 host_vars

14. 인벤토리 group_vars

15. 인벤토리 vars

16. Role defaults

해시 병합

바로 앞부분에서 어떤 변수값이 다른 값을 덮어쓰는지에 대한 변수의 우선순위를 살펴봤다. 앤서블의 기본 작동 방식은 변수값이 한 번 덮어쓰면 다른 값은 완전히 사라진다. 하지만 이런 작동 방식은 해시 타입의 변수에서는 달라진다. 해시 변수(파이썬의 dictionary)는 키key와 값value으로 이뤄져 있다. 값은 키와는 다른 종류의 데이터 타입일 수 있으며, 복잡한 데이터 구조에서는 값이 또 다른 해시일 수 있다.

필요에 따라서는 해시를 완전히 대체하는 것이 아니라 기존 해시를 약간 변경하거나, 기존 해시에 추가로 값을 넣어야 할 때가 있다. 이 기능을 사용하기 위해서는 앤서블 설정 파일을 수정할 필요가 있다. 설정할 부분은 hash_behavior이며 값으로는 **교체**replace 또는 **병합**merge을 선택할 수 있다. 병합으로 설정됐을 때는 우선순위에 의해 변수값이 변경될 때, 새로운 데이터로 완전히 바뀌는 게 아니라 변수값이 기존 데이터와 합쳐지거나 섞이게 된다.

두 가지 방식에 대해 다음 예제를 살펴보겠다. 먼저 데이터를 가진 해시를 선언하고, 다른 데이터를 가진 더 높은 우선순위의 해시를 선언해 변화를 확인해보겠다.

데이터를 선언한다.

```
hash_var:
   fred:
     home: Seattle
     transport: Bicycle
```

include_vars를 통해 새로운 데이터 로딩시킨다.

```
hash_var:
  fred:
     transport: Bus
```

기본 작동 방식을 사용했을 때 hash_var의 값은 다음과 같다.

```
hash_var:
  fred:
     transport: Bus
```

그러나 병합 방식을 활성화하면 다음과 같은 결과가 나타난다.

```
hash_var:
  fred:
     home: Seattle
     transport: Bus
```

병합을 사용하면 더 많은 변형과 정의되지 않은 행위가 발생할 수 있다. 그래서 이 설정을 선택할 때는 꼭 이 기능이 필요한지 확인하고 사용하기를 권고한다.

▌ 요약

앤서블의 디자인이 간편하고 사용하기 쉽게 만들어졌지만 그 구조 자체는 매우 강력하다. 1장에서는 앤서블의 버전, 설정, 플레이북 파싱, 모듈 전송과 실행, 변수 형식과 위치, 그리고 변수 우선순위 같은 앤서블의 주요 구조와 개념에 대해 알아봤다.

또한 플레이북이 갖는 변수와 작업을 살펴봤다. 작업은 변수 데이터로 전달될 수 있는 아규먼트를 통해 모듈과 묶여지는데, 이 묶음은 인벤토리 소스에서 선택된 호스트로 전송된다. 이 같은 기본 지식을 이해하는 것이 앤서블을 정복하는 토대가 된다.

2장에서는 앤서블을 동작시키면서 보안 데이터를 안전하게 보관하는 방법에 대해 다루겠다.

02

앤서블을 통한 데이터 보호

비밀은 비밀인 상태로 있어야 한다. 비밀로 유지해야 하는 것은 클라우드 서비스에 접속하는 계정 정보든, 데이터베이스 자원의 패스워드든 그만한 이유가 있다. 이 정보가 악의적인 사람들의 손에 떨어지면, 거래 비밀이나 고객의 개인 정보가 노출되고, 악의적으로 또는 더 나쁜 목적으로 사용될 수 있다. 이렇게 되면 시간과 비용이 소모되고 골머리를 썩을 수 있다. 2장에서는 앤서블로 데이터를 안전하게 숨기는 방법에 대해 알아보겠다.

- 안전한 데이터 암호화
- 플레이북 실행 중 보안 데이터 보호

▌ 안전한 데이터 암호화

설정 관리 시스템, 또는 오케스트레이션 도구로 유용한 앤서블은 막강한 힘을 가진다. 이 힘을 마음껏 발휘하기 위해서는 보안 데이터를 앤서블이 처리할 수 있어야 한다. 시스템에 접속할 때마다 패스워드를 입력하는 자동화 시스템은 매우 비효율적이다. 앤서블의 힘을 극대화하기 위해서 보안 데이터는 앤서블이 읽고 사용할 수 있는 데이터 파일로 저장해야 한다.

보안 데이터를 평문 형태로 파일시스템에 저장해 놓는 것은 매우 위험한 일이다. 이런 일은 물리적 측면과 디지털 측면에서 위험한 요소다. 물리적으로는 컴퓨터를 빼앗아 보안 데이터를 훔쳐갈 수도 있고, 디지털 방식으로는 악의의 소프트웨어를 설치하고 사용자 계정으로 접근해서 어떤 정보든 빼내갈 수 있다. 사용자가 버전 관리 시스템source control system을 사용 중이라면 소스 저장소를 구성하는 인프라 역시 같은 위험에 있게 된다.

고맙게도 앤서블은 데이터를 안전하게 보호할 수 있는 장치를 갖고 있는데, 이 장치가 바로 볼트Vault다. 이 장치는 텍스트 파일을 암호화해서 암호화된 형식으로 안전하게 저장한다. 키 값이나 엄청나게 거대한 컴퓨팅 파워가 사용되지 않는 한, 이 데이터는 해독될 수 없다.

안전하게 데이터를 암호화하는 방법을 알아보는데 주요 사항은 다음과 같다.

- 적합한 암호 대상
- 새로운 암호 파일 생성
- 기존 암호화되지 않은 파일의 암호화
- 암호화된 파일 수정 방법
- 파일의 접근 패스워드 변경
- 암호화된 파일 복호화 방법
- 암호화된 파일을 참조해 ansible-playbook 실행

볼트의 암호화 대상

볼트 기능은 앤서블에서 처리하는 모든 **구조화된 데이터** 파일을 암호화하는데 사용할 수 있다. 이 데이터는 본질적으로 앤서블이 작업 중에 사용하는 YAML, 또는 JSON 파일[1]이며 다음 파일이 포함될 수 있다.

- group_vars/ 파일
- host_vars/ 파일
- include_vars 대상
- vars_files 대상
- --extra-vars 대상
- 롤 변수
- 롤 기본 변수defaults
- 작업 파일
- 핸들러 파일
- copy 모듈에서 사용되는 원본 파일

이런 파일이 YAML 형식으로 작성됐고, 앤서블에 의해 참고하거나 또는 파일이 copy 모듈로 전송될 수 있다면 이 파일은 볼트로 암호화가 가능한 대상이다. 전체 모든 파일이 암호화될 수는 없기 때문에 어떤 파일을 암호화할지 신중하게 선택해야 한다. 소스 파일을 관리하는데 이 파일이 모두 암호화돼 있다면 협업하는 사람들이 소스를 검토하기가 매우 힘들어질 것이다. 그러므로 최선의 방법은 가능한 한 최소한의 데이터만 암호화하고 하나의 파일 안에 기록하는 것이다.

---

1 YAML과 JSON 모두 키 값(key value) 형식으로 정의되는 데이터 선언 파일 형식으로 최근에 많이 사용된다. YAML은 파이썬 프로그래밍을 할 때 많이 사용되고, JSON은 자바 기반에서 많이 통용된다. 이 책에서는 두 파일 형식의 원어를 그대로 사용할 것이다. - 옮긴이

새로운 암호 파일 생성

암호화된 파일을 생성하기 위해서 앤서블은 ansible-vault라는 프로그램을 제공한다. ansible-vault는 볼트로 암호화된 파일을 생성하고 처리하기 위해 사용된다. 암호화된 파일을 생성하기 위해서 create라는 서브루틴subroutine을 사용한다.

```
2. jkeating@serenity: ~/src/mastery (zsh)
~/src/mastery> ansible-vault create --help
Usage: ansible-vault create [options] file_name

Options:
  --ask-vault-pass       ask for vault password
  -h, --help             show this help message and exit
  --new-vault-password-file=NEW_VAULT_PASSWORD_FILE
                         new vault password file for rekey
  --output=OUTPUT_FILE   output file name for encrypt or decrypt; use - for
                         stdout
  --vault-password-file=VAULT_PASSWORD_FILE
                         vault password file
  -v, --verbose          verbose mode (-vvv for more, -vvvv to enable
                         connection debugging)
  --version              show program's version number and exit
~/src/mastery> _
```

새로운 파일을 생성하기 위해서는 먼저 두 가지를 알아야 하는데, 첫 번째는 볼트가 파일을 암호화하기 위해 사용할 패스워드이며, 두 번째는 파일 이름이다. 이 정보를 입력하면 ansible-vault는 텍스트 편집기를 열게 되는데, 이 편집기는 EDITOR 환경 변수로 정의된다. 그리고 파일을 저장하고 편집기를 빠져나가면 ansible-vault는 AES256 cypher로 파일을 암호화하고 키 값으로 입력된 패스워드를 이용한다.

 플레이북 내에서 참조되는 모든 암호화된 파일은 동일한 키를 사용해야 한다. 그렇지 않으면 ansible-playbook은 암호화된 파일을 해독할 수 없을 것이다.

ansible-vault 프로그램은 파일 경로를 아규먼트로 제공되지 않으면 password를 요청한다. password 파일은 한 줄로 패스워드가 저장된 평문 파일일 수도 있고, 표준출력으로 한 줄의 패스워드를 보여주는 실행 파일일 수도 있다.

그럼 파일을 암호화하는 몇 가지 예제를 보겠다. 처음에는 암호화 파일을 생성해 패스워드 프롬프트를 사용해보고, 그 다음은 password 파일을 제공하는 방법을 볼 것이며, 마지막으로는 패스워드를 표준출력으로 보여주는 실행 파일을 만들어보겠다.

패스워드 프롬프트

패스워드가 입력되면 편집기가 실행되고 파일에 내용을 기록할 수 있다.

 저자의 시스템에 설정된 편집기는 VIM이다. 독자의 경우는 다를 수 있으며, 원하는 편집기로 변경하길 원한다면 EDITOR 환경변수 값을 변경하면 된다.

이제 파일을 저장했다. 파일의 내용을 보면 앤서블이 향후 사용할 것임을 알려주는 헤더
와 함께 암호화된 내용을 볼 수 있다.

패스워드 파일

Password 파일을 이용해 ansible-vault 프로그램을 사용하기 위해서는 먼저 password
파일을 만들 필요가 있다. 간단히 echo 명령으로 패스워드를 파일에 저장하면 된다. 그러
면 이후 ansible-vault로 파일을 암호화할 때 이 패스워드 파일을 이용하면 된다.

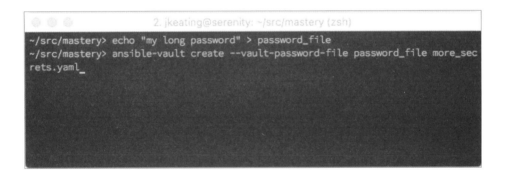

password 프롬프트가 나타날 때와 마찬가지로 편집기가 실행되고, 여기에 데이터를 기록
할 수 있다.

패스워드 스크립트

마지막 예제는 패스워드 스크립트를 사용한다. 이 방식은 중앙 서버에 접속 정보 패스워드를 저장하고, 팀에서 공동으로 플레이북 트리를 작성하는 시스템 환경을 설계할 때 유용하다. 각 개발자는 자신의 패스워드를 공통 접속 정보 저장소에 저장하고, 여기에서 Vault 패스워드 형태로 접속 정보를 가져올 수 있다. 이번 예제는 훨씬 간단해서 패스워드를 단지 표준출력하도록 작동한다. 이 파일은 password.sh라는 이름으로 저장된다. 그리고 앤서블이 처리할 수 있도록 실행 권한이 부여돼야 한다.

```
2. jkeating@serenity: ~/src/mastery (zsh)
~/src/mastery> vim password.sh
~/src/mastery> cat password.sh
#!/bin/bash

echo "a long password"
~/src/mastery> chmod +x password.sh
~/src/mastery> ansible-vault create --vault-password-file password.sh even_more_
secrets.yaml
```

기존 파일 암호화

이전 예제는 모두 ansible-vault 명령어의 create 서브루틴으로 새로운 파일을 암호화하는 법을 다뤘다. 하지만 기존 파일을 암호화하려면 어떻게 하면 되는가? 이를 위한 서브루틴이 있고, 해당 명령어는 encrypt다.

```
● ● ●              2. jkeating@serenity: ~/src/mastery (zsh)
~/src/mastery> ansible-vault encrypt --help
Usage: ansible-vault encrypt [options] file_name

Options:
  --ask-vault-pass      ask for vault password
  -h, --help            show this help message and exit
  --new-vault-password-file=NEW_VAULT_PASSWORD_FILE
                        new vault password file for rekey
  --output=OUTPUT_FILE  output file name for encrypt or decrypt; use - for
                        stdout
  --vault-password-file=VAULT_PASSWORD_FILE
                        vault password file
  -v, --verbose         verbose mode (-vvv for more, -vvvv to enable
                        connection debugging)
  --version             show program's version number and exit
~/src/mastery> _
```

암호화 편집기를 열기 전에 기존 파일의 내용이 평문인지 확인해 본다. create 서브루틴에서처럼 password(또는 password 파일)를 입력하고 파일의 경로를 지정해야 한다. 그러나 이 경우에는 파일이 이미 존재한다. 이번 예제에서는 '1장 앤서블 디자인과 시스템 구조'에서 사용했던 a_vars_file.yaml 파일을 암호화하겠다.

```
● ● ●              2. jkeating@serenity: ~/src/mastery (zsh)
~/src/mastery> cat a_vars_file.yaml
---
something: "better than nothing"
~/src/mastery> ansible-vault encrypt --vault-password-file password.sh a_vars_fi
le.yaml
Encryption successful
~/src/mastery> cat a_vars_file.yaml
$ANSIBLE_VAULT;1.1;AES256
32633162323138633535613833362616638643635353237353230346635306163383826262626435333
35623532666539383866656165333861613864653633633340a343962643931666266353362323562
38313664383566366333353232366236353561366262373563643332383834616230316365646133
39666366646639613803a626434646239386535386643434336338666163616643936534663639338
313932366263373936336643135623933663536353532646236656466636653732346330336353326137
66313165303837316464323536562383834333566333734623064
~/src/mastery> _
```

이 화면에서 파일이 암호화되기 이전과 이후의 내용을 볼 수 있고, 파일 내용이 실제로 암호화됐음을 확인할 수 있다. create 서브루틴과는 달리 encrypt 명령은 다수의 파일을 변경시킬 수 있기 때문에 한 번의 실행으로 모든 중요한 데이터를 쉽게 보호할 수 있다. 간단히 암호화할 파일을 공백으로 구분해서 나열하기만 하면 된다.

 이미 암호화된 파일을 다시 암호화하면 에러가 발생한다.

암호화된 파일 수정

한 번 ansible-vault 명령으로 암호화되면 이 파일은 직접 수정될 수 없다. 편집기로 파일을 열어도 암호화된 데이터만 보게 된다. 암호화된 파일을 변경하면 파일이 손상되고, 앤서블은 파일을 정상적으로 읽을 수 없다. 그러므로 이 파일을 정상적으로 변경하기 위해서는 먼저 파일의 내용을 해석하고 다시 편집한 다음 파일에 저장하기 전에 새 내용을 암호화하는 서브루틴이 필요하며, 해당 서브루틴은 edit다.

```
                    2. jkeating@serenity: ~/src/mastery (zsh)
~/src/mastery> ansible-vault edit --help
Usage: ansible-vault edit [options] file_name

Options:
  --ask-vault-pass        ask for vault password
  -h, --help              show this help message and exit
  --new-vault-password-file=NEW_VAULT_PASSWORD_FILE
                          new vault password file for rekey
  --output=OUTPUT_FILE    output file name for encrypt or decrypt; use - for
                          stdout
  --vault-password-file=VAULT_PASSWORD_FILE
                          vault password file
  -v, --verbose           verbose mode (-vvv for more, -vvvv to enable
                          connection debugging)
  --version               show program's version number and exit
~/src/mastery> _
```

edit 서브루틴은 이전에 편집기로 파일을 열었을 때처럼 파일을 평문으로 읽을 수 있게 한다. 또한 이제는 익숙해진 옵션도 다시 보인다. password 파일과 스크립트, 수정할 파일 이름이 이 옵션이다. 방금 암호화한 옵션을 다시 수정해보면 ansible-vault의 편집기가 임시 파일을 생성한다는 사실을 알아챌 수 있다. 편집기는 이 파일을 저장하고, ansible-vault가 파일을 암호화한 후 기존 파일을 교체한다.

```
●  ●  ●           2. jkeating@serenity: ~/src/mastery (zsh)
~/src/mastery> ansible-vault edit --vault-password-file password.sh a_vars_file.
yaml_
```

```
●  ●  ●  2. ansible-vault edit --vault-password-file password.sh a_vars_file.yaml (python)
---
something: "better than nothing"
~
~
~
~
~
<zzsqj2j4hdghh6z93z1rhgw0000gn/T/tmpAOuOxf" 2L, 37C              1,1              All
```

암호화된 파일에 대한 패스워드 변경

시간이 지나 개발 참여자가 교체되는 일이 반복되면, 암호 데이터의 보안을 강화하기 위해 패스워드를 주기적으로 바꿔주는 것이 좋다. 암호화만이 패스워드를 보호하는 가장 좋은 방법이며, 이를 위해 ansible-vault는 패스워드 변경하는 rekey라는 서브루틴을 제공한다.

```
  ● ● ●                    2. jkeating@serenity: ~/src/mastery (zsh)
~/src/mastery> ansible-vault rekey --help
Usage: ansible-vault rekey [options] file_name

Options:
  --ask-vault-pass         ask for vault password
  -h, --help               show this help message and exit
  --new-vault-password-file=NEW_VAULT_PASSWORD_FILE
                           new vault password file for rekey
  --output=OUTPUT_FILE     output file name for encrypt or decrypt; use - for
                           stdout
  --vault-password-file=VAULT_PASSWORD_FILE
                           vault password file
  -v, --verbose            verbose mode (-vvv for more, -vvvv to enable
                           connection debugging)
  --version                show program's version number and exit
~/src/mastery> _
```

rekey 서브루틴은 edit 서브루틴과 유사하게 작동한다. 이 명령어는 선택적인 password
파일/스크립트와 하나 이상의 파일을 rekey로 받는다. 유의해야 할 점은 기존 파일을 복
호화하기 위해 패스워드 파일/스크립트를 사용하는 동안에는 새로운 패스워드를 제공할
수 없다. 새로운 패스워드는 프롬프트로 입력해야 한다. even_more_secrets.yaml 파일
의 패스워드를 변경해보겠다.

```
  ● ● ●                    2. jkeating@serenity: ~/src/mastery (zsh)
~/src/mastery> ansible-vault rekey --vault-password-file password.sh even_more_s
ecrets.yaml
New Vault password:
Confirm New Vault password:
Rekey successful
~/src/mastery> _
```

모든 암호화된 파일은 반드시 패스워드 파일을 가져야 한다는 점을 기억하고, 해당 파일
은 동시에 패스워드를 변경해야 함을 명심하자.

암호화된 파일의 복호화

시간이 지나 어느 순간이 되면 암호화가 굳이 필요 없어질 때가 있다. ansible-vault는 파일에서 암호화를 제거하는 서브루틴을 제공하며, 이름은 당연히 decrypt다.

```
                    2. jkeating@serenity: ~/src/mastery (zsh)
~/src/mastery> ansible-vault decrypt --help
Usage: ansible-vault decrypt [options] file_name

Options:
  --ask-vault-pass       ask for vault password
  -h, --help             show this help message and exit
  --new-vault-password-file=NEW_VAULT_PASSWORD_FILE
                         new vault password file for rekey
  --output=OUTPUT_FILE   output file name for encrypt or decrypt; use - for
                         stdout
  --vault-password-file=VAULT_PASSWORD_FILE
                         vault password file
  -v, --verbose          verbose mode (-vvv for more, -vvvv to enable
                         connection debugging)
  --version              show program's version number and exit
~/src/mastery>
```

다시 한 번 선택적인 아규먼트인 password 파일/스크립트와 복호화를 위한 파일 경로를 입력하고, 기존에 생성했던 암호화된 파일을 복호화해 보겠다.

```
                    2. jkeating@serenity: ~/src/mastery (zsh)
~/src/mastery> cat more_secrets.yaml
$ANSIBLE_VAULT;1.1;AES256
616165353735373266313837653832396535343665306234323335336136313731663262663063362
383761393431396235613434653638383938643138386130030a313230646230636433343538363630
633035373133838313631656531346461366623064666393135663264623064366633353061663303362
373764323566376476206420a646134333939343834396338385666366630313936658653037623865666437
3030623935623133661653866623226633338353235376313035373565634373536633261
~/src/mastery> ansible-vault decrypt --vault-password-file password_file more_se
crets.yaml
Decryption successful
~/src/mastery> cat more_secrets.yaml
---
more: secrets
~/src/mastery>
```

암호화된 파일을 이용한 앤서블 플레이북 실행

암호화된 내용을 사용하기 위해서는 먼저 ansible-playbook 명령어에 암호화 파일을 사용할 것이라는 점을 알려줘야 한다. 파일의 암호화/복호화를 목적으로만 사용하는 ansible-vault와 달리, ansible-playbook 명령은 더 범용적인 프로그램이기 때문에 암호화가 반드시 사용된다고 가정해 실행하지는 않는다. 그래서 ansible-playbook에 암호화 데이터가 사용되는 사실을 알려주는 두 가지 방법이 있다. 첫 번째는 --ask-vault-pass 아규먼트다. 이 아규먼트를 사용하면 플레이북이 실행되는 시작 시점에 프롬프트를 통해 패스워드가 입력되는데, 이 패스워드는 암호화된 파일을 풀기 위한 볼트 패스워드다. 앤서블은 이 패스워드를 플레이북이 실행되는 동안 메모리에 저장하고 있다. 두 번째 방법은 password 파일이나 스크립트를 참고하는 것이며, 이는 이미 익숙한 --vault-password-file 아규먼트를 통해서 입력한다.

그럼 show_me.yaml이라는 간단한 플레이북을 생성해, 이전 예제에서 암호화한 a_vars_file.yaml 파일에 선언한 변수의 값을 출력해보겠다.

```
---
- name: show me an encrypted var
  hosts: localhost
  gather_facts: false

  vars_files:
   - a_vars_file.yam

  tasks:
    - name: print the variable
      debug:
        var: something
```

```
● ● ●                    2. jkeating@serenity: ~/src/mastery (zsh)
~/src/mastery> ansible-playbook -i mastery-hosts --vault-password-file password.
sh show_me.yaml -vv
No config file found; using defaults

PLAYBOOK: show_me.yaml ******************************************************
1 plays in show_me.yaml

PLAY [show me an encrypted var] *********************************************

TASK [print the variable] **************************************************
task path: /Users/jkeating/src/mastery/show_me.yaml:10
ok: [localhost] => {
    "something": "better than nothing"
}

PLAY RECAP *****************************************************************
localhost                  : ok=1    changed=0    unreachable=0    failed=0

~/src/mastery> _
```

▋ 플레이북 실행 중의 보안 데이터 보호

지금까지 보안 데이터를 파일시스템에서 안전하게 보호하는 방법을 알아보았다. 하지만 보안측면에서 고려할 때 이게 전부는 아니다. 보안 데이터는 작업에서 모듈 아규먼트로 사용될 수 있고, 반복문loop의 입력값, 또는 다른 방식으로 사용될 수 있다. 이 경우 보안 데이터는 remote 호스트로 전달돼 로컬, 또는 remote log 파일에 전송되거나 화면에 출력될 수 있다. 이번 절에서는 플레이북이 작동되는 동안 보안 데이터를 보호하는 전략에 대해 다루겠다.

원격 호스트로 전송되는 보안 데이터

'1장 앤서블 디자인과 시스템 구조'에서 살펴봤듯이 앤서블은 모듈 코드와 아규먼트를 묶어 remote 호스트에 보내고 이를 임시 디렉터리에 저장한다. 즉 보안 데이터가 네트워크를 통해 전송되고 **또한** remote 파일시스템에 기록된다는 의미다. 시스템이 오직 SSH 연결 방식만 사용한다면, 전송 데이터는 암호화되기 때문에 간단한 스누핑 기법으로는 데이터가 노출되지 않는다. 하지만 이외의 다른 연결 방식도 사용한다면, 전송 도중 데이터의 암호화 여부를 꼭 확인해야 한다. 네트워크 전송 중 데이터가 암호화되지 않는 연결 방법은 절대 사용하지 않기를 당부한다.

데이터가 전송되면 앤서블은 이 데이터를 파일시스템에 평문으로 저장한다. 이는 1장에서 배운 파이프라이닝을 사용하지 않거나, **또는** ANSIBLE_KEEP_REMOTE_FILES 환경 변수를 통해 remote 파일을 그대로 두라는 지시를 받은 경우 발생할 수 있다. 파이프라이닝을 사용하지 않으면 앤서블은 모듈과 코드, 아규먼트를 임시 디렉터리에 기록하고, 실행된 이후에는 이를 삭제한다. 만약에 이 실행 코드를 remote 파일시스템에 저장한 후, 실행 도중에 연결이 끊어지면 실행 코드는 그대로 remote 파일시스템에 그대로 남게 된다. 그래서 필요 시에는 수동으로 이 파일을 삭제해야 한다. 그리고 앤서블이 파일을 의도적으로 남겨두라고 정의하면 파이프라이닝이 사용되더라도 해당 파일은 정의된 위치에 기록된다. 아주 민감한 데이터를 다룰 때는 이 옵션을 사용하는데 주의해야 한다. 일반적으로 remote 호스트에서 오직 앤서블로 접속하는 사용자(또는 권한 승격을 통해)만 남은 파일에 접속해야 한다. 간단히 remote 사용자의 ~/.ansible/tmp/ 디렉터리에서 보안 데이터를 삭제하는 것만으로도 충분히 보안을 유지할 수 있다.

원격 또는 로컬 로그 파일에 기록된 보안 데이터

앤서블이 호스트에서 작동할 때 실행 명령은 syslog에 기록된다(로그 레벨이 3 또는 그 이상인 경우). 적합한 권한을 가진 사용자에 의해 이 명령이 수행되면 해당 호스트의 syslog 파일에서 관련 메시지가 나타나는 것을 알 수 있다. 이 메시지는 모듈 이름과 명령과 함께 전달된 아규먼트, 그리고 보안 데이터가 포함될 수 있다. 이런 일이 발생하는 것을 방지하기 위해서 플레이와 작업에서 no_log라는 이름의 작업 지시자를 사용할 수 있다. no_log를 활성화하면 앤서블 작업이 syslog에 기록되지 않는다.

또한 앤서블 작업은 로컬 시스템에 로그 파일로 기록될 수 있고 `ANSIBLE_LOG_PATH` 환경 변수로 정의된다. 이 환경 변수가 선언되지 않으면 앤서블은 화면 출력으로만 결과를 보여준다. `ansible-playbook` 명령을 수행하는 사용자가 해당 경로에 쓰기 권한이 있다면, 환경 변수가 선언된 위치에 로그 파일이 만들어진다. 로그 정보의 수준은 화면 출력되는 정보와 동일하며, 기본적으로 변수값과 자세한 리턴값은 화면으로 출력되지 않는다. 로그 레벨 1(-v)은 일반 결과 데이터가 화면에 보인다(그리고 로컬 로그 파일에도 기록 가능). 로그 레벨 3(-vvv)까지 올리게 되면, 입력 파라미터까지도 보이는데, 그러면 보안 데이터가 노출될 수 있으므로 `no_log` 설정으로 화면에서도 출력되지 않도록 해야한다. 이전 예제에서 암호화된 데이터를 화면에 출력하도록 했는데 이번에는 `no_log`를 작업에 추가해 변수값이 화면에 보이지 않게 하겠다.

```
---
- name: show me an encrypted var
  hosts: localhost
  gather_facts: false

 vars_files:
   - a_vars_file.yaml

 tasks:
   - name: print the variable
     debug:
       var: something
     no_log: true
```

이 플레이북을 실행하면 보안 데이터가 보호된다는 것을 알 수 있다.

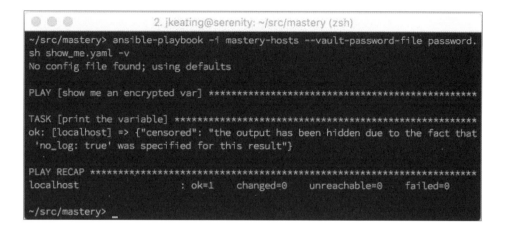

앤서블이 스스로 검열해 no_log로 지정된 민감한 데이터는 노출시키지 않는다.

 no_log 지시자는 플레이, 롤, 블록 또는 작업에서 사용될 수 있다.

요약

앤서블은 보안 데이터를 암호화할 수 있다. 민감한 데이터가 어떻게 파일시스템에 저장되는지를 이해하고, 어떻게 사용되는지를 이해하는 것이 중요하다. 조금만 주의하고 관심을 가지면 앤서블은 보안 데이터를 안전하게 저장시킬 수 있다. ansible-vault 명령으로 보안 데이터를 암호화해 파일시스템이나 소스 관리 저장소에 저장할 수 있다. 그리고 보안 데이터가 로그로 기록되는 것을 방지해 remote log 파일이나 화면 출력으로 정보가 노출되는 것을 방지할 수 있다.

3장에서는 앤서블에서 사용되는 진자2 템플릿 엔진을 다루는 법에 대해 알아보겠다.

03

진자2 템플릿
고급 활용 방안

템플릿은 앤서블에 생명을 불어넣는 혈액과 같다. 설정파일 내용부터 작업의 변수 치환과 조건문, 그 이상으로 템플릿은 앤서블의 모든 부분에서 활용된다. 앤서블의 템플릿 엔진은 **진자2**다. 진자2는 파이썬에서 사용되는 최신의 디자인 친화적인 템플릿 언어다. 3장에서는 진자2 템플릿의 고급 활용방안에 대해 살펴보겠다.

- 제어 구조
- 데이터 조작
- 비교

▌ 제어 구조

진자2에서 제어 구조는 템플릿 파싱 엔진의 흐름을 제어하는 템플릿을 참조한다. 이 구조는 조건절, 반복과 매크로 등 더 많은 내용을 포함하고 있다. 진자2에서(기본 설정을 사용 중이라고 가정할 때) 제어 구조는 {% ... %} 블록 안에 쓴다. 이런 시작과 끝 블록은 일반 문자열이나 변수 이름 대신 제어 명령문이 제공된다는 사실을 진자2 파서에 알려준다.

조건문

템플릿에서 조건문은 결정 경로를 만든다. 템플릿 엔진은 조건절을 보고 두 개 이상의 코드 블록에서 결정하게 된다. 항상 최소 2개의 코드 블록이 있는데, 조건절이 참일 때의 경로와 빈 블록으로 표현되는 else 경로 두 가지다.

조건절의 구문은 if문이다. if문은 파이썬에서 사용하는 방식과 거의 동일하다. if문은 옵션으로 한 개 또는 그 이상의 elif문과 같이 사용해 마지막 구문에 else 구문을 쓸 수 있다. 하지만 파이썬과는 달리 endif 구문을 명시할 필요가 있다. 다음 예제는 config 파일 템플릿 일부를 보여주며, 여기서 일반적인 변수 선언과 if else 구문을 비교할 수 있다.

```
setting = {{ setting }}
{% if feature.enabled %}
feature = True
{% else %}
feature = False
{% endif %}
another_setting = {{ another_setting }}
```

이 예제에서는 변수 feature.enabled는 해당 변수의 값이 있는지와 False로 설정돼 있지 않은지를 확인한다. 이 조건이 참이면 feature = True를 사용하고, 그렇지 않으면 feature = False를 사용한다. 조건 블록 밖에서 파서는 중괄호mustache bracket 안의 값을 이용해 일반 변수의 값을 치환한다. 여기서는 elif문을 사용해 다중 경로를 정의할 수 있으며, 이전 조건 테스트에서 false일 때 수행할 다른 테스트가 파서에 제공된다.

이 템플릿이 처리되는 과정을 보기 위해 demo.j2라는 이름의 템플릿을 파일로 저장하고 template-demo.yaml 이름의 플레이북을 생성했다. 이 플레이북은 사용하는 변수를 정의하고, pause 작업으로 템플릿 룩업lookup을 사용해 화면에 템플릿 처리 결과를 표시한다.

```
---
- name: demo the template
  hosts: localhost
  gather_facts: false
  vars:
    setting: a_val
    feature:
      enabled: true
    another_setting: b_val
  tasks:
    - name: pause with render
      pause:
        prompt: "{{ lookup('template', 'demo.j2') }}"
```

이 플레이북을 실행하면 입력을 기다리는 동안 화면에 템플릿이 처리되는 것을 보여준다. 이때 간단히 Enter를 누르면 플레이북이 완료된다.

```
   ●●●                     2. jkeating@serenity-2: ~/src/mastery (zsh)
~/src/mastery> ansible-playbook -i mastery-hosts template-demo.yml -vv
No config file found; using defaults

PLAYBOOK: template-demo.yml ********************************************************
1 plays in template-demo.yml

PLAY [demo the template] **********************************************************

TASK [pause with render] **********************************************************
task path: /Users/jkeating/src/mastery/template-demo.yml:13
[pause with render]
setting = a_val
feature = True
another_setting = b_val
:
ok: [localhost] => {"changed": false, "delta": 1, "rc": 0, "start": "2016-12-29
12:13:15.286170", "stderr": "", "stdout": "Paused for 0.03 minutes", "stop": "20
16-12-29 12:13:17.107023", "user_input": ""}

PLAY RECAP ************************************************************************
localhost                  : ok=1    changed=0    unreachable=0    failed=0

~/src/mastery> _
```

feature.enabled 변수값을 변경하면 결과는 약간 다르게 나타닌다.

```
   ●●●                     2. jkeating@serenity-2: ~/src/mastery (zsh)
~/src/mastery> ansible-playbook -i mastery-hosts template-demo.yml -vv
No config file found; using defaults

PLAYBOOK: template-demo.yml ********************************************************
1 plays in template-demo.yml

PLAY [demo the template] **********************************************************

TASK [pause with render] **********************************************************
task path: /Users/jkeating/src/mastery/template-demo.yml:13
[pause with render]
setting = a_val
feature = False
another_setting = b_val
:
ok: [localhost] => {"changed": false, "delta": 1, "rc": 0, "start": "2016-12-29
12:14:25.599895", "stderr": "", "stdout": "Paused for 0.02 minutes", "stop": "20
16-12-29 12:14:26.880526", "user_input": ""}

PLAY RECAP ************************************************************************
localhost                  : ok=1    changed=0    unreachable=0    failed=0

~/src/mastery> _
```

인라인 조건문

if문은 인라인 표현식으로 사용될 수 있다. 인라인 표현식은 새로운 라인의 추가가 허용되지 않는 환경에서 매우 유용하다. cinder나 cinderv2 의 값을 갖는 API 변수를 정의한다고 가정해보자.

```
API = cinder{{ 'v2' if api.v2 else '' }}
```

이 예제는 api.v2가 불린^{Boolean}, 즉 참 또는 거짓으로 정의됐다고 가정한다. 인라인 if 표현식은 <do something> if <conditional is true> else <do something else> 문법을 따른다. 인라인 if 표현식에는 else가 생략돼 사용될 수 있다. 하지만 생략된 else는 정의되지 않은 오브젝트로 판단되어 에러를 발생시키곤 한다. 이를 방지하기 위해 else를 명시적으로 선언해 결과값을 공백 문자열^{zero length string}로 정의했다.

인라인 조건문을 살펴보기 위해 좀 전의 예제 플레이북을 수정하겠다. 이번에는 debug 모듈을 사용해서 간단한 템플릿을 처리한다.

```
---
- name: demo the template
  hosts: localhost
  gather_facts: false
  vars:
    api:
      v2: true
  tasks:
    - name: pause with render
      debug:
        msg: "API = cinder{{ 'v2' if api.v2 else '' }}"
```

이제 플레이북을 실행하고 템플릿 처리 결과를 보자.

```
● ● ●                    2. jkeating@serenity-2: ~/src/mastery (zsh)
~/src/mastery> ansible-playbook -i mastery-hosts template-demo.yml -vv
No config file found; using defaults

PLAYBOOK: template-demo.yml ********************************************
1 plays in template-demo.yml

PLAY [demo the template] **********************************************

TASK [pause with render] **********************************************
task path: /Users/jkeating/src/mastery/template-demo.yml:11
ok: [localhost] => {
    "msg": "API = cinderv2"
}

PLAY RECAP ************************************************************
localhost                  : ok=1    changed=0    unreachable=0    failed=0

~/src/mastery>
```

api.v2 변수의 값을 false로 변경하면 다른 결과가 나타난다.

```
● ● ●                    2. jkeating@serenity-2: ~/src/mastery (zsh)
~/src/mastery> ansible-playbook -i mastery-hosts template-demo.yml -vv
No config file found; using defaults

PLAYBOOK: template-demo.yml ********************************************
1 plays in template-demo.yml

PLAY [demo the template] **********************************************

TASK [pause with render] **********************************************
task path: /Users/jkeating/src/mastery/template-demo.yml:11
ok: [localhost] => {
    "msg": "API = cinder"
}

PLAY RECAP ************************************************************
localhost                  : ok=1    changed=0    unreachable=0    failed=0

~/src/mastery>
```

반복문

반복문을 사용하면 동적으로 템플릿 파일에 구문을 생성할 수 있고, 횟수가 일정치 않은 아이템을 작동시킬 때 유용하다. 반복문 제어 구조를 생성하기 위해서는 for 구문이 사용된다. 다음 예제에서는 가상의 서비스가 데이터를 찾을 수 있는 디렉터리 목록을 반복 검색하는 간단한 방법을 살펴보겠다.

```
# data dirs
{% for dir in data_dirs %}
data_dir = {{ dir }}
{% endfor %}
```

이 예제에서 보면 data_dirs 변수 내에 아이템마다 한 줄씩 data_dir = 행이 생겨난다. 이때 data_dirs는 적어도 하나 이상의 아이템을 갖고 있는 리스트 자료라고 가정한다. 만약 변수가 리스트가 아니거나 (또는 다른 반복 자료형) 정의되지 않았으면 에러가 발생한다. 또한 변수가 반복 자료형iterable type일지라도 아이템이 없으면 어떤 줄도 나타나지 않는다. 진자2는 이 같은 방식이 적용되지만 else 구문을 통해서 아이템이 없는 변수에 대해서도 다른 문장이 표현되도록 구현할 수 있다. 다음 예제에서는 data_dirs가 어떤 아이템도 갖지 않는 리스트로 가정하겠다.

```
# data dirs
{% for dir in data_dirs %}
data_dir = {{ dir }}
{% else %}
# no data dirs found
{% endfor %}
```

예제 플레이북과 템플릿 파일을 수정해 다시 테스트할 것이며, 이 내용으로 이전 템플릿 파일인 demo.j2를 변경하고 플레이북에서 prompt를 사용하겠다.

```
---
- name: demo the template
  hosts: localhost
  gather_facts: false
  vars:
    data_dirs: []
  tasks:
    - name: pause with render
      pause:
        prompt: "{{ lookup('template', 'demo.j2') }}"
```

플레이북을 실행하면 다음과 같은 결과를 보여준다.

반복 아이템 필터링

반복문은 또한 조건절과 같이 사용할 수 있다. 즉 반복문 구조에서 if절을 사용할 때, 현재 반복문의 아이템이 조건 비교 대상으로 처리될 수 있다. 예제를 좀 더 확장해 data_dir로 (/)를 사용하지 못하게 막아보도록 하겠다.

```
# data dirs
{% for dir in data_dirs %}
{% if dir != "/" %}
data_dir = {{ dir }}
{% endif %}
{% else %}
# no data dirs found
{% endfor %}
```

진행된 예제는 성공적으로 data_dirs 아이템을 필터링했으나 입력한 코드줄이 많아지게 된다. 진자2에서는 구문의 일부로 반복문 아이템을 쉽게 사용할 수 있도록 편의성을 제공한다. 이 편의성을 확인하기 위해 다음 예제를 살펴보자.

```
# data dirs
{% for dir in data_dirs if dir != "/" %}
data_dir = {{ dir }}
{% else %}
# no data dirs found
{% endfor %}
```

이 방식을 활용하면 단순히 코드수만 줄이는 게 아니라 반복 횟수도 정확하게 계산하는데, 이는 다음 절에서 배워보자.

반복 인덱싱

반복 횟수^{Loop counting}은 기본 계산되며, 반복이 진행 중일 때 특정시점에서 몇 번째 실행인지에 대한 인덱스를 알 수 있다. 이 인덱스는 변수 형태로 접근할 수 있으며 다양한 변수명으로 제공된다. 다음은 참고할 수 있는 인덱스 변수표를 보여준다.

변수	설명
loop.index	현재의 반복 위치(인덱스가 1부터 시작)
loop.index0	현재의 반복 위치(인덱스가 0부터 시작)
loop.revindex	반복의 마지막까지 남은 수(인덱스가 1부터 시작)
loop.revindex0	반복의 마지막까지 남은 수(인덱스가 0부터 시작)
loop.first	반복의 첫 번째 위치면 True
loop.last	반복의 마지막 위치면 True
loop.length	반복할 아이템 개수

반복이 진행될 때 몇 번째 아이템이 수행 중인지를 알면, 파일 내용을 처리하는 로직을 작성할 때 매우 도움이 된다. 이전 예제에서 본 것처럼 각 데이터 디렉터리를 표시하기 위해 **data_dir**를 여러 줄로 표현하는 대신에, 한 줄에 콤마(,)로 구분해 표현할 수도 있다. 반복 횟수 데이터를 알지 못하면 이런 식의 구현이 어렵지만, 반복의 인덱스만 사용할 줄 알면 쉽게 구현할 수 있다. 설명을 쉽게 하기 위해 이번 예제에서는 마지막 아이템 이후에 콤마가 허용되고, 아이템 사이에는 새로운 줄 삽입이 허용된다고 가정하겠다.

```
# data dirs
{% for dir in data_dirs if dir != "/" %}
{% if loop.first %}
data_dir = {{ dir }},
{% else %}
          {{ dir }},
{% endif %}
{% else %}
```

```
# no data dirs found
{% endfor %}
```

앞의 예제에서는 `data_dir = ` 부분을 처리할 필요가 있는지, 또는 적절하게 간격을 둔 패딩된 디렉터리를 처리할지 결정하기 위해 `loop.first` 변수를 사용했다. `for`문에서 필터를 사용함으로써, `data_dirs`의 첫 번째 아이템이 원하지 않는 값(/)이라 하더라도 `loop.first`를 활용해 정확한 값을 얻게 된다. 이를 검증하기 위해 demo.j2 템플릿과 template-demo.yaml 플레이북을 수정하고, 몇 개의 `data_dirs` 아이템을 추가해 '/' 가 필터링되는지 확인해보겠다.

```
---
- name: demo the template
  hosts: localhost
  gather_facts: false
  vars:
    data_dirs: ['/', '/foo', '/bar']
  tasks:
    - name: pause with render
      pause:
        prompt: "{{ lookup('template', 'demo.j2') }}"
```

그럼 플레이북을 실행시키고 처리된 결과를 확인해보자.

```
2. jkeating@serenity-2: ~/src/mastery (zsh)

~/src/mastery> ansible-playbook -i mastery-hosts template-demo.yml -vv
No config file found; using defaults

PLAYBOOK: template-demo.yml ***********************************************
1 plays in template-demo.yml

PLAY [demo the template] **************************************************

TASK [pause with render] *************************************************
task path: /Users/jkeating/src/mastery/template-demo.yml:10
[pause with render]
# data dirs
data_dir = /foo,
           /bar,
:
ok: [localhost] => {"changed": false, "delta": 1, "rc": 0, "start": "2016-12-29
12:25:58.276128", "stderr": "", "stdout": "Paused for 0.02 minutes", "stop": "20
16-12-29 12:25:59.753653", "user_input": ""}

PLAY RECAP ***************************************************************
localhost                  : ok=1    changed=0    unreachable=0    failed=0

~/src/mastery> _
```

만약 예제에서 아이템 뒤에 따라오는 콤마가 허용되지 않는다면, 다음 예제에서 보듯이 반복문을 수행하면서 콤마를 정확히 표시하기 위해 인라인 if문을 사용하면 된다.

```
# data dirs.
{% for dir in data_dirs if dir != "/" %}
{% if loop.first %}
data_dir = {{ dir }}{{ ',' if not loop.last else '' }}
{% else %}
           {{ dir }}{{ ',' if not loop.last else '' }}
{% endif %}
{% else %}
# no data dirs found
{% endfor %}
```

인라인 if문을 사용하면 반복이 진행되는 아이템이 남아있을 때만 콤마를 표시하도록 템플릿을 작성할 수 있다. 한 번 더 수정한 demo.j2 템플릿으로 플레이북을 실행해보자.

```
2. jkeating@serenity-2: ~/src/mastery (zsh)

~/src/mastery> ansible-playbook -i mastery-hosts template-demo.yml -vv
No config file found; using defaults

PLAYBOOK: template-demo.yml ***********************************************
1 plays in template-demo.yml

PLAY [demo the template] *************************************************

TASK [pause with render] ************************************************
task path: /Users/jkeating/src/mastery/template-demo.yml:10
[pause with render]
# data dirs
data_dir = /foo,
           /bar
:
ok: [localhost] => {"changed": false, "delta": 0, "rc": 0, "start": "2016-12-29
12:28:02.531782", "stderr": "", "stdout": "Paused for 0.02 minutes", "stop": "20
16-12-29 12:28:03.479376", "user_input": ""}

PLAY RECAP **************************************************************
localhost                  : ok=1    changed=0    unreachable=0    failed=0

~/src/mastery> _
```

매크로

통찰력 있는 독자라면 이전 예제에서 눈치챘겠지만 기존 예제는 코드가 반복돼 사용됐다. 코드 반복은 모든 개발자가 피해야할 사항이고, 다행히도 진자2는 이를 피할 수 있는 방법을 제공한다. 매크로macro는 일반 프로그래밍 언어의 함수와 같아서 코드를 재사용할 수 있게 한다. 매크로는 {% macro ... %} ... {% endmacro %} 블록 안에서 정의되며, 이름을 갖고 아규먼트를 받을 수 있다. 매크로 안의 코드는 매크로를 호출하는 블록의 네임스페이스를 상속하지 않기 때문에 모든 아규먼트는 명시적으로 매크로에 전달해야 한다. 매크로는 이름과 소괄호 안의 0개 이상의 아규먼트를 통해 중괄호 안에서 호출된다. comma라는 이름의 간단한 매크로를 생성해 기존 예제의 반복된 코드를 변환해보겠다.

```
{% macro comma(loop) %}
{{ ',' if not loop.last else '' }}
{%- endmacro -%}
# data dirs.
{% for dir in data_dirs if dir != "/" %}
{% if loop.first %}
data_dir = {{ dir }}{{ comma(loop) }}
{% else %}
          {{ dir }}{{ comma(loop) }}
{% endif %}
{% else %}
# no data dirs found
{% endfor %}
```

comma를 호출하고 loop 오브젝트를 전달하면 매크로는 루프를 검사하고 콤마가 표현돼야 하는지 아닌지를 결정한다. 이 예제에서 endmacro 줄에는 특별한 기호가 들어가 있다. % 옆에 있는 ─ 기호는 진자2가 매크로를 파싱할 때 블록의 앞, 뒤에 존재하는 공백의 제거를 지시한다. 이를 통해 매크로와 템플릿의 시작 사이에 새로운 줄을 삽입할 수 있어 실제 템플릿에서는 처리되지 않으면서도 가독성을 높일 수 있다.

매크로 변수

매크로는 매크로를 호출할 때 전달되는 모든 위치, 또는 키워드 아규먼트를 접근할 수 있다. 위치 아규먼트positional argument는 아규먼트가 전달되는 순서에 따라 변수에 할당되는 아규먼트이고, 키워드 아규먼트keyword argument는 순서에 상관없이 변수 이름에 따라 데이터를 할당하는 아규먼트다. 키워드 아규먼트는 또한 기본값을 가질 수 있어서 매크로를 호출할 때 정의되지 않아도 된다. 세 가지 특별한 추가 변수는 다음과 같다.

- varargs
- kwargs

- caller

varargs 변수는 매크로에 전달되는 위치 아규먼트를 예상치 못하게 추가할 때를 대비한 변수 공간을 갖는다. 이 위치 아규먼트의 값은 varargs 리스트로 구성된다.

kwargs 변수는 varargs 변수와 동일하다. 하지만 추가 위치 아규먼트의 변수 공간 대신에 해시를 갖고 있어 해시에 추가 키워드 변수와 관련된 값을 갖게 된다.

caller 변수는 매크로를 호출할 수 있는 상위 레벨 매크로에 대응하기 위해 사용된다(매크로는 다른 매크로에 의해서도 호출될 수 있다).

이 세 가지 특별 변수 이외에도 몇 가지 변수가 있는데, 이 변수는 매크로 자체의 내부 정보를 전달한다. 약간 복잡하긴 하지만 하나씩 사용법을 알아보겠으며, 먼저 각 변수를 간단히 설명하겠다.

- name: 매크로 자체의 이름
- arguments: 매크로가 허용하는 아규먼트 이름이며 투플tuple 자료형
- defaults: 기본값의 투플 자료형
- catch_kwargs: 매크로가 해당 kwargs 변수에 접근할 수 있으면 참으로 정의되는 불린
- catch_varargs: 매크로가 해당 varargs 변수에 접근할 수 있으면 참으로 정의되는 불린
- caller: 매크로가 해당 caller 변수에 접근할 수 있으면 참으로 정의되는 불린

파이썬의 클래스와 유사하게 이 변수는 매크로 이름으로 참조돼야 한다. 이름을 붙이지 않고 매크로를 접근하려고 하면, 정의되지 않은 변수undefined variables라는 에러가 발생할 것이다. 그럼 이제 각 변수의 사용법을 살펴보겠다.

name

name 변수는 실제 매우 간단하다. 이것은 단순히 변수로 매크로의 이름을 접근하는 방법만 제공한다. 더 나아가 변수 조작과 사용법에도 사용될 수 있다. 다음의 템플릿은 결과를 출력하기 위해 매크로의 이름을 참조하는 매크로를 보여준다.

```
{% macro test() %}
{{ test.name }}
{%- endmacro -%}
{{ test() }}
```

이 템플릿으로 demo.j2를 업데이트하고 template-demo.yaml 플레이북을 실행하면 다음과 같은 결과가 출력된다.

arguments

arguments 변수는 매크로에 전달된 아규먼트의 투플 자료형이다. 이 아규먼트는 명확히 선언돼야 하고, 특별 변수인 kwargs나 varargs와는 다르다. 이전 예제에서는 빈 투플 ( )을 전달했는데, 테스트를 위해 이를 수정하겠다.

```
{% macro test(var_a='a string') %}
{{ test.arguments }}
{%- endmacro -%}
{{ test() }}
```

이 템플릿의 처리 결과는 다음과 같다.

```
2. jkeating@serenity-2: ~/src/mastery (zsh)
~/src/mastery> ansible-playbook -i mastery-hosts template-demo.yml -vv
No config file found; using defaults

PLAYBOOK: template-demo.yml *********************************************
1 plays in template-demo.yml

PLAY [demo the template] ***********************************************

TASK [pause with render] ***********************************************
task path: /Users/jkeating/src/mastery/template-demo.yml:10
[pause with render]
('var_a',)
:
ok: [localhost] => {"changed": false, "delta": 1, "rc": 0, "start": "2016-12-29
12:31:39.042984", "stderr": "", "stdout": "Paused for 0.02 minutes", "stop": "20
16-12-29 12:31:40.090304", "user_input": ""}

PLAY RECAP ************************************************************
localhost                  : ok=1    changed=0    unreachable=0    failed=0

~/src/mastery> _
```

defaults

defaults 변수는 매크로에 전달된 키워드 아규먼트의 기본값을 투플 자료형으로 구성한 것이다. 템플릿을 수정해서 아규먼트와 기본값을 같이 출력하겠다.

```
{% macro test(var_a='a string') %}
{{ test.arguments }}
{{ test.defaults }}
{%- endmacro -%}
{{ test() }}
```

이 템플릿의 처리 결과는 다음과 같다.

```
2. jkeating@serenity-2: ~/src/mastery (zsh)

~/src/mastery> ansible-playbook -i mastery-hosts template-demo.yml -vv
No config file found; using defaults

PLAYBOOK: template-demo.yml ***********************************************
1 plays in template-demo.yml

PLAY [demo the template] *************************************************

TASK [pause with render] ************************************************
task path: /Users/jkeating/src/mastery/template-demo.yml:10
[pause with render]
('var_a',)
('a string',)
:
ok: [localhost] => {"changed": false, "delta": 0, "rc": 0, "start": "2016-12-29
12:32:34.676897", "stderr": "", "stdout": "Paused for 0.01 minutes", "stop": "20
16-12-29 12:32:35.302267", "user_input": ""}

PLAY RECAP *************************************************************
localhost                  : ok=1     changed=0    unreachable=0    failed=0

~/src/mastery> _
```

catch_kwargs

catch_kwargs 변수는 매크로가 kwargs 변수에 접근할 수 있을 때만 선언되며, 매크로에 추가 키워드 변수가 전달됐는지 확인하기 위해 사용한다. kwargs 변수에 접근하지 않고, 매크로에 추가 키워드 아규먼트를 전달하면 템플릿을 처리하는 동안 에러가 발생할 수 있다. 마찬가지로 kwargs에도 접근하지 않고 catch_kwargs에 접근하면 정의되지 않은 오류가 발생한다. 다시 예제 템플릿을 수정하고 추가 변수를 전달해보겠다.

```
{% macro test() %}
{{ kwargs }}
{{ test.catch_kwargs }}
{%- endmacro -%}
{{ test(unexpected='surprise') }}
```

이 템플릿의 처리 결과는 다음과 같다.

catch_varargs

catch_varargs 변수는 catch_kwargs 변수와 상당히 유사하며, varargs 변수가 있어야만 접근 가능하다. 한 번 더 예제를 수정하고 실행시켜보겠다.

```
{% macro test() %}
{{ varargs }}
{{ test.catch_varargs }}
{%- endmacro -%}
{{ test('surprise') }}
```

이 템플릿의 처리 결과는 다음과 같다.

```
2. jkeating@serenity-2: ~/src/mastery (zsh)
~/src/mastery> ansible-playbook -i mastery-hosts template-demo.yml -vv
No config file found; using defaults

PLAYBOOK: template-demo.yml ********************************************
1 plays in template-demo.yml

PLAY [demo the template] **********************************************

TASK [pause with render] *********************************************
task path: /Users/jkeating/src/mastery/template-demo.yml:10
[pause with render]
('surprise',)
True
:
ok: [localhost] => {"changed": false, "delta": 2, "rc": 0, "start": "2016-12-29
12:35:09.465169", "stderr": "", "stdout": "Paused for 0.04 minutes", "stop": "20
16-12-29 12:35:11.763006", "user_input": ""}

PLAY RECAP ***********************************************************
localhost                  : ok=1    changed=0    unreachable=0    failed=0

~/src/mastery> _
```

caller

caller 변수는 조금 자세한 설명이 필요하다. 매크로는 다른 매크로를 호출할 수 있다. 이 방식은 템플릿에서 동일한 코드가 여러 번 사용되지만, 매크로 파라미터로 쉽게 전달되기에는 코드 변경분이 많은 경우에 유용하다. caller 변수는 정확히는 변수가 아니고, 호출하는 매크로의 내용을 가져오기 위해 참조하는 방법이다. 사용법을 알아보기 위해 템플릿을 업데이트하겠다.

```
{% macro test() %}
The text from the caller follows:
{{ caller() }}
{%- endmacro -%}
{% call test() %}
This is text inside the call
{% endcall %}
```

이 템플릿의 처리 결과는 다음과 같다.

caller 변수에서도 매크로를 호출하기 위해 아규먼트를 전달할 수 있다. 어떤 조합의 아규먼트, 또는 키워드 아규먼트도 전달 가능하다. 만약 매크로가 varargs 또는 kwargs를 사용한다면 추가 아규먼트 전달 역시 가능하다. 게다가 매크로는 caller에 아규먼트를 전달할 수도 있다. 이를 테스트하기 위해 좀 더 긴 예제코드를 만들어 보겠다. 이번 예제에서는 앤서블 인벤토리로 사용할 수 있는 파일을 생성할 것이다.

```
{% macro test(group, hosts) %}
[{{ group }}]
{% for host in hosts %}
{{ host }} {{ caller(host) }}
{%- endfor %}
{%- endmacro -%}
{% call(host) test('web', ['host1', 'host2', 'host3']) %}
ssh_host_name={{ host }}.example.name ansible_sudo=true
{% endcall %}
{% call(host) test('db', ['db1', 'db2']) %}
ssh_host_name={{ host }}.example.name
{% endcall %}
```

이 템플릿의 처리 결과는 다음과 같다.

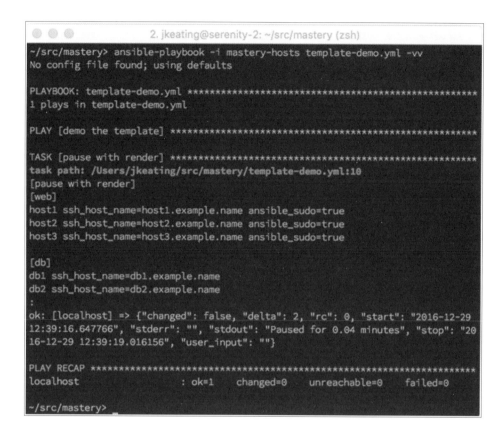

여기서 test 매크로를 두 번 호출해서, 선언하려는 각 그룹당 한 번씩 호출했다. 각 그룹은 미세하게 다른 호스트 변수를 갖고 있어서 이 부분은 call 자체에 정의했다. 매크로가 caller를 호출하게 하고, 반복문으로 호스트를 변수로 전달함에 따라 코드 작성 시간을 줄일 수 있게 됐다.

조건 블록은 템플릿의 활용성을 높여주고, 템플릿을 더 효율적으로 사용하도록 도와준다. 이 효율성은 템플릿 작성의 초기 단계에는 별로 나타나지 않지만, 플레이가 작동하면서 반복되는 값에 대한 작은 변화가 필요할 때 이를 처리하면서 진정한 효율성을 볼 수 있다.

데이터 처리

제어 구조는 템플릿 처리 과정에 영향을 끼치는데, 이때 변수의 값을 변경하는 또 다른 도구가 있다. 이 도구는 **필터**filter다. 필터는 작은 함수function나 메소드method와 같아서 변수를 조작할 수 있다. 어떤 필터는 아규먼트 없이 동작하고, 어떤 필터는 아규먼트를 받을 수도 있으며, 또 다른 필터는 아규먼트가 있어야만 한다. 또한 필터는 서로 연결돼 사용될 수 있어서 필터 실행 결과가 다른 필터로 전달되고, 또 다른 필터로 연결될 수 있다. 진자2에는 많은 필터가 내장돼 있으며, 앤서블은 템플릿, 작업 또는 다른 위치에서 진자2를 사용할 때 사용 가능한 많은 사용자 지정 필터로 이런 내장형 필터를 확장한다.

문법

필터는 변수 뒤에 파이프 심볼(|)을 붙이고 필터 이름을 적어서 적용할 수 있으며, 이때 필터에 필요한 아규먼트는 소괄호 안에 넣어준다. 변수 이름과 파이프 심볼 사이, 그리고 파이프 심볼과 필터 이름 사이에는 공백을 넣어줄 수 있다. 예를 들어 lower 필터(모든 문자를 소문자로 변환)를 적용하려면 다음과 같은 문법을 사용하면 된다.

```
{{ my_word | lower }}
```

lower 필터는 아규먼트를 받지 않기 때문에 소괄호를 붙일 필요는 없다. 하지만 아규먼트를 필요로 하는 다른 필터를 사용할 때는 다르다. 일치하는 모든 문자열을 다른 문자열로 치환하는 replace 필터를 예를 들어보겠다. 이 예제에서는 answers 변수에서 모든 하위 문자열 no를 yes 문자열로 대체할 것이다.

```
{{ answers | replace('no', 'yes') }}
```

여러 개의 모듈을 적용하기 위해서는 단순히 파이프 심볼과 필터 이름을 더 연결하기만 하면 된다. replace 필터와 lower필터를 연결하는 문법을 살펴보겠다.

```
{{ answers | replace('no', 'yes') | lower }}
```

이제는 플레이북에서 필터를 사용하는 방법을 보여줄 것이며 debug 명령으로 화면에 출력한다.

```
---
- name: demo the template
  hosts: localhost
  gather_facts: false
  tasks:
    - name: debug the template
      debug:
        msg: "{{ answers | replace('no', 'yes') | lower }}"
```

플레이북을 실행해 작동 중인 answers 변수의 값이 어떻게 출력되는지 살펴보자.

```
~/src/mastery> ansible-playbook -i mastery-hosts template-demo.yml -vv -e "answe
rs='no so yes no'"
No config file found; using defaults

PLAYBOOK: template-demo.yml ***********************************************
1 plays in template-demo.yml

PLAY [demo the template] *************************************************

TASK [debug the template] ***********************************************
task path: /Users/jkeating/src/mastery/template-demo.yml:7
ok: [localhost] => {
    "msg": "yes so yes yes"
}

PLAY RECAP *************************************************************
localhost                  : ok=1    changed=0    unreachable=0    failed=0

~/src/mastery> _
```

유용한 내장 필터

진자2가 제공하는 모든 내장 필터 목록은 진자2 문서에서 확인할 수 있다. 이 책을 쓰는 시점 기준으로 45개 이상의 내장 필터가 있었으며, 이 책에서 해당 내용을 모두 다루기에는 그 수가 너무 많다. 대신 일반적으로 많이 사용되는 필터를 살펴보겠다.

default

default 필터는 변수의 기본값을 제공하는 방법이다. 이를 사용하면 변수가 정의되지 않았을 때 앤서블에서 발생할 수 있는 에러를 방지할 수 있으며, 또한 if문으로 복잡해지는 코드를 단순화시킬 수 있다. if/else문으로 이를 처리하려면 먼저 if문으로 해당 변수가 정의됐는지 검사하고, 정의되지 않았으면 else문으로 다른 값을 할당하는 등의 번거로운 작업이 필요하다. 동일한 변수를 처리하는 두 가지 예제를 살펴보겠다. 하나는 if/else 구조로 작성할 것이며, 다른 하나는 default 필터를 사용할 것이다.

```
{% if some_variable is defined %}
{{ some_variable }}
{% else %}
default_value
{% endif %}
{{ some_variable | default('default_value') }}
```

예제에서 각각의 결과는 동일하다. 그러나 default 필터를 이용한 예제가 읽고 작성하기에 훨씬 쉽다.

default 필터가 매우 쓸모 있기는 하지만, 여러 곳에서 동일한 변수를 처리해야 할 때는 사용에 주의가 필요하다. 기본값을 변경하면 혼란이 생길 수 있다. 그러므로 플레이나 롤의 기본값으로 변수를 정의하는 방법이 좀 더 효율적일 수 있다.

count

count 필터는 시퀀스, 또는 해시 안에 있는 아이템의 개수를 반환한다. 사실 length 필터는 동일한 작업을 수행하는 count 필터의 또 다른 이름이다. count 필터는 호스트 그룹의 규모를 계산한다든가 어떤 세트의 개수를 알아야 하는 작업을 해야할 때 유용하다. 플레이의 호스트 수와 일치하도록 max_threads 구성 항목을 설정하는 예제를 만들어보겠다.

```
max_threads: {{ play_hosts | count }}
```

random

random 필터는 시퀀스에서 무작위로 아이템을 선택하는데 사용된다. random 필터를 사용해 db_servers 그룹 중에서 무작위로 선택된 호스트에 작업을 수행하는 플레이북을 살펴보겠다.

```
- name: backup the database
  shell: mysqldump -u root nova > /data/nova.backup.sql
  delegate_to: "{{ groups['db_servers'] | random }}"
  run_once: true
```

round

round 필터는 숫자를 반올림하는 기능이다. 이 기능은 소수점 연산을 수행하고 반올림해 정수로 결과를 반환해야 할 때 사용될 수 있다. round 필터는 정확도를 조정하기 위해 옵션으로 아규먼트를 전달받을 수 있다. 가능한 round 메소드는 common(반올림 또는 반내림, 기본), ceil(항상 올림), floor(항상 내림)이다. 예제에서는 두 개의 필터를 연결해 처음에는 연산 결과를 반올림하고, 이를 int형(정수)으로 변환하는 작업을 보여준다.

```
{{ math_result | round | int }}
```

앤서블이 제공하는 유용한 커스텀 필터

진자2가 제공하는 많은 필터가 있지만, 앤서블은 추가로 플레이북을 작성하는데 유용한 필터를 제공한다. 여기서 필터 중 몇 가지를 알아보겠다.

작업 상태에 관계된 필터

앤서블은 각 작업의 작업데이터를 추적해 작업이 성공했는지 실패했는지, 시스템에 변화를 일으켰는지 또는 작업이 생략됐는지를 결정할 수 있다. 플레이북을 작성하는 사람은 작업 결과를 저장하고, 이 결과를 필터와 연결해 작업 상태를 쉽게 확인할 수 있다. 이런 작업 방법은 이후 작업의 조건을 결정하는데 매우 자주 사용된다. 필터는 failed, success, changed, skipped로 상황에 맞게 이름을 붙이고, 필터의 결과는 불린으로 돌려준다. 각 필터의 사용 예를 보여주는 플레이북을 살펴보겠다.

```
---
- name: demo the filters
  hosts: localhost
  gather_facts: false
  tasks:
    - name: fail a task
      debug:
        msg: "I am not a change"
      register: derp
    - name: only do this on change
      debug:
        msg: "You had a change"
      when: derp | changed
    - name: only do this on success
      debug:
        msg: "You had a success"
      when: derp | success
```

결과는 다음 화면과 같다.

```
● ● ●                    2. jkeating@serenity-2: ~/src/mastery (zsh)
~/src/mastery> ansible-playbook -i mastery-hosts template-demo.yml -vv
No config file found; using defaults

PLAYBOOK: template-demo.yml ************************************************
1 plays in template-demo.yml

PLAY [demo the filters] ***************************************************

TASK [fail a task] *******************************************************
task path: /Users/jkeating/src/mastery/template-demo.yml:7
ok: [localhost] => {
    "msg": "I am not a change"
}

TASK [only do this on change] ********************************************
task path: /Users/jkeating/src/mastery/template-demo.yml:12
skipping: [localhost] => {"changed": false, "skip_reason": "Conditional check fa
iled", "skipped": true}

TASK [only do this on success] ******************************************
task path: /Users/jkeating/src/mastery/template-demo.yml:17
ok: [localhost] => {
    "msg": "You had a success"
}

PLAY RECAP ***************************************************************
localhost                  : ok=2    changed=0    unreachable=0    failed=0

~/src/mastery> _
```

shuffle

random 필터와 유사하게 shuffle 필터는 임의의 결과를 만들어내기 위해 사용된다. 하지만 random 필터와 다른 점은 random 필터가 리스트에서 하나의 아이템을 임의로 추출해내는 반면, shuffle 필터는 아이템의 순서를 임의로 조정한 후 변경된 순서의 리스트를 결과값으로 돌려준다.

```
---
- name: demo the filters
  hosts: localhost
  gather_facts: false
  tasks:
    - name: shuffle the cards
      debug:
        msg: "{{ ['Ace', 'Queen', 'King', 'Deuce'] | shuffle }}"
```

결과는 다음 화면과 같다.

```
2. jkeating@serenity-2: ~/src/mastery (zsh)

~/src/mastery> ansible-playbook -i mastery-hosts template-demo.yml -vv
No config file found; using defaults

PLAYBOOK: template-demo.yml ************************************************
1 plays in template-demo.yml

PLAY [demo the filters] ***************************************************

TASK [shuffle the cards] **************************************************
task path: /Users/jkeating/src/mastery/template-demo.yml:7
ok: [localhost] => {
    "msg": [
        "Ace",
        "Queen",
        "Deuce",
        "King"
    ]
}

PLAY RECAP ****************************************************************
localhost                  : ok=1    changed=0    unreachable=0    failed=0

~/src/mastery> _
```

경로 이름을 다루는 필터

설정 관리와 오케스트레이션은 자주 파일 경로명을 참고해야 한다. 그런데 때로는 경로의 일부만 필요할 때가 있는데 앤서블은 이를 위해 몇 개의 필터를 제공한다.

basename

파일 경로의 마지막 부분만 추출하기 위해서는 basename 필터를 사용하면 된다. 다음 예제를 살펴보자.

```
---
- name: demo the filters
  hosts: localhost
  gather_facts: false
  tasks:
    - name: demo basename
      debug:
        msg: "{{ '/var/log/nova/nova-api.log' | basename }}"
```

결과는 다음 화면과 같다.

```
2. jkeating@serenity-2: ~/src/mastery (zsh)
~/src/mastery> ansible-playbook -i mastery-hosts template-demo.yml -vv
No config file found; using defaults

PLAYBOOK: template-demo.yml *********************************************
1 plays in template-demo.yml

PLAY [demo the filters] ************************************************

TASK [demo basename] **************************************************
task path: /Users/jkeating/src/mastery/template-demo.yml:7
ok: [localhost] => {
    "msg": "nova-api.log"
}

PLAY RECAP ************************************************************
localhost                  : ok=1    changed=0    unreachable=0    failed=0

~/src/mastery> _
```

dirname

basename 필터와 반대로 작동하는 것이 dirname 필터다. 경로의 마지막 부분만 돌려주는 것이 아니라 마지막 부분을 제외한 모든 경로를 돌려주는 것이 dirname 필터다. 이전 플레이북을 변경해 dirname 필터를 사용하도록 바꿔보고 다시 실행해보겠다.

```
2. jkeating@serenity-2: ~/src/mastery (zsh)
~/src/mastery> ansible-playbook -i mastery-hosts template-demo.yml -vv
No config file found; using defaults

PLAYBOOK: template-demo.yml ***********************************************
1 plays in template-demo.yml

PLAY [demo the filters] **************************************************

TASK [demo basename] ****************************************************
task path: /Users/jkeating/src/mastery/template-demo.yml:7
ok: [localhost] => {
    "msg": "/var/log/nova"
}

PLAY RECAP **************************************************************
localhost                  : ok=1    changed=0    unreachable=0    failed=0

~/src/mastery> _
```

expanduser

종종 다양한 환경에서 파일 경로는 ~/.stackrc 같은 사용자 바로 가기로 제공된다. 하지만 이 파일에 대한 전체 경로가 어느 정도 필요할 때가 있다. 이 경우에 복잡한 command나 register를 호출하는 대신 expanduser 필터를 사용해 사용자 경로를 전체 경로로 확장할 수 있다. 이번 예제에서 사용자 이름은 jkeating이다.

```
---
- name: demo the filters
  hosts: localhost
  gather_facts: false
  tasks:
```

```
  - name: demo filter
    debug:
      msg: "{{ '~/.stackrc' | expanduser }}"
```

결과는 다음 화면과 같다.

Base64 인코딩

원격 호스트에서 내용을 읽을 때 slurp 모듈(원격 호스트의 내용을 읽어 변수로 저장하는 기능 제공)을 많이 사용하는데, 이때 내용은 Base64로 인코딩될 수 있다. 이 내용을 디코딩하기 위해서 앤서블은 b64decode 필터를 제공한다. 마찬가지로 Base64로 인코딩된 입력을 필요한 작업을 실행하는 경우, 일반 문자열을 b64encode 필터로 인코딩할 수 있다.

derp 파일에서 내용을 읽어보겠다.

```
---
- name: demo the filters
  hosts: localhost
```

```
gather_facts: false
tasks:
  - name: read file
    slurp:
      src: derp
    register: derp
  - name: display file content (undecoded)
    debug:
      var: derp.content
  - name: display file content (decoded)
    debug:
      var: derp.content | b64decode
```

결과는 다음 화면과 같다.

파일 내용 검색

앤서블에서는 문자열에서 하위 문자열을 검색하는 것은 매우 일반적이다. 특히 명령어를 실행하고, 특정 키 데이터에 대한 결과값에서 문자열을 찾아내는 일반적인 관리자 작업은 많은 플레이북 작업에서 반복되는 일이다. 이런 작업은 shell 모듈로 처리할 수도 있다. shell 명령을 수행하고 파이프(|)로 연결해 grep으로 결과를 보낸 후, grep으로 exit 코드를 잡아 failed_when으로 처리할 수도 있다. 하지만 더 나은 방법은 command 작업을 사용하는 것이다. 결과를 register로 저장하고, 이후에 조건절을 활용해 앤서블의 regex 필터로 처리하는 방법이다. 그럼 두 개의 예를 살펴보겠다. 하나는 shell, pipe, grep 방법을 사용하는 것이고 다른 하나는 search 필터를 사용하는 예제다.

```
- name: check database version
  shell: neutron-manage current |grep juno
  register: neutron_db_ver
  failed_when: false
- name: upgrade db
  command: neutron-manage db_sync
  when: neutron_db_ver|failed
```

이번 예제는 작업이 항상 성공한다는 것을 가정하고 작동하며, 만약 실패해 exit 코드가 0이 아닌 경우, 즉 neutron-manage 명령의 결과에서 juno 문자열이 발견되지 않으면 작업이 실패했다고 판단한다. 코드 자체는 작동하겠지만 세련되지 못하고, 명령을 실행할 때 발생할 수 있는 다른 문제를 감출 수 있다. 그럼 search 필터를 사용해 동일한 작업을 수행하도록 만들어보겠다.

```
- name: check database version
  command: neutron-manage current
  register: neutron_db_ver
- name: upgrade db
  command: neutron-manage db_sync
  when: not neutron_db_ver.stdout | search('juno')
```

이 버전의 코드가 훨씬 간결하고, 첫 번째 작업에서 발생할 수 있는 에러를 숨기지 않는다.

search 필터는 문자열을 찾아보고, 결과에서 원하는 문자가 있으면 참이 된다. 그리고 문자열이 정확히 일치하는 것을 찾기 위해서는 match 필터를 사용할 수 있다. 파이썬의 모든 정규표현식은 search/match 필터에서 사용될 수 있다.

정의되지 않은 아규먼트의 생략

omit 변수는 설명이 좀 필요하다. 해시 데이터를 작업 아규먼트로 사용할 때, 해시 데이터 전체가 아니라 일부만 아규먼트로 전달해야 할 때가 종종 있다. 비록 진자2에서도 인라인 if문을 지원하기 때문에 이를 조건절로 활용할 수도 있지만, 이런 방법이 앤서블 작업에서 항상 정상적으로 작동하지는 않는다. 전통적으로 플레이북 작성자는 다수의 작업을 생성하게 되는데 전달할 아규먼트를 모아놓는 작업과 각 작업에서 필요로 하는 아이템을 반복문으로 돌리고, 원하는 아이템을 추출하고 정렬하기 위해 조건절을 사용하는 작업이 그런 작업이다. 최근에 추가된 omit 변수를 default 필터와 함께 사용하면 이런 문제를 쉽게 해결할 수 있다. omit 변수는 사용되는 변수와 아규먼트를 함께 제거할 수 있다.

작동 방법을 설명하기 위해 pip로 파이썬 패키지를 설치하는 시나리오를 생각해보겠다. 패키지의 일부는 특정 버전을 설치해야 하는 반면, 나머지는 버전에 상관이 없다. 이 패키지는 pips라는 이름의 해시 리스트로 정의한다. 각 해시는 name 키와 잠재적으로 var 키를 갖는다. 첫 번째 예제는 설치를 완료하기 위해 두 개의 다른 작업을 수행한다.

```
- name: install pips with versions
  pip: name={{ item.name }} version={{ item.ver }}
  with_items: pips
  when: item.ver is defined
- name: install pips without versions
  pip: name={{ item.name }}
  with_items: pips
  when: item.ver is undefined
```

이 코드는 잘 동작한다. 하지만 반복이 두 번 수행되고, 작업마다 몇 가지 아이템의 처리가 생략된다. 다음 예제는 두 작업을 하나로 합쳐 omit 변수를 사용한다.

```
- name: install pips
  pip: name={{ item.name }} version={{ item.ver | default(omit) }}
  with_items: pips
```

이 코드는 짧고 간결하며, 작업에서 생략하는 부분이 없어져서 훨씬 효율적이다.

파이썬 오브젝트 메소드

진자2는 파이썬 기반의 템플릿 엔진이다. 이 때문에 파이썬 오브젝트 메소드를 템플릿 안에서 사용할 수 있다. 오브젝트 메소드는 메소드 또는 함수이며, 변수 오브젝트(일반적으로 string, list, int, float)를 통해 직접 접근할 수 있다. 즉 파이썬 코드와 변수를 작성해 메소드를 호출하면, 진자2에서도 동일하게 적용할 수 있다. 앤서블에서는 데이터의 내용을 변경하거나 불린을 반환하는 메소드만이 보통 사용된다. 그럼 앤서블에서 유용한 오브젝트 메소드를 살펴보겠다.

String 메소드

String 메소드는 새로운 문자열, 수정된 문자열의 리스트를 결과로 돌려주거나 또는 다양한 조건에서 문자열을 테스트하고 불린을 결과로 돌려준다. 몇 가지 유용한 메소드는 다음과 같다.

- endswith: 문자열이 하위문자열로 끝나는지 여부를 검사
- startswith: endswith와 동일하지만 시작 부분 검사
- split: 문자열을 문자 단위로 분리(기본은 공백 기준)해 하위문자열 목록 생성
- rsplit: split과 동일하지만 문자 순서를 반대로 정렬

- splitlines: 문자를 새로운 라인으로 분리해 하위문자열 목록 생성

- upper: 입력한 문자열을 모두 대문자로 반환

- lower: 입력한 문자열을 모두 소문자로 반환

- capitalize: 입력한 문자열의 첫 글자만 대문자로 반환

간단한 플레이를 만들어 하나의 작업에서 이 메소드를 사용해 보겠다.

```
---
- name: demo the filters
  hosts: localhost
  gather_facts: false
  tasks:
    - name: string methods
      debug:
        msg: "{{ 'foo bar baz'.upper().split() }}"
```

결과는 다음 화면과 같다.

오브젝트 메소드는 파이프(|)가 아닌 마침점(.)으로 접근해야 한다.

List 메소드

두 개의 메소드만이 새로운 리스트를 반환하는 대신 리스트를 제자리에서 수정하는 이외의 다른 일을 한다. 이 두 메소드는 다음과 같다.

- Index: 전달된 값의 첫 번째 위치 번호를 전달
- Count: 리스트 안의 아이템 개수를 전달

int와 float 메소드

대부분의 int 메소드와 float 메소드는 앤서블에서 사용되지 않는다.

때때로 변수는 사용자가 원하는 포맷이나 형식이 아닌 경우가 있다. 하지만 변수를 약간 수정하기 위해 동일한 내용을 계속해서 재선언하기보다는 진자2 필터를 사용함으로써 훨씬 다양한 환경에서 쉽게 데이터를 조작할 수 있다. 이를 통해 데이터를 효율적으로 정의할 수 있게 하며, 나중에 변수와 작업이 중복돼 사용되는 경우를 방지할 수 있다.

▌ 값 비교

값 비교는 앤서블에서 매우 많이 사용된다. 작업 조건문도 비교이고, 진자2 조건 구조도 자주 비교를 사용한다. 필터 또한 비교한다. 앤서블에서 사용되는 진자2의 사용법을 습득하기 위해서는 어떤 비교가 가능한지를 이해하는 것이 중요하다.

비교

다른 프로그래밍 언어처럼 진자2는 표준 비교 표현 세트를 포함하고 있다. 이 표현식은 true나 false로 처리될 것이다.

진자2에서 사용되는 표현식은 다음과 같다.

표현식	설명
==	두 개의 오브젝트가 동일한지 비교
!=	두 개의 오브젝트가 다른지 비교
>	왼쪽이 오른쪽보다 클 때 참
<	오른쪽이 왼쪽보다 클 때 참
>=	왼쪽이 오른쪽보다 크거나 같을 때 참
<=	오른쪽이 왼쪽보다 크거나 같을 때 참

로직

로직은 두 개 또는 그 이상의 그룹을 비교할 때 사용되며, 각 비교는 연산을 참고한다.

- And: 왼쪽 연산과 오른쪽 연산이 모두 참이면 참
- Or: 왼쪽 연산 또는 오른쪽 연산 하나라도 참이면 참
- Not: 연산 결과의 반대 불린
- ( ): 더 큰 연산을 쉽게 구분하기 위해 연산을 묶는 방법

테스트

진자2에서 테스트는 값의 참과 거짓을 확인하기 위해 쓰이며, 테스트를 시작 부분에 is 연산자가 들어간다. 테스트는 if 표현식과 작업 조건문처럼 불린 결과가 필요한 곳에서 사용된다. 기본 제공하는 테스트가 많이 있으나 특별히 많이 사용되고 유용한 테스트 위주로 살펴보겠다.

- Defined: 변수가 선언돼 있으면 참
- Undefined: 변수가 선언돼 있지 않으면 참
- None: 변수가 선언됐으나 None이면 참
- Even: 숫자가 2로 나누어질 수 있으면 참
- odd: 숫자가 2로 나누어질 수 없으면 참

연산에서 '아님'을 확인하기 위해서는 is not을 사용한다.

변수 비교를 알아보기 위해 예제 플레이북을 살펴보겠다.

```
---
- name: demo the logic
  hosts: localhost
  gather_facts: false
  vars:
    num1: 10
    num3: 10
  tasks:
    - name: logic and comparison
      debug:
        msg: "Can you read me?"
      when: num1 >= num3 and num1 is even and num2 is not defined
```

결과는 다음 화면과 같다.

```
●  ●  ●                    2. jkeating@serenity-2: ~/src/mastery (zsh)
~/src/mastery> ansible-playbook -i mastery-hosts template-demo.yml -vv
No config file found; using defaults

PLAYBOOK: template-demo.yml **********************************************
1 plays in template-demo.yml

PLAY [demo the logic] ****************************************************

TASK [logic and comparison] *********************************************
task path: /Users/jkeating/src/mastery/template-demo.yml:11
ok: [localhost] => {
    "msg": "Can you read me?"
}

PLAY RECAP **************************************************************
localhost                  : ok=1    changed=0    unreachable=0    failed=0

~/src/mastery> _
```

▎ 요약

진자2는 앤서블에서 사용되는 강력한 언어다. 단순히 파일 내용을 생성하기 위해서만이
아니라 플레이북을 동적으로 만들기 위해서도 사용된다. 진자2를 마스터해야 플레이북과
롤을 효율적이며 멋지게 만들어 유지할 수 있다.

4장에서는 플레이에서 작업의 실패와 변경을 결정하는 요소를 정의하는 앤서블의 능력을
좀 더 깊이 알아보겠다.

04

작업 조건 제어

앤서블은 기본적으로 ok, changed, failed 또는 skipped의 작업 상태를 기반으로 작동한다. 이 상태에 따라 이후 작업을 호스트에서 실행할지 또는 핸들러가 변화를 감지해서 실행할지를 결정한다. 작업은 또한 작동을 제어하기 위해 이전 작업의 상태를 확인하는 조건절을 사용할 수도 있다.

4장에서는 작업 상태를 결정해 앤서블 동작 방식을 변경하는 방법을 살펴보겠다.

- 실패를 결정하는 제어
- 실패에 대한 점진적 복구
- 변화를 결정하는 제어

▌실패 결정

앤서블에 포함된 대부분의 모듈은 에러를 결정하는 기준이 있다. 에러 조건은 모듈과 모듈이 달성하려는 목표에 따라 매우 다르다. 모듈이 에러를 반환하면, 호스트는 작업 가능 호스트 목록에서 제외되어 이후 어떤 작업도 해당 호스트에서 실행되지 않거나 핸들러도 작동하지 않게 한다. 그후 ansible-playbook, 또는 앤서블 실행은 실패를 가리키는 '0이 아닌 값'을 반환하고 빠져나온다. 하지만 에러를 발생시키는 데는 모듈의 기준에만 의존하지 않고, 에러를 무시할 수도 있고 에러 조건을 재정의할 수도 있다.

에러 무시

ignore_errors는 에러를 무시할 때 사용한다. 이 조건은 불린으로 앤서블이 참으로 이해할 수 있는 yes, on, true 또는 1(문자 또는 정수)이어야 한다.

ignore_errors를 사용하는 방법을 알아보기 위해 errors.yaml이라는 플레이북을 만들어 존재하지 않는 웹서버에 질의를 시도하도록 코드를 작성했다. 보통 이런 코드는 에러가 발생하고, ignore_errors를 정의하지 않으면 기본 행동 방식으로 해당 호스트는 실패한 것으로 표시돼 더 이상 어떤 작업도 시도하지 않는다. 그럼 다음 코드의 일부를 살펴보겠다.

```
-name: broken website
  uri:
    url: http://notahost.nodomain
```

이 작업을 실행하면 다음과 같은 에러가 나타난다.

```
● ● ●                    2. jkeating@serenity-2: ~/src/mastery (zsh)
~/src/mastery> ansible-playbook -i mastery-hosts errors.yaml -vv
No config file found; using defaults

PLAYBOOK: errors.yaml ******************************************************
1 plays in errors.yaml

PLAY [error handling] ******************************************************

TASK [broken website] ******************************************************
task path: /Users/jkeating/src/mastery/errors.yaml:7
fatal: [localhost]: FAILED! => {"changed": false, "content": "", "failed": true,
 "msg": "Status code was not [200]: Request failed: <urlopen error [Errno 8] nod
ename nor servname provided, or not known>", "redirected": false, "status": -1,
"url": "http://notahost.nodomain"}
        to retry, use: --limit @/Users/jkeating/src/mastery/errors.retry

PLAY RECAP *****************************************************************
localhost                  : ok=0    changed=0    unreachable=0    failed=1

exit 2
~/src/mastery> _
```

그런데 앤서블이 여기에서 멈추지 않고 계속 작업이 진행되길 원한다고 가정해보자. 이 경우에는 다음과 같이 작업에 ignore_errors 조건을 추가하면 된다.

```
- name: broken website
  uri:
    url: http://notahost.nodomain
  ignore_errors: true
```

이번에 플레이북을 실행하면 다음에서 보듯이 에러가 무시된다.

```
                    2. jkeating@serenity-2: ~/src/mastery (zsh)
~/src/mastery> ansible-playbook -i mastery-hosts errors.yaml -vv
No config file found; using defaults

PLAYBOOK: errors.yaml ***************************************************
1 plays in errors.yaml

PLAY [error handling] **************************************************

TASK [broken website] *************************************************
task path: /Users/jkeating/src/mastery/errors.yaml:7
fatal: [localhost]: FAILED! => {"changed": false, "content": "", "failed": true,
 "msg": "Status code was not [200]: Request failed: <urlopen error [Errno 8] nod
ename nor servname provided, or not known>", "redirected": false, "status": -1,
"url": "http://notahost.nodomain"}
...ignoring

PLAY RECAP ***********************************************************
localhost                  : ok=1    changed=0    unreachable=0    failed=0

~/src/mastery> _
```

작업 에러는 무시됐다. 이후 작업도 진행하려고 시도할 것이며, 플레이북은 호스트를 실패 상태로 기록하지 않을 것이다.

에러 조건 선언

ignore_errors 조건은 무딘 해머와 같다. 작업에서 모듈을 사용했을 때 발생하는 에러는 무시될 것이며 게다가 첫눈에 보기에 결과는 에러처럼 생각될 것이다. 그렇기 때문에 관리자는 혼란스러워하며 에러를 해결하고자 시도한다. 이를 방지하기 위해 실패를 좀 더 명확하게 구분할 수 있는 failed_when 조건이 있다. failed_when 조건은 좋은 메스와 같아서 플레이북 작성자는 어떤 상황에 작업을 실패로 설정할지를 상세하게 조건을 설정할 수 있다. 이 조건은 when 조건처럼 불린 결과가 나오도록 테스트를 수행한다. 그래서 불린 결과가 참이면 해당 작업은 실패로 간주되고, 그렇지 않으면 작업은 성공으로 결정된다.

failed_when 조건은 command 또는 shell 모듈과 함께 사용돼 실행 결과를 register로 저장할 때 매우 유용하다. 많은 실행 프로그램은 0이 아닌 종료 코드[nonzero exit code]를 자세히 구분해서 에러 상황을 분류한다. 하지만 이런 모듈은 0이 아닌 결과는 모두 실패로 간주한다. iscsiadm 유틸리티를 살펴보면, 이 도구는 iSCSI에 관련된 많은 경우에 사용된다. 예제로 iscsiadm 유틸리티를 활용해 활성화된 iscsi 세션을 보겠다.

```
- name: query sessions
  command: /sbin/iscsiadm -m session
  register: sessions
```

시스템에 실제 활성화된 세션이 없다면 다음과 같은 결과를 볼 수 있다.

단순히 ignore_errors 조건을 쓸 수도 있지만 그렇게 하면 iscsi에 관련된 다른 에러도 모두 예외 처리된다. 그래서 앤서블이 종료 코드 21을 허용하도록 변경할 것이다. 마지막에는 rc 변수를 접근하도록 결과값을 저장하고, 이 저장된 결과값은 failed_when 문에서 사용된다.

```yaml
- name: query sessions
  command: /sbin/iscsiadm -m session
  register: sessions
  failed_when: sessions.rc not in (0, 21)
```

이 코드에서는 0 또는 21이 아닌 종료 코드는 모두 실패로 간주한다. 이렇게 변경한 이후의 새로운 결과를 확인해 보자.

```
● ● ●                2. jkeating@serenity-2: ~/src/mastery (zsh)
~/src/mastery> ansible-playbook -i mastery-hosts errors.yaml -vv
No config file found; using defaults

PLAYBOOK: errors.yaml ************************************************
1 plays in errors.yaml

PLAY [error handling] ***********************************************

TASK [query sessions] ***********************************************
task path: /Users/jkeating/src/mastery/errors.yaml:7
changed: [scsihost] => {"changed": true, "cmd": ["/sbin/iscsiadm", "-m", "sessio
n"], "delta": "0:00:00.003154", "end": "2016-12-30 00:13:36.504164", "failed": f
alse, "failed_when_result": false, "rc": 21, "start": "2016-12-30 00:13:36.50101
0", "stderr": "iscsiadm: No active sessions.", "stdout": "", "stdout_lines": [],
 "warnings": []}

PLAY RECAP *********************************************************
scsihost                   : ok=1    changed=1    unreachable=0    failed=0

~/src/mastery> _
```

이제 결과에 에러는 보이지 않는다. 그리고 결과 화면에서 failed_when_result라는 새로운 데이터 키를 확인할 수 있다. 이 데이터 키는 failed_when문이 참인지 거짓인지를 알려주는데, 여기에서는 거짓으로 나타났다.

많은 명령형 도구는 자세한 종료 코드를 갖고 있지는 않다. 대부분이 성공을 나타내기 위해서 종료 코드 0을, 실패를 나타내기 위해서는 0이 아닌 다른 코드를 사용한다. 고맙게도 failed_when문은 애플리케이션의 종료 코드만 갖고 참/거짓을 판단하지 않으며, 필요한 모든 종류의 데이터에 접근할 수 있는 자유 불린 형식의 구문이다. git에 관련한 다른 문제를 살펴보겠다. git 체크아웃[1]에 지정한 브랜치가 없는지 확인하고 싶다고 가정해보자. 그리고 작업은 git 저장소가 /srv/app 디렉터리에 체크아웃됐다고 가정하며 git 브랜치를 삭제하는 명령어는 git branch -D이다. 그럼 다음 예제 코드를 살펴보자.

```
- name: delete branch bad
  command: git branch -D badfeature
  args:
    chdir: /srv/app
```

 command와 shell 모듈은 모듈 아큐먼트를 전달하는데 다른 모듈과는 다른 문법을 사용한다. 명령어 자체는 형식없이 작성되지만 모듈 아큐먼트는 args 해시로 작성해야 한다.

이 코드를 그대로 실행하면 에러가 발생할 것이며, 브랜치가 없기 때문에 종료 코드 1이 반환될 것이다.

---

1 git 관련 하위 명령어로 branch, 또는 checkout 같은 용어를 예제에서 사용하는데, 이 용어는 명령어와 동일한 의미로 사용되기 때문에 별도로 해석하지 않고 한글 발음 그대로 사용했다. - 옮긴이

```
2. jkeating@serenity-2: ~/src/mastery (zsh)

~/src/mastery> ansible-playbook -i mastery-hosts errors.yaml -vv
No config file found; using defaults

PLAYBOOK: errors.yaml ****************************************************
1 plays in errors.yaml

PLAY [error handling] ***************************************************

TASK [delete branch bad] ***********************************************
task path: /Users/jkeating/src/mastery/errors.yaml:7
fatal: [localhost]: FAILED! => {"changed": true, "cmd": ["git", "branch", "-D",
"badfeature"], "delta": "0:00:00.021737", "end": "2016-12-29 16:17:17.590875", "
failed": true, "rc": 1, "start": "2016-12-29 16:17:17.569138", "stderr": "error:
 branch 'badfeature' not found.", "stdout": "", "stdout_lines": [], "warnings":
[]}
        to retry, use: --limit @/Users/jkeating/src/mastery/errors.retry

PLAY RECAP *************************************************************
localhost                  : ok=0    changed=0    unreachable=0    failed=1

exit 2
~/src/mastery> _
```

 이번 예제에서는 쉽게 주제를 설명하기 위해 command 모듈을 사용하고 있다. 하지만 git 모듈이 별도로 있기 때문에 실제 git 저장소를 관리하기 위해서는 git 모듈을 사용하기를 권고한다.

failed_when과 changed_when 조건이 없었다면, 에러를 방지하기 위해 항상 두 단계의 작업 콤보를 만들어야 한다.

```
- name: check if branch badfeature exists
  command: git branch
  args:
    chdir: /srv/app
  register: branches
- name: delete branch bad
  command: git branch -D badfeature
```

```
  args:
    chdir: /srv/app
  when: branches.stdout | search('badfeature')
```

브랜치가 없다고 가정했을 때 작업 결과는 다음과 같다.

```
2. jkeating@serenity-2: ~/src/mastery (zsh)

~/src/mastery> ansible-playbook -i mastery-hosts errors.yaml -vv
No config file found; using defaults

PLAYBOOK: errors.yaml ********************************************************
1 plays in errors.yaml

PLAY [error handling] *******************************************************

TASK [check if branch badfeature exists] ***********************************
task path: /Users/jkeating/src/mastery/errors.yaml:7
changed: [localhost] => {"changed": true, "cmd": ["git", "branch"], "delta": "0:
00:00.014943", "end": "2016-12-29 16:20:38.287924", "rc": 0, "start": "2016-12-2
9 16:20:38.272981", "stderr": "", "stdout": "* master", "stdout_lines": ["* mast
er"], "warnings": []}

TASK [delete branch bad] ****************************************************
task path: /Users/jkeating/src/mastery/errors.yaml:13
skipping: [localhost] => {"changed": false, "skip_reason": "Conditional check fa
iled", "skipped": true}

PLAY RECAP ******************************************************************
localhost                  : ok=1    changed=1    unreachable=0    failed=0

~/src/mastery>
```

작업이 작동은 하겠지만 효율적이지는 않다. 이 코드를 향상시키고 failed_when 기능을 사용해 두 개의 작업을 하나로 줄여보겠다.

```
- name: delete branch bad
  command: git branch -D badfeature
  args:
    chdir: /srv/app
  register: gitout
  failed_when:
```

```
- gitout.rc != 0
- not gitout.stderr | search('branch.*not found')
```

 여러 줄의 조건절이 붙게 되면 보통 and로 연결하는데, 대신에 리스트로 연결할 수 있다. 이 방식을 사용하면 플레이북의 가독성이 높아지고, 로직 문제 발생할 때 원인을 쉽게 찾을 수 있다.

0이 아닌 반환 코드를 확인하고, 검색 필터를 사용해서 branch.*not found 정규식으로 stderr 값을 검색하도록 플레이북을 작성했다. 또한 진자2 로직으로 두 개의 조건문을 묶어서 포괄적으로 참/거짓을 판명하도록 했다.

변경 선언

작업 실패를 결정할 때와 마찬가지로 작업 결과를 변경 상태로 결정하는 것도 가능하다. 이 기능은 특히 명령어 계열 모듈(command, shell, raw, script)과 함께 사용할 때 유용하다. 다른 모듈과는 달리 명령어 계열 모듈은 상태 변경을 감지하는 기능이 없다. 사실 별도로 조정하지 않으면, 이 모듈의 결과는 항상 failed, changed 또는 skipped 상태로 나타난다. 기본적으로 명령어 계열 모듈은 간단하게 changed와 unchanged 상태를 구분할 수 있는 방법이 없다.

changed_when 조건을 사용하면 플레이북 작성자는 모듈의 변경 상태를 조정할 수 있다. failed_when과 마찬가지로, changed_when 역시 조건문을 검사해 불린 형태로 결과를 반환한다. 종종 changed_when을 사용하는 작업은 보통 0이 아닌 종료 코드를 반환하는 명령어로 해당 호스트에 더는 작업을 진행할 수 없음을 알려준다. 그렇기 때문에 플레이북 작성자는 changed_when과 failed_when을 같이 사용해 작업 종료 결과에 대한 예외 처리를 관리한다. 지난 예제에서는 failed_when 조건을 활용해서 변경을 수행한 작업이 없는 경우에도 작업의 결과가 '변경' 상태로 바뀌도록 처리했다. 하지만 이번에는 종료 코드가 0인 경우에만 변경 상태가 되도록 하고, 다른 종료 코드에는 변경 상태가 되지 않도록 설정하겠다. 그럼 예제를 살펴보자.

```
- name: delete branch bad
  command: git branch -D badfeature
  args:
    chdir: /srv/app
  register: gitout
  failed_when:
- gitout.rc != 0
- not gitout.stderr | search('branch.*not found')
  changed_when: gitout.rc == 0
```

이제 브랜치가 없는 상태에서 작업을 실행하면 다음과 같은 결과를 보게 된다.

```
2. jkeating@serenity-2: ~/src/mastery (zsh)
~/src/mastery> ansible-playbook -i mastery-hosts errors.yaml -vv
No config file found; using defaults

PLAYBOOK: errors.yaml ********************************************************
1 plays in errors.yaml

PLAY [error handling] *******************************************************

TASK [delete branch bad] ****************************************************
task path: /Users/jkeating/src/mastery/errors.yaml:7
ok: [localhost] => {"changed": false, "cmd": ["git", "branch", "-D", "badfeature
"], "delta": "0:00:00.011735", "end": "2016-12-29 16:29:28.500735", "failed": fa
lse, "failed_when_result": false, "rc": 1, "start": "2016-12-29 16:29:28.489000"
, "stderr": "error: branch 'badfeature' not found.", "stdout": "", "stdout_lines
": [], "warnings": []}

PLAY RECAP ******************************************************************
localhost                  : ok=1    changed=0    unreachable=0    failed=0

~/src/mastery> _
```

changed 상태가 false 값으로 변경된 점에 주목하자.

작업이 완료되면 시나리오를 변경해서 브랜치가 존재할 때 변화를 보겠다. 브랜치를 생성
하기 위해서는 git branch badfeature 명령을 /srv/app 디렉터리에서 실행하면 된다. 이
제 다시 한 번 플레이북을 실행하고 결과를 살펴보자. 그 결과는 다음과 같다.

```
● ● ●                   2. jkeating@serenity-2: ~/src/mastery (zsh)
~/src/mastery> ansible-playbook -i mastery-hosts errors.yaml -vv
No config file found; using defaults

PLAYBOOK: errors.yaml ****************************************************
1 plays in errors.yaml

PLAY [error handling] ***************************************************

TASK [delete branch bad] ***********************************************
task path: /Users/jkeating/src/mastery/errors.yaml:7
changed: [localhost] => {"changed": true, "cmd": ["git", "branch", "-D", "badfea
ture"], "delta": "0:00:00.016050", "end": "2016-12-29 16:31:05.491502", "failed"
: false, "failed_when_result": false, "rc": 0, "start": "2016-12-29 16:31:05.475
452", "stderr": "", "stdout": "Deleted branch badfeature (was 08077d5).", "stdou
t_lines": ["Deleted branch badfeature (was 08077d5)."], "warnings": []}

PLAY RECAP *************************************************************
localhost                  : ok=1    changed=1    unreachable=0    failed=0

~/src/mastery> _
```

이번에는 결과가 다르게 나오는 것을 확인할 수 있다. 변경 상태를 알려주고 stdout 데이터는 브랜치가 삭제됐음을 보여준다.

명령어 계열을 다루는 특별한 방법

명령어 계열 모듈(command, shell, script)의 하위 집합은 작업이 완료됐는지 여부와 작업 결과가 변경으로 처리될지 아닐지에 영향을 주는 특별한 아규먼트 한 쌍을 갖는다. 이 옵션은 creates와 removes다. 이 두 개의 아규먼트는 값으로 파일 경로를 받아서 앤서블이 create나 removes 아규먼트로 작업을 실행하려고 할 때, 먼저 참조되는 파일 경로가 존재하는지 여부를 확인한다. 만일 파일 경로가 존재하고 creates 아규먼트가 사용되면, 앤서블은 이 작업이 이미 완료됐다고 판단하고 ok를 반환한다. 반대로 파일 경로가 존재하지 않고 removes 아규먼트가 사용되면, 앤서블은 작업이 종료된 것으로 판단하고 ok를 반환할 것이다. 이외의 다른 조합을 사용하면 작업이 완료되지 않았다고 판단해 작업이 실제로 실행될 것이다. 그러므로 수행하는 작업이 무엇이든 간에 참조되는 파일을 생성하거나 제거하는 결과가 발생할 수 있다.

creates와 removes를 사용하면 개발자가 두 개의 작업으로 해야 할 일을 하나로 줄여준다. 예를 들어 프로젝트 하위의 files/ 디렉터리에 있는 frobitz 스크립트를 실행한다고 가정해보겠다. 이 예제에서 frobitz 스크립트는 /srv/whiskey/tango 경로를 만들 것이다. 실제 frobitz 스크립트의 소스는 다음과 같다.

```
#!/bin/bash
rm -rf /srv/whiskey/tango
mkdir /srv/whiskey/tango
```

이 스크립트는 두 번 실행되면 안 되는데, 두 번 작동하게 되면 기존 데이터를 삭제할 수 있기 때문이다. 위에 언급한 두 개의 작업은 다음과 같다.

```
- name: discover tango directory
  stat: path=/srv/whiskey/tango
  register: tango
- name: run frobitz
  script: files/frobitz --initialize /srv/whiskey/tango
  when: not tango.stat.exists
```

파일이 이미 존재한다고 가정하면 결과는 다음과 같을 것이다.

/srv/whiskey/tango 경로가 존재하지 않으면 stat 모듈은 훨씬 적은 데이터를 반환하고, exists 키는 false 값을 갖게 되며 이로 인해 frobitz 스크립트가 실행된다.

그럼 이제는 creates 아규먼트를 사용해서 하나의 작업으로 줄여보겠다.

```
- name: run frobitz
  script: files/frobitz creates=/srv/whiskey/tango
```

 script 모듈은 실제로는 action_plugin으로 '8장 앤서블 기능 확장'에서 다룰 것이다. action_plugin 스크립트는 아규먼트를 key=value 형식으로만 허용한다.

이제 결과값이 이전과는 약간 다르게 나오는 것을 확인할 수 있다.

```
2. jkeating@serenity-2: ~/src/mastery (zsh)
~/src/mastery> ansible-playbook -i mastery-hosts errors.yaml -vv
No config file found; using defaults

PLAYBOOK: errors.yaml ***********************************************
1 plays in errors.yaml

PLAY [error handling] **********************************************

TASK [run frobitz] ************************************************
task path: /Users/jkeating/src/mastery/errors.yaml:7
skipping: [localhost] => {"changed": false, "msg": "skipped, since /srv/whiskey/
tango exists", "skipped": true}

PLAY RECAP ********************************************************
localhost                  : ok=0      changed=0    unreachable=0    failed=0

~/src/mastery> _
```

 TIP creates와 removes를 사용하게 되면 플레이북을 훨씬 간결하고 효율적으로 유지할 수 있다.

변경 억제

때때로 작업이 성공적으로 완료됐더라도, 상태가 변경^{change}으로 바뀌지 않는 게 바람직할 수가 있다. 이 경우는 보통 데이터를 수집하는 명령을 사용했을 때 자주 사용된다. 이런 명령은 실제로 시스템의 상태를 변경시키지 않고, setup 모듈을 사용했을 때 같이 시스템 정보를 수집하기만 한다. 이런 작업에 대한 변경 사항을 억제하면 플레이북 실행으로 인해 실제로 시스템이 변경되지 않았음을 신속하게 판단하는 데 유용하다.

변경 상태를 억제하기 위해서는 단순히 changed_when 키의 값으로 false를 정의하면 된다. 다음 예제에서는 활성화된 iscsi 세션을 검색하는 이전 예제를 수정해 변경 상태를 억제하겠다.

```
- name: discover iscsi sessions
  command: /sbin/iscsiadm -m session
  register: sessions
  failed_when:
- sessions.rc != 0
- not sessions.stderr |
  search('No active sessions')
  changed_when: false
```

이 코드를 사용하면 어떤 값이 반환되도라도 작업의 결과값으로 changed가 아닌 ok를 반환할 것이다.

```
2. jkeating@serenity-2: ~/src/mastery (zsh)
~/src/mastery> ansible-playbook -i mastery-hosts errors.yaml -vv
No config file found; using defaults

PLAYBOOK: errors.yaml *************************************************
1 plays in errors.yaml

PLAY [error handling] ************************************************

TASK [discover iscsi sessions] **************************************
task path: /Users/jkeating/src/mastery/errors.yaml:7
ok: [scsihost] => {"changed": false, "cmd": ["/sbin/iscsiadm", "-m", "session"],
 "delta": "0:00:00.003290", "end": "2016-12-30 00:49:34.679361", "failed": false
, "failed_when_result": false, "rc": 21, "start": "2016-12-30 00:49:34.676071",
"stderr": "iscsiadm: No active sessions.", "stdout": "", "stdout_lines": [], "wa
rnings": []}

PLAY RECAP *********************************************************
scsihost                    : ok=1    changed=0    unreachable=0    failed=0

~/src/mastery> _
```

▌ 에러 복구

에러 조건을 좁게 정의하더라도, 실제 에러가 발생할 때가 있다. 앤서블은 이런 진짜 에러가 발생했을 때 대응할 수 있는 도구를 제공한다. 이 도구를 사용하면 에러가 발생했을 때 추가 작업을 진행하거나 에러가 발생하더라도 특정 작업은 항상 실행해야 한다. 또는 두 가지 방식이 모두 사용되도록 설정할 수 있다. 이 도구는 blocks 기능을 사용하는 방법이다.

앤서블 2.0에서 소개된 블록 기능은 플레이북에서 작업을 수행하기 위한 몇 가지 추가 구조를 제공한다. 블록은 작업을 함께 논리적 단위로 그룹화할 수 있다. 그래서 묶인 작업을 하나의 작업처럼 처리하고 조정할 수 있게 된다. 게다가 작업 블록은 rescue와 always라는 옵션을 제공한다.

Rescue

블록의 rescue 부분은 실제 에러가 block 내에서 발생하면 실행될 작업의 논리적 단위로 정의한다. 앤서블은 block 안에서 위에서 아래로 작업을 수행하므로, 실제 오류가 발생하면 block의 rescue 부분의 첫 번째 작업으로 넘어간다. rescue 작업은 마지막 부분에 도달하거나 다른 오류가 발생할 때까지 위에서 아래로 수행한다. rescue 부분이 모두 끝난 후에는 작업 실행은 오류가 없는 것처럼 block 이후의 작업을 계속 수행한다. 이런 방식으로 오류를 완벽하게 처리할 수 있으므로 에러 발생 시 남겨지는 쓸모 없는 데이터를 정리해 시스템이 정상적으로 작동하도록 조치할 수 있다. 그러므로 블록 내에서 rescue를 사용하면, 오류 상태를 기반으로 한 복잡한 작업 등록 결과와 작업 조건보다 더 간결하다.

예제를 시연하기 위해 block에 새로운 작업 세트를 만들겠다. 이 작업 세트를 수행하면 에러가 발생하고, rescue 부분으로 실행이 전환될 것이다. rescue 부분에서는 에러로 인해 남겨질 쓸모 없는 데이터를 처리할 것이다. 또한 block 이후의 작업을 수행해 실행이 계속되도록 하겠다. 예제는 errors.yaml 플레이북을 다시 사용한다.

```
---
- name: error handling
  hosts: localhost
  gather_facts: false

  tasks:
    - block:
        - name: delete branch bad
          command: git branch -D badfeature
          args:
            chdir: /srv/app

        - name: this task is lost
          debug:
            msg: "I do not get seen"

      rescue:
        - name: cleanup task
          debug:
            msg: "I am cleaning up"

        - name: cleanup task 2
          debug:
            msg: "I am also cleaning up"
    - name: task after block
      debug:
        msg: "Execution goes on"
```

errors.yaml 플레이북이 실행되면 첫 번째 작업은 에러가 발생할 것이며, 두 번째 작업은 생략될 것이다. 이후 rescue의 cleanup task로 전환돼 작업이 계속될 것이다. 작업 결과는 다음 화면에서 볼 수 있다.

```
2. jkeating@serenity-2: ~/src/mastery (zsh)
~/src/mastery> ansible-playbook -i mastery-hosts errors.yaml -vv
No config file found; using defaults

PLAYBOOK: errors.yaml **************************************************
1 plays in errors.yaml

PLAY [error handling] *************************************************

TASK [delete branch bad] **********************************************
task path: /Users/jkeating/src/mastery/errors.yaml:8
fatal: [localhost]: FAILED! => {"changed": true, "cmd": ["git", "branch", "-D",
"badfeature"], "delta": "0:00:00.007540", "end": "2016-12-29 17:49:37.876734", "
failed": true, "rc": 1, "start": "2016-12-29 17:49:37.869194", "stderr": "error:
 branch 'badfeature' not found.", "stdout": "", "stdout_lines": [], "warnings":
[]}

TASK [cleanup task] ***************************************************
task path: /Users/jkeating/src/mastery/errors.yaml:18
ok: [localhost] => {
    "msg": "I am cleaning up"
}

TASK [cleanup task 2] *************************************************
task path: /Users/jkeating/src/mastery/errors.yaml:22
ok: [localhost] => {
    "msg": "I am also cleaning up"
}

TASK [task after block] **********************************************
task path: /Users/jkeating/src/mastery/errors.yaml:26
ok: [localhost] => {
    "msg": "Execution goes on"
}

PLAY RECAP ***********************************************************
localhost                  : ok=3    changed=0    unreachable=0    failed=0

~/src/mastery> _
```

rescue 부분뿐 아니라 플레이북의 나머지 부분까지도 성공적으로 완료됐고, 전체 ansible-playbook의 실행이 성공적으로 완료됐음을 확인할 수 있다.

Always

에러 처리하는 방식으로는 rescue 이외에 always도 있다. block의 always 부분은 에러의 발생 여부와 상관없이 항상 실행된다. 이 기능은 시스템이 failed 상태로 변화되지 않고 항상 작업이 수행돼야 할 때 유용하다. 에러가 발생하면 block 내의 작업은 무시되고 rescue가 실행되지만, always를 사용하면 항상 해당 작업이 실행된다.

그럼 기존 예제에 always 부분을 추가하겠다.

```
always:
  - name: most important task
    debug:
      msg: "Never going to let you down"
```

작업을 다시 시작하면 다음 화면의 결과를 볼 수 있다.

```
● ● ●                2. jkeating@serenity-2: ~/src/mastery (zsh)
~/src/mastery> ansible-playbook -i mastery-hosts errors.yaml -vv
No config file found; using defaults

PLAYBOOK: errors.yaml ****************************************************************
1 plays in errors.yaml

PLAY [error handling] ***************************************************************

TASK [delete branch bad] ***********************************************************
task path: /Users/jkeating/src/mastery/errors.yaml:8
fatal: [localhost]: FAILED! => {"changed": true, "cmd": ["git", "branch", "-D",
"badfeature"], "delta": "0:00:00.012242", "end": "2016-12-29 17:58:08.111992", "
failed": true, "rc": 1, "start": "2016-12-29 17:58:08.099750", "stderr": "error:
 branch 'badfeature' not found.", "stdout": "", "stdout_lines": [], "warnings":
[]}

TASK [cleanup task] ***************************************************************
task path: /Users/jkeating/src/mastery/errors.yaml:18
ok: [localhost] => {
    "msg": "I am cleaning up"
}

TASK [cleanup task 2] *************************************************************
task path: /Users/jkeating/src/mastery/errors.yaml:22
ok: [localhost] => {
    "msg": "I am also cleaning up"
}

TASK [most important task] *******************************************************
task path: /Users/jkeating/src/mastery/errors.yaml:27
ok: [localhost] => {
    "msg": "Never going to let you down"
}

TASK [task after block] **********************************************************
task path: /Users/jkeating/src/mastery/errors.yaml:31
ok: [localhost] => {
    "msg": "Execution goes on"
}

PLAY RECAP ***********************************************************************
localhost                  : ok=4    changed=0    unreachable=0    failed=0

~/src/mastery> _
```

Always가 정말로 항상 작동하는지 확인하기 위해 플레이를 약간 고쳐보겠으며, 이 플레이북은 git 작업이 성공한 것으로 간주되도록 결과를 반환할 것이다. 편의를 위해 전체 플레이북을 보여주겠다.

```yaml
---
- name: error handling
  hosts: localhost
  gather_facts: false

  tasks:
    - block:
        - name: delete branch bad
          command: git branch -D badfeature
          args:
            chdir: /srv/app
          register: gitout
          failed_when:
            - gitout.rc != 0
            - not gitout.stderr | search('branch.*not found')

        - name: this task is lost
          debug:
            msg: "I do not get seen"

      rescue:
        - name: cleanup task
          debug:
            msg: "I am cleaning up"

        - name: cleanup task 2
          debug:
            msg: "I am also cleaning up"

      always:
        - name: most important task
          debug:
```

```
        msg: "Never going to let you down"

  - name: task after block
    debug:
      msg: "Execution goes on"
```

이번에는 플레이북을 실행할 때 rescue 부분이 생략되고, 이전에 오류로 인해 무시됐던 작업이 실행됐으며, always도 여전히 실행되는 것을 확인할 수 있다.

```
~/src/mastery> ansible-playbook -i mastery-hosts errors.yaml -vv
No config file found; using defaults

PLAYBOOK: errors.yaml ********************************************************
1 plays in errors.yaml

PLAY [error handling] *******************************************************

TASK [delete branch bad] ****************************************************
task path: /Users/jkeating/src/mastery/errors.yaml:8
changed: [localhost] => {"changed": true, "cmd": ["git", "branch", "-D", "badfea
ture"], "delta": "0:00:00.013764", "end": "2016-12-29 18:03:32.373085", "failed"
: false, "failed_when_result": false, "rc": 1, "start": "2016-12-29 18:03:32.359
321", "stderr": "error: branch 'badfeature' not found.", "stdout": "", "stdout_l
ines": [], "warnings": []}

TASK [this task is lost] ****************************************************
task path: /Users/jkeating/src/mastery/errors.yaml:17
ok: [localhost] => {
    "msg": "I do not get seen"
}

TASK [most important task] **************************************************
task path: /Users/jkeating/src/mastery/errors.yaml:31
ok: [localhost] => {
    "msg": "Never going to let you down"
}

TASK [task after block] *****************************************************
task path: /Users/jkeating/src/mastery/errors.yaml:35
ok: [localhost] => {
    "msg": "Execution goes on"
}

PLAY RECAP ******************************************************************
localhost                  : ok=4    changed=1    unreachable=0    failed=0

~/src/mastery> _
```

▌ 요약

일반적으로 앤서블은 작업이 실패했는지, 또는 시스템 변경이 발생했는지를 결정하는 훌륭한 기능이 내장돼 있다. 하지만 가끔 앤서블이 판단하는 상황이 부적절해 작업 상태를 변경시킬 필요가 있다. 그리고 앤서블은 이 같은 변경을 플레이북 작성자가 결정할 수 있는 작업 구조를 제공해준다. 추가로 블록 작업을 통해 에러가 발생했을 때, 시스템을 복구하고 쓸모 없는 데이터를 정리하는 rescue와 에러가 발생하더라도 나머지 작업이 완료될 수 있도록 해주는 always를 구현할 수 있다. 5장에서는 작업, 파일, 변수 등을 구조화하는 롤의 활용방법을 살펴보겠다.

05

롤을 이용해 재사용 가능한 플레이북 작성 방법

대부분의 프로젝트에는 간단한 하나의 앤서블 플레이북이면 충분하다. 하지만 시간이 지나면서 프로젝트가 커지게 되면 추가적인 플레이북과 변수 파일이 늘어나고, 작업 파일은 분리하게 될 것이다. 또한 조직 내의 다른 프로젝트에서는 기존에 사용됐던 플레이북을 재사용하길 원할 수도 있고, 프로젝트의 디렉터리 구조와 파일을 여러 프로젝트로 복제해 사용하길 원할 수도 있다. 이렇듯 프로젝트가 복잡해지고 크기가 커지면 소수의 플레이북이나 작업 파일 및 변수 파일이 간단하게 구성되는 그 이상의 기능이 필요하다. 먼저 계층화된 구조를 만드는 것은 관리가 힘들어지며 파일이 흩어지게 되어 유지보수가 어렵게 될 수 있다. 이 때문에 많은 앤서블 유저는 코드를 더 단순하게 만들고 파일의 구조를 더 조직화한다. 그리고 재사용하기 위해 복제할 때는 몇 가지 이슈가 발생할 수 있다. 플레이북

이행^{migration} 자체가 어려울 수 있으며, 필요에 따라 플레이북의 많은 부분을 새로 작성해야하기 때문에 새 프로젝트를 시작하는 데 시간이 오래 걸릴 수 있다.

5장에서는 앤서블 플레이북을 작성하기 쉽고, 재사용하도록 그리고 잘 구조화되도록 만드는 방법을 다룬다. 5장에서 배우는 내용은 개발자가 앤서블 파일을 디자인하는 데 도움을 주기 때문에 이를 잘 활용하면 프로젝트가 커지더라도 문제가 발생하지 않고, 구조를 변경할 필요가 없다. 다음 항목을 위주로 살펴보겠다.

- 작업, 핸들러, 변수 및 플레이북의 포함^{include} 개념
- 롤(구조, 기본 변수, 의존성)
- 롤을 활용하기 위한 상위 플레이북 디자인(태그와 롤을 보완하는 다른 기능)
- 프로젝트에서 롤 공유(git을 통한 의존성, 갤럭시와 동일 기능을 제공하는 저장소)

▌ 작업, 핸들러, 변수 및 플레이북의 포함 개념

앤서블 프로젝트 구조를 효율적으로 조직화하는 방법을 이해하려면 첫 번째 단계로 포함[1] 개념을 알아야 한다. 파일을 포함하면 코드는 하나의 정해진 파일에 정의돼 다른 파일에 포함되어 사용될 수 있기 때문에 프로젝트에서 여러 번 재사용될 수 있다. 이 기능은 **반복금지**^{DRY, Don't Repeat Yourself} 개념을 구현한다.

포함 작업

작업 파일은 하나 또는 그 이상의 작업을 정의하는 YAML 파일이다. 이 작업은 특별한 플레이 또는 플레이북에 직접적으로 종속되지 않으며 단순히 작업의 목록일 뿐이다. 그래서

---

1 포함(include)은 모든 프로그래밍에서 일반적으로 사용하는 방식으로 include 키워드를 통해 다른 파일의 코드를 불러올 수 있다. 여기서는 include를 '포함'으로 의역했다. - 옮긴이

작업 파일은 include 연산자^{operator}를 통해서 플레이북이나 다른 작업 파일에 참고될 수 있다. include 연산자는 경로를 지정함으로써 작업 파일을 부를 수 있는데, 이 방식은 '1장 앤서블 디자인과 시스템 구조'에서 본 바와 같이 상대 경로로 지정할 수 있다.

include 연산자를 통해 작업을 포함하는 방법을 살펴보기 위해 간단한 플레이를 만들어 보겠다. 이 플레이는 debug 작업을 수행하는 작업 파일을 불러들인다. 먼저 includer.yaml라는 이름의 플레이북 파일을 만들어보자.

```
---
- name: task inclusion
  hosts: localhost
  gather_facts: false

  tasks:
    - name: non-included task
      debug:
        msg: "I am not included"

    - include: more-tasks.yaml
```

다음에는 includer.yaml과 같은 디렉터리에 more-tasks.yaml 파일을 만들어 보겠다.

```
---
- name: included task 1
  debug:
    msg: "I am the first included task"

- name: included task 2
  debug:
    msg: "I am the second included task"
```

이제 결과를 보기 위해 플레이북을 실행시켜보자.

```
● ● ●                2. jkeating@serenity-2: ~/src/mastery (zsh)
~/src/mastery> ansible-playbook -i mastery-hosts includer.yaml -vv
No config file found; using defaults
statically included: /Users/jkeating/src/mastery/more-tasks.yaml

PLAYBOOK: includer.yaml ***************************************************
1 plays in includer.yaml

PLAY [task inclusion] ****************************************************

TASK [non-included task] ***********************************************
task path: /Users/jkeating/src/mastery/includer.yaml:6
ok: [localhost] => {
    "msg": "I am not included"
}

TASK [included task 1] ***********************************************
task path: /Users/jkeating/src/mastery/more-tasks.yaml:1
ok: [localhost] => {
    "msg": "I am the first included task"
}

TASK [included task 2] ***********************************************
task path: /Users/jkeating/src/mastery/more-tasks.yaml:5
ok: [localhost] => {
    "msg": "I am the second included task"
}

PLAY RECAP **********************************************************
localhost                  : ok=3    changed=0    unreachable=0    failed=0

~/src/mastery> _
```

이 결과를 통해 작업 파일을 포함해서 실행시켰을 때 나타나는 결과를 분명히 알 수 있다. include 연산자는 플레이의 작업 섹션 안에서 사용됐기 때문에, 파일로 포함된 작업은 해당 플레이 안에서 실행된다. 실제로 include 연산자 뒤에 새로운 작업을 추가하면 포함된 파일의 모든 작업은 마치 include 연산자가 사용된 지점에 파일로 불러들인 작업이 존재하는 것처럼 순서대로 실행되는 것을 알 수 있다.

```
tasks:
    - name: non-included task
      debug:
        msg: "I am not included"
```

```
- include: more-tasks.yaml

- name: after-included tasks
  debug:
    msg: "I run last"
```

수정된 플레이북을 실행하면, 앞에서 언급한 바와 같이 작업 순서가 진행되는 것을 확인할 수 있다.

```
● ● ●                    2. jkeating@serenity-2: ~/src/mastery (zsh)
~/src/mastery> ansible-playbook -i mastery-hosts includer.yaml -vv
No config file found; using defaults
statically included: /Users/jkeating/src/mastery/more-tasks.yaml

PLAYBOOK: includer.yaml ***********************************************
1 plays in includer.yaml

PLAY [task inclusion] ************************************************

TASK [non-included task] *********************************************
task path: /Users/jkeating/src/mastery/includer.yaml:6
ok: [localhost] => {
    "msg": "I am not included"
}

TASK [included task 1] ***********************************************
task path: /Users/jkeating/src/mastery/more-tasks.yaml:1
ok: [localhost] => {
    "msg": "I am the first included task"
}

TASK [included task 2] ***********************************************
task path: /Users/jkeating/src/mastery/more-tasks.yaml:5
ok: [localhost] => {
    "msg": "I am the second included task"
}

TASK [after-included tasks] ******************************************
task path: /Users/jkeating/src/mastery/includer.yaml:12
ok: [localhost] => {
    "msg": "I run last"
}

PLAY RECAP **********************************************************
localhost                  : ok=4    changed=0    unreachable=0    failed=0

~/src/mastery> _
```

플레이북을 작업에 따라 분리하면 동일한 작업을 여러 번, 또는 여러 플레이북에서 포함시킬 수 있다. 따라서 작업의 일부를 수정해야 한다면 오직 참고되는 하나의 파일만 수정하면 되며, 얼마나 많은 곳에서 파일이 참고됐는지는 상관없다.

포함된 작업에 변수값 전달

때로는 작업을 분리하고 싶지만 변수 데이터에 따라 조금씩 다르게 작업이 동작하는 경우가 있는데, 이때 include 연산자를 사용해 파일이 포함되는 시점에 변수 데이터를 정의하고 기존 값을 덮어쓸 수 있다. 정의된 변수는 오직 포함된 작업 파일(그리고 해당 파일이 포함할 수 있는 다른 작업 파일) 내에서만 값이 허용된다. 이 기능을 검증하기 위해 새로운 테스트 시나리오를 만들어보겠다. 이 시나리오는 두 개의 파일을 생성하고, 각 파일을 별도의 디렉터리에 위치시킨다. 각 파일을 생성하기 위해 두 개의 작업 파일을 생성하는 대신에 (하나는 디렉터리를 생성하고, 다른 하나는 파일을 생성), 작업에서 변수 이름을 사용하는 작업 파일을 만들겠다. 그리고 나서 작업 파일을 두 번 포함시키는데 그때마다 다른 변수값을 전달하겠다. 그럼 먼저 files.yaml 작업 파일을 만들어보자

```
---
- name: create leading path
  file:
    path: "{{ path }}"
    state: directory

- name: touch the file
  file:
    path: "{{ path + '/' + file }}"
    state: touch
```

다음으로 방금 생성한 작업 파일을 포함하는 플레이를 만들어보겠다. 이 플레이는 디렉터리 경로와 파일 경로를 변수로 전달한다.

```
---
- name: touch files
  hosts: localhost
  gather_facts: false

  tasks:
    - include: files.yaml
      vars:
        path: /tmp/foo
        file: herp

    - include: files.yaml
      vars:
        path: /tmp/foo
        file: derp
```

 작업 파일을 포함할 때 변수를 정의하는 방법으로는 key=value의 인라인 형식, 또는 vars 해시에서 YAML의 key: value 형식, 두 가지 방법이 있다.

이 플레이북을 실행하면 네 개의 작업이 실행됐음을 확인할 수 있다. 두 개의 작업은 files.yaml이 두 번 작동하면서 실행된 것이고, 나머지 두 개의 작업에서는 하나만 change로 상태가 변경된다. 그 이유는 작업에서 생성된 디렉터리의 경로가 동일하기 때문이다.

```
● ● ●                    2. jkeating@serenity-2: ~/src/mastery (zsh)
~/src/mastery> ansible-playbook -i mastery-hosts includer.yaml -vv
No config file found; using defaults
statically included: /Users/jkeating/src/mastery/files.yaml
statically included: /Users/jkeating/src/mastery/files.yaml

PLAYBOOK: includer.yaml ****************************************************
1 plays in includer.yaml

PLAY [task inclusion] ******************************************************

TASK [create leading path] ************************************************
task path: /Users/jkeating/src/mastery/files.yaml:1
changed: [localhost] => {"changed": true, "gid": 0, "group": "wheel", "mode": "0
755", "owner": "jkeating", "path": "/tmp/foo", "size": 68, "state": "directory",
 "uid": 501}

TASK [touch the file] ******************************************************
task path: /Users/jkeating/src/mastery/files.yaml:6
changed: [localhost] => {"changed": true, "dest": "/tmp/foo/herp", "gid": 0, "gr
oup": "wheel", "mode": "0644", "owner": "jkeating", "size": 0, "state": "file",
"uid": 501}

TASK [create leading path] ************************************************
task path: /Users/jkeating/src/mastery/files.yaml:1
ok: [localhost] => {"changed": false, "gid": 0, "group": "wheel", "mode": "0755"
, "owner": "jkeating", "path": "/tmp/foo", "size": 102, "state": "directory", "u
id": 501}

TASK [touch the file] ******************************************************
task path: /Users/jkeating/src/mastery/files.yaml:6
changed: [localhost] => {"changed": true, "dest": "/tmp/foo/derp", "gid": 0, "gr
oup": "wheel", "mode": "0644", "owner": "jkeating", "size": 0, "state": "file",
"uid": 501}

PLAY RECAP ****************************************************************
localhost                  : ok=4    changed=3    unreachable=0    failed=0

~/src/mastery> _
```

포함된 작업으로 복잡한 데이터 전달 방법

작업을 다른 파일에 포함시키면서 복잡한 데이터, 예를 들면 해시hash 또는 리스트list 같은 데이터를 전달하고자 할 때가 있는데, 이때는 파일을 포함시킬 때 별도의 문법을 사용할 수 있다. 지난 시나리오를 다시 한 번 사용하는데, 이번에는 작업 파일을 두 번 포함시키는 게 아니라 한 번만 포함시키는 대신 디렉터리 경로와 파일 이름을 해시로 전달하겠다. 먼저 작업 파일을 수정한다.

```
---
- name: create leading path
  file:
    path: "{{ item.value.path }}"
    state: directory
  with_dict: "{{ files }}"

- name: touch the file
  file:
    path: "{{ item.value.path + '/' + item.key }}"
    state: touch
  with_dict: "{{ files }}"
```

이제 플레이북을 수정해 하나의 include문을 사용하고 files 해시를 전달한다.

```
---
- name: touch files
  hosts: localhost
  gather_facts: false

  tasks:
    - include: files.yaml
      vars:
        files:
          herp:
            path: /tmp/foo
          derp:
            path: /tmp/foo
```

새로운 플레이북을 실행시키면 이전과 유사하지만 약간 다른 결과값을 볼 수 있다. 결과에서 /tmp/foo 디렉터리는 먼저 생성되고, 두 개의 파일 herp와 derp는 나중에 생성된다.

```
2. jkeating@serenity-2: ~/src/mastery (zsh)
~/src/mastery> ansible-playbook -i mastery-hosts includer.yaml -vv
No config file found; using defaults
statically included: /Users/jkeating/src/mastery/files.yaml

PLAYBOOK: includer.yaml ***************************************************
1 plays in includer.yaml

PLAY [task inclusion] ****************************************************

TASK [create leading path] *********************************************
task path: /Users/jkeating/src/mastery/files.yaml:1
ok: [localhost] => (item={'key': u'herp', 'value': {u'path': u'/tmp/foo'}}) => {
"changed": false, "gid": 0, "group": "wheel", "item": {"key": "herp", "value": {
"path": "/tmp/foo"}}, "mode": "0755", "owner": "jkeating", "path": "/tmp/foo", "
size": 136, "state": "directory", "uid": 501}
ok: [localhost] => (item={'key': u'derp', 'value': {u'path': u'/tmp/foo'}}) => {
"changed": false, "gid": 0, "group": "wheel", "item": {"key": "derp", "value": {
"path": "/tmp/foo"}}, "mode": "0755", "owner": "jkeating", "path": "/tmp/foo", "
size": 136, "state": "directory", "uid": 501}

TASK [touch the file] *************************************************
task path: /Users/jkeating/src/mastery/files.yaml:7
changed: [localhost] => (item={'key': u'herp', 'value': {u'path': u'/tmp/foo'}})
 => {"changed": true, "dest": "/tmp/foo/herp", "gid": 0, "group": "wheel", "item
": {"key": "herp", "value": {"path": "/tmp/foo"}}, "mode": "0644", "owner": "jke
ating", "size": 0, "state": "file", "uid": 501}
changed: [localhost] => (item={'key': u'derp', 'value': {u'path': u'/tmp/foo'}})
 => {"changed": true, "dest": "/tmp/foo/derp", "gid": 0, "group": "wheel", "item
": {"key": "derp", "value": {"path": "/tmp/foo"}}, "mode": "0644", "owner": "jke
ating", "size": 0, "state": "file", "uid": 501}

PLAY RECAP ************************************************************
localhost                  : ok=2    changed=1    unreachable=0    failed=0

~/src/mastery> _
```

이렇게 데이터를 해시 방식으로 전달하면, 플레이북에 include문의 수를 늘리지 않고도, 늘어나는 작업을 처리할 수 있다.

조건에 따른 작업 포함

데이터를 포함되는 파일에 전달할 때와 유사하게, 조건절도 역시 포함되는 파일에 전달될 수 있다. 이때 사용하는 방법은 include 연산자를 when문과 함께 사용하는 것이다. 조건절은 파일이 포함돼야 하는지 아닌지를 결정하기 위해 사용되는 것이 아니다. 이 조건절은 앤서블이 포함된 파일 (그리고 파일이 포함하는 또 다른 파일) 안의 작업마다 조건을 부여하기 위해 사용된다.

 조건에 따라 파일을 포함하는 것은 불가능하다. 그래서 include문이 있으면 해당 파일은 항상 포함된다. 하지만 작업 자체에 조건을 부여해 조건을 적용시킬 수는 있다.

간단한 debug문을 포함하는 첫 번째 예제를 수정해 이 내용을 살펴보겠다. 조건절을 추가하고 조건절에서 사용할 변수 데이터를 전달하는데, 먼저 플레이북을 수정해보자.

```
---
- name: task inclusion
  hosts: localhost
  gather_facts: false

  tasks:
    - include: more-tasks.yaml
      when: item | bool
      vars:
        - true
        - false
```

다음은 more-tasks.yaml 파일을 수정해, 각 작업에서 a_list 변수를 반복해 전달한다.

```
---
- name: included task 1
  debug:
```

```
    msg: "I am the first included task"
  with_items: "{{ a_list }}"


- name: include task 2
  debug:
    msg: "I am the second included task"
  with_items: "{{ a_list }}"
```

이제 플레이북을 실행시키면 새로운 결과를 볼 수 있다.

```
                    2. jkeating@serenity-2: ~/src/mastery (zsh)
~/src/mastery> ansible-playbook -i mastery-hosts includer.yaml -vv
No config file found; using defaults
statically included: /Users/jkeating/src/mastery/more-tasks.yaml

PLAYBOOK: includer.yaml ***************************************************
1 plays in includer.yaml

PLAY [task inclusion] ****************************************************

TASK [included task 1] ***************************************************
task path: /Users/jkeating/src/mastery/more-tasks.yaml:1
ok: [localhost] => (item=True) => {
    "item": true,
    "msg": "I am the first included task"
}
skipping: [localhost] => (item=False)  => {"changed": false, "item": false, "ski
p_reason": "Conditional check failed", "skipped": true}

TASK [included task 2] ***************************************************
task path: /Users/jkeating/src/mastery/more-tasks.yaml:6
ok: [localhost] => (item=True) => {
    "item": true,
    "msg": "I am the second included task"
}
skipping: [localhost] => (item=False)  => {"changed": false, "item": false, "ski
p_reason": "Conditional check failed", "skipped": true}

PLAY RECAP *************************************************************
localhost                  : ok=2    changed=0    unreachable=0    failed=0

~/src/mastery> _
```

결과를 보면 작업이 실행될 때 불린이 거짓으로 검사된 아이템은 반복문이 생략되는 것을 알 수 있다. 즉 모든 호스트가 모두 포함된 작업이 참인지 거짓인지를 검사한다. 이 사실은 꼭 기억해야 한다. 일부 호스트에서만 작업 파일을 포함하고, 다른 호스트는 포함시키지 않게 하는 방법은 없다. 대부분의 경우에는 모든 작업에 조건을 부여하고 이를 검사하며, 필요하면 작업을 생략시키는 방법이 사용된다. 그리고 특정 호스트에만 파일을 포함시키는 방법이 있는데, 이 방법은 호스트 팩트 기반으로 group_by 플러그인을 사용하여 동적 그룹을 만드는 것이다. 즉 특정 작업을 수행해야 하는 호스트만 묶어 그룹을 만들고, 해당 그룹만 작업 파일을 포함하게 하는 방법이다. 이에 대한 연습은 독자의 몫으로 맡기겠다.

포함된 작업에 대한 태깅 방법

작업 파일을 포함할 때, 파일 내의 모든 작업을 태깅^{tagging}할 수 있다. tags 키워드는 포함 관계에 있는 모든 작업을 대상으로 하나 이상의 태그를 정의할 때 사용된다. 작업 파일을 포함할 때 태깅을 하면 작성자 의도대로 작업에 태그를 지정할 수 있으며, 또한 다른 데이터와 태그가 전달된다 하더라도 일련의 작업을 여러 번 포함할 수 있게 된다.

 태그는 include문에 정의되거나 또는 주어진 플레이 전체를 포함하기 위해 플레이 자체를 지정할 수 있다.

그럼 태그가 어떻게 사용되는가를 알아보기 위해 예제를 만들어 보겠다. 먼저 작업 파일을 두 번 포함하는 플레이북을 만들어 보는데, 포함시킬 때마다 다른 태그 이름과 다른 변수를 전달한다.

```
---
- name: task inclusion
  hosts: localhost
  gather_facts: false

  tasks:
    - include: more-tasks.yaml      vars:
        data: first
      tags: first

    - include: more-tasks.yaml      vars:
        data: second
      tags: second
```

이제 more-tasks.yaml을 수정해 전달된 데이터를 활용해 보겠다.

```
---
  - name: included task
    debug:
      msg: "My data is {{ data }}"
```

태그를 선택하지 않고 플레이북을 실행하면, 작업이 두 번 실행되는 것을 볼 수 있다.

```
● ● ●                    2. jkeating@serenity-2: ~/src/mastery (zsh)
~/src/mastery> ansible-playbook -i mastery-hosts includer.yaml -vv
No config file found; using defaults
statically included: /Users/jkeating/src/mastery/more-tasks.yaml
statically included: /Users/jkeating/src/mastery/more-tasks.yaml

PLAYBOOK: includer.yaml ******************************************************
1 plays in includer.yaml

PLAY [task inclusion] *******************************************************

TASK [included task] ********************************************************
task path: /Users/jkeating/src/mastery/more-tasks.yaml:11
ok: [localhost] => {
    "msg": "My data is first"
}

TASK [included task] ********************************************************
task path: /Users/jkeating/src/mastery/more-tasks.yaml:11
ok: [localhost] => {
    "msg": "My data is second"
}

PLAY RECAP *****************************************************************
localhost                  : ok=2    changed=0    unreachable=0    failed=0

~/src/mastery> _
```

이번에는 ansible-playbook 명령어의 아규먼트를 수정해서 두 번째 태그를 지정하고 결
과를 살펴보겠다. 결과에서는 포함된 작업이 한 번만 실행돼야 한다.

```
 ● ● ●                 2. jkeating@serenity-2: ~/src/mastery (zsh)
~/src/mastery> ansible-playbook -i mastery-hosts includer.yaml -vv --tags second

No config file found; using defaults
statically included: /Users/jkeating/src/mastery/more-tasks.yaml
statically included: /Users/jkeating/src/mastery/more-tasks.yaml

PLAYBOOK: includer.yaml *************************************************
1 plays in includer.yaml

PLAY [task inclusion] **************************************************

TASK [included task] **************************************************
task path: /Users/jkeating/src/mastery/more-tasks.yaml:11
ok: [localhost] => {
    "msg": "My data is second"
}

PLAY RECAP ************************************************************
localhost                  : ok=1    changed=0    unreachable=0    failed=0

~/src/mastery> _
```

예제에서 사용된 --tags 명령 아규먼트는 실행할 태그가 부여된 작업을 가리킨다. 다른 아규먼트인 --skip-tags를 사용하면 반대로 실행되지 말아야 할 태그가 부여된 작업을 의미한다.

포함된 작업 파일을 반복시키는 방법

작업 파일을 포함시킬 때 반복문과도 결합해 사용할 수 있다. include문에 with_ 반복을 추가하면 현재 반복문에서 제공하는 item 변수를 사용해 작업 파일이 수행될 것이다. 전체 포함하는 파일의 작업은 반복문의 아이템이 끝날 때까지 반복적으로 실행된다. 그럼 예제 플레이를 수정해서 테스트해보겠다.

```
---
- name: task inclusion
  hosts: localhost
  gather_facts: false

  tasks:
    - include: more-tasks.yaml
      with_items:
        - one
        - two
```

more-tasks.yaml 파일을 수정해 item 반복을 사용해 만들어보자.

```
---
- name: included task 1
  debug:
    msg: "I am the first included task with {{ item }}"
- name: included task 2
  debug:
    msg: "I am the second included task with {{ item }}"
```

이 플레이북을 실행하면, 반복문에서 변수를 제공할 때마다 task 1과 task 2가 한 번씩 실행되는 것을 알 수 있다.

```
● ● ●                  2. jkeating@serenity-2: ~/src/mastery (zsh)
~/src/mastery> ansible-playbook -i mastery-hosts includer.yaml -vv
No config file found; using defaults

PLAYBOOK: includer.yaml **********************************************************
1 plays in includer.yaml

PLAY [task inclusion] ***********************************************************

TASK [include] *****************************************************************
task path: /Users/jkeating/src/mastery/includer.yaml:15
included: /Users/jkeating/src/mastery/more-tasks.yaml for localhost
included: /Users/jkeating/src/mastery/more-tasks.yaml for localhost

TASK [included task 1] *********************************************************
task path: /Users/jkeating/src/mastery/more-tasks.yaml:1
ok: [localhost] => {
    "msg": "I am the first included task with one"
}

TASK [included task 2] *********************************************************
task path: /Users/jkeating/src/mastery/more-tasks.yaml:6
ok: [localhost] => {
    "msg": "I am the second included task with one"
}

TASK [included task 1] *********************************************************
task path: /Users/jkeating/src/mastery/more-tasks.yaml:1
ok: [localhost] => {
    "msg": "I am the first included task with two"
}

TASK [included task 2] *********************************************************
task path: /Users/jkeating/src/mastery/more-tasks.yaml:6
ok: [localhost] => {
    "msg": "I am the second included task with two"
}

PLAY RECAP *********************************************************************
localhost                  : ok=6    changed=0    unreachable=0    failed=0

~/src/mastery> _
```

파일을 포함시켜서 반복시키는 것은 매우 강력한 기능을 제공하지만, 한 가지 복잡한 문제가 발생할 수 있다. 그것은 포함된 파일 안에서 반복을 사용하고 있을 때는 어떻게 처리되는가에 대한 문제다. 이때는 item 변수의 충돌이 발생해 예상치 않은 결과가 나올 수도 있다. 이런 이유 때문에 loop_control 기능이 앤서블 2.1 버전에 추가됐다. 다른 무엇보다도 이 기능을 사용하면 반복이 사용하는 변수의 이름을 기본 item이 아닌 다른 이름으로 쓸 수 있게 한다. 그러면 include 안에서 사용된 아이템과 include 바깥에서 사용된 item을 구분할 수 있다. 이 기능을 확인하기 위해 loop_var라는 반복 조절 명령을 플레이북에 추가하겠다.

```
- include: more-tasks.yaml
  with_items:
    - one
    - two
  loop_control:
    loop_var: include_item
```

more-tasks.yaml 안에 다시 반복문을 만들어 include_item과 반복 변수인 item을 사용하겠다.

```
---
- name: included task 1
  debug:
    msg: "I combine {{ item }} and {{ include_item }}"
  with_items:
    - a
    - b
```

수정한 플레이북을 실행하면 작업1이 반복문당 두 번 실행되고, 두 개의 반복 변수가 사용된 것을 볼 수 있다.

```
● ● ●                2. jkeating@serenity-2: ~/src/mastery (zsh)
~/src/mastery> ansible-playbook -i mastery-hosts includer.yaml -vv
No config file found; using defaults

PLAYBOOK: includer.yaml ***************************************************
1 plays in includer.yaml

PLAY [task inclusion] ****************************************************

TASK [include] *********************************************************
task path: /Users/jkeating/src/mastery/includer.yaml:15
included: /Users/jkeating/src/mastery/more-tasks.yaml for localhost
included: /Users/jkeating/src/mastery/more-tasks.yaml for localhost

TASK [included task 1] *************************************************
task path: /Users/jkeating/src/mastery/more-tasks.yaml:2
ok: [localhost] => (item=a) => {
    "item": "a",
    "msg": "I combine a and one"
}
ok: [localhost] => (item=b) => {
    "item": "b",
    "msg": "I combine b and one"
}

TASK [included task 1] *************************************************
task path: /Users/jkeating/src/mastery/more-tasks.yaml:2
ok: [localhost] => (item=a) => {
    "item": "a",
    "msg": "I combine a and two"
}
ok: [localhost] => (item=b) => {
    "item": "b",
    "msg": "I combine b and two"
}

PLAY RECAP *************************************************************
localhost                  : ok=4    changed=0    unreachable=0    failed=0

~/src/mastery> _
```

다른 반복 조절 명령어로는 lable이 있다. label은 작업 결과가 화면에 출력될 때 아이템 결과를 보여주는 방식을 정해주는데, 많은 데이터가 출력될 때 화면 출력을 정리해서 볼 때 유용하다. 또한 pause 명령어도 있어서 반복될 때마다 몇 초간 멈추게 할 수도 있다.

핸들러를 포함하는 방법

핸들러는 작업을 처리하는데 매우 중요한 기능이다. 플레이북을 작성하다 보면 다른 작업의 결과가 성공적으로 수행됐는지 알림을 받아, 이를 토대로 다른 작업을 수행해야 할 때가 있다. 이런 때에 핸들러 작업이 마치 일반 작업처럼 포함될 수 있다. include 연산자는 handlers 블록 안에서도 동일한 기능을 제공한다.

작업 파일을 포함할 때와 달리, 핸들러 작업을 포함할 때 변수 데이터는 전달될 수 없다. 하지만 핸들러를 포함할 때 조건절을 사용할 수 있기 때문에 파일 안의 핸들러마다 조건을 적용할 수 있다.

그럼 플레이북 예제를 만들어 보겠다. 이 플레이북의 작업은 항상 change 상태이고, 핸들러 작업 파일을 포함하며 포함 과정에 조건을 주겠다.

```
---
- name: touch files
  hosts: localhost
  gather_facts: false

  tasks:
    - name: a task
      debug:
        msg: "I am a changing task"
      changed_when: true
      notify: a handler

  handlers:
    - include: handlers.yaml
      when: foo | default('true') | bool
```

플레이북 밖에서 선언된 변수를 평가할 때는 bool 필터를 사용하는 방법이 좋다. bool 필터를 사용하면 문자열이 불린 형태로 전환되기 때문에 명확히 상태를 알려줄 수 있다.

다음에는 핸들러 작업을 정의한 handlers.yaml 파일을 만든다.

```
---
- name: a handler
  debug:
    msg: "handling a thing"
```

변수 데이터를 전달하지 않고 플레이북을 실행하면, 핸들러가 실행되는 것을 볼 수 있다.

```
2. jkeating@serenity-2: ~/src/mastery (zsh)
~/src/mastery> ansible-playbook -i mastery-hosts includer.yaml -vv
No config file found; using defaults
statically included: /Users/jkeating/src/mastery/handlers.yaml

PLAYBOOK: includer.yaml **********************************************************
1 plays in includer.yaml

PLAY [task inclusion] ***********************************************************

TASK [a task] ******************************************************************
task path: /Users/jkeating/src/mastery/includer.yaml:6
NOTIFIED HANDLER a handler
ok: [localhost] => {
    "msg": "I am a changing task"
}

RUNNING HANDLER [a handler] ****************************************************
ok: [localhost] => {
    "msg": "handling a thing"
}

PLAY RECAP *********************************************************************
localhost                  : ok=2    changed=1    unreachable=0    failed=0

~/src/mastery> _
```

이제 다시 플레이북을 실행시켜보자. 하지만 이번에는 foo를 false로 선언하도록 ansible-playbook 명령의 아규먼트로 extra-var를 설정하겠다.

```
                     2. jkeating@serenity-2: ~/src/mastery (zsh)
~/src/mastery> ansible-playbook -i mastery-hosts includer.yaml -vv -e foo=false
No config file found; using defaults
statically included: /Users/jkeating/src/mastery/handlers.yaml

PLAYBOOK: includer.yaml *******************************************************
1 plays in includer.yaml

PLAY [task inclusion] ********************************************************

TASK [a task] ***************************************************************
task path: /Users/jkeating/src/mastery/includer.yaml:6
NOTIFIED HANDLER a handler
ok: [localhost] => {
    "msg": "I am a changing task"
}

RUNNING HANDLER [a handler] *************************************************
skipping: [localhost] => {"changed": false, "skip_reason": "Conditional check fa
iled", "skipped": true}

PLAY RECAP ****************************************************************
localhost                  : ok=1    changed=1    unreachable=0    failed=0

~/src/mastery> _
```

결과에서 보는 바와 같이 foo는 false로 평가됐고, 핸들러 작업은 무시됐다.

변수를 포함하는 방법

변수 데이터 또한 별도의 파일로 분리해 작성해서 여러 플레이북에서 호출할 수 있다. 그렇기 때문에 다수의 플레이 또는 플레이북에서 변수를 공유해서 사용할 수 있으며, 또는 프로젝트 디렉터리 밖에 존재하는 변수 데이터(예를 들어 보안 데이터)도 공유할 수 있다. 변수 파일은 키 값 방식의 YAML 형식을 갖는다. 작업 파일을 포함할 때와 달리, 변수 포함 파일에는 더 이상 파일을 포함할 수 없다.

변수는 vars_files, include_vars, 그리고 --extra-vars (-e)의 세 가지 다른 방식으로 포함된다.

vars_files

vars_files는 플레이 지시자며, 이 지시자는 불러올 변수 데이터를 파일 리스트로 정의한다. 이 파일은 플레이북이 파싱되는 시점에 같이 읽히고 파싱된다. 작업 또는 핸들러를 포함할 때와 마찬가지로 파일 경로는 참조하는 파일의 상대 경로로 쓰인다.

여기 파일에서 변수를 호출하는 예제 플레이를 살펴보자.

```
---
- name: vars
  hosts: localhost
  gather_facts: false

  vars_files:
    - variables.yaml

  tasks:
    - name: a task
      debug:
        msg: "I am a {{ name }}"
```

이제 플레이북과 같은 디렉터리에 variables.yaml 파일을 만든다.

```
name: derp
```

플레이북을 실행하면 variables.yaml 파일에서 name 변수를 읽어 들여 값을 표현해주는 것을 볼 수 있다.

```
2. jkeating@serenity-2: ~/src/mastery (zsh)

~/src/mastery> ansible-playbook -i mastery-hosts includer.yaml -vv
No config file found; using defaults

PLAYBOOK: includer.yaml ************************************************
1 plays in includer.yaml

PLAY [vars] ***********************************************************

TASK [a task] *********************************************************
task path: /Users/jkeating/src/mastery/includer.yaml:9
ok: [localhost] => {
    "msg": "I am a derp"
}

PLAY RECAP ***********************************************************
localhost                  : ok=1    changed=0    unreachable=0    failed=0

~/src/mastery> _
```

동적으로 vars_files 포함하는 방법

어떤 경우에는 호출할 변수 파일을 파라미터화해서 동적으로 불러들이고 싶을 때가 있다. 이때는 파일 이름의 일부를 변수로 처리하면 된다. 그러나 변수는 반드시 플레이북이 파싱되기 이전에 선언돼야 한다. 이런 선언 방식은 작업 이름에서 변수를 사용할 때도 동일하다. 그럼 기존 예제 플레이북을 수정해서 실행하는 동안에 제공된 데이터로 변수 파일의 이름을 선택해 보겠다.

```
---
- name: vars
  hosts: localhost
  gather_facts: false

  vars_files:
    - "{{ varfile }}"

  tasks:
```

```
- name: a task
  debug:
    msg: "I am a {{ name }}"
```

이제 플레이북을 실행시키고 -e 아규먼트로 varfile의 변수값을 전달할 것이다.

```
● ● ●                2. jkeating@serenity-2: ~/src/mastery (zsh)

~/src/mastery> ansible-playbook -i mastery-hosts includer.yaml -vv -e varfile=va
riables.yaml
No config file found; using defaults

PLAYBOOK: includer.yaml ******************************************************
1 plays in includer.yaml

PLAY [vars] *****************************************************************

TASK [a task] ***************************************************************
task path: /Users/jkeating/src/mastery/includer.yaml:9
ok: [localhost] => {
    "msg": "I am a derp"
}

PLAY RECAP ******************************************************************
localhost                  : ok=1    changed=0    unreachable=0    failed=0

~/src/mastery> _
```

실행 시간에 선언되도록 변수를 정의해야 하는 것과 더불어 필요한 전제 조건이 있다. 그
것은 실행 전에 호출할 변수 파일이 있어야 한다는 것이다. 플레이에서 파일을 호출하는
부분이 네 번째 플레이이고, 첫 번째 플레이에서 파일이 생성된다 하더라도 플레이가 실행
되는 시점에 파일이 없으면 ansible-playbook 명령은 에러를 발생시킬 것이다.

include_vars

파일로부터 변수 데이터를 포함시키는 두 번째 방법은 include_vars 모듈이다. 이 모듈은 작업의 일부로 변수를 호출하며 호스트마다 실행될 수 있다. 대부분의 모듈과는 다르게, 이 모듈은 앤서블 호스트에서 실행된다. 그러므로 모든 경로는 플레이북 파일에 대한 상대 경로로 지정해야 한다. 변수는 작업의 일부로 호출되기 때문에 파일 이름에서 변수를 검사하는 것은 작업이 실행될 때 수행된다. file name에서 변수 데이터는 host-specific일 수 있고, 선행작업에서 선언될 수 있다. 추가로 파일 자체는 실행 전에 미리 있어야 할 필요는 없다. 그러므로 이전 작업에서 변수 파일이 만들어질 수 있다. 이 기능은 매우 강력하고 유연하게 사용할 수 있으므로, 잘 사용하면 플레이북을 매우 동적으로 만들 수 있다.

실제로 이 기능을 익히기 전에 include_vars의 사용법을 간단히 알아보겠다. 이 플레이북에서는 작업으로 변수 파일을 호출하는 것을 보여주기 위해 기존 플레이를 수정한다.

```
---
- name: vars
  hosts: localhost
  gather_facts: false

  tasks:
    - name: load variables
      include_vars: "{{ varfile }}"

    - name: a task
      debug:
        msg: "I am a {{ name }}"
```

플레이북은 기존과 그대로 수행되지만 결과가 이전 반복과는 약간 다르다는 것을 알 수 있다.

```
2. jkeating@serenity-2: ~/src/mastery (zsh)
~/src/mastery> ansible-playbook -i mastery-hosts includer.yaml -vv -e varfile=va
riables.yaml
No config file found; using defaults

PLAYBOOK: includer.yaml ************************************************************
1 plays in includer.yaml

PLAY [vars] ***********************************************************************

TASK [load variables] *************************************************************
task path: /Users/jkeating/src/mastery/includer.yaml:9
ok: [localhost] => {"ansible_facts": {"name": "derp"}, "changed": false}

TASK [a task] *********************************************************************
task path: /Users/jkeating/src/mastery/includer.yaml:12
ok: [localhost] => {
    "msg": "I am a derp"
}

PLAY RECAP ************************************************************************
localhost                  : ok=2    changed=0    unreachable=0    failed=0

~/src/mastery> _
```

다른 작업처럼 하나의 작업에서 여러 개의 파일을 불러들이기 위해 반복을 사용할 수 있다. 이것은 with_first_found 반복을 사용할 때 특히 효과적인데, with_first_found는 해당 파일을 처음 찾을 때까지 반복해서 일반적인 파일 이름을 불러들이며, 이는 리스트 형태로 사용된다. 그럼 호스트 팩트 정보를 수집하는 플레이 예제를 수정해서 기능을 살펴보겠다. 이 예제는 OS 배포판 이름, OS 배포판 종류와 기본 변수 파일을 불러서 변수를 확인한다.

```
---
- name: vars
  hosts: localhost
  gather_facts: true

  tasks:
    - name: load variables
```

```
      include_vars: "{{ item }}"
      with_first_found:
        - "{{ ansible_distribution }}.yaml"
        - "{{ ansible_os_family }}.yaml"
        - variables.yaml

  - name: a task
    debug:
      msg: "I am a {{ name }}"
```

플레이북을 실행하면 이전과 유사한 결과가 나오는 것을 볼 수 있으며, 이번에는 팩트 정
보를 수집하는 작업이 화면에 출력되는 것을 볼 수 있고, 추가 변수 데이터를 전달하지는
않을 것이다.

```
● ● ●                 2. jkeating@serenity-2: ~/src/mastery (zsh)
~/src/mastery> ansible-playbook -i mastery-hosts includer.yaml -vv -e varfile=va
riables.yaml
No config file found; using defaults

PLAYBOOK: includer.yaml ***********************************************************
1 plays in includer.yaml

PLAY [vars] **********************************************************************

TASK [setup] *********************************************************************
ok: [localhost]

TASK [load variables] ***********************************************************
task path: /Users/jkeating/src/mastery/includer.yaml:9
ok: [localhost] => (item=/Users/jkeating/src/mastery/variables.yaml) => {"ansibl
e_facts": {"name": "derp"}, "item": "/Users/jkeating/src/mastery/variables.yaml"
}

TASK [a task] ********************************************************************
task path: /Users/jkeating/src/mastery/includer.yaml:16
ok: [localhost] => {
    "msg": "I am a derp"
}

PLAY RECAP **********************************************************************
localhost                  : ok=3    changed=0    unreachable=0    failed=0

~/src/mastery> _
```

결과에서 어떤 파일이 불리는지를 확인할 수 있는데, 이 경우에는 다른 두 파일이 없기 때문에 variables.yaml이 참고된 것을 확인할 수 있다. 이 방법은 호스트의 OS가 무엇인가를 알아내기 위해 일반적으로 사용된다. 다양한 운영체제가 있을 때, 각 운영체제를 위한 변수를 별도의 파일로 모아 놓을 수도 있다. 팩트 정보 수집을 통해 얻게 된 ansible_distribution 변수를 활용해 변수 파일의 이름으로 만들면 with_first_found 아규먼트를 통해 유연하게 파일을 불러올 수 있다. 기본 변수 목록은 다른 변수 파일에서 제공하지 않는 변수를 정의해 놓아 에러를 대비할 수 있다.

extra-vars

파일에서 변수 데이터를 불러들이는 마지막 방법은 ansible-playbook 명령어에 --extra-vars(또는 -e) 아규먼트를 활용해 참고할 파일을 알려주는 방법이다. 일반적으로 이 아규먼트는 키 값 형태로 값을 받아들인다. 하지만 파일 경로가 주어지고 @ 특수문자가 사용되면, 앤서블은 해당 파일을 읽어서 변수 데이터를 받아들인다. 그럼 이전 예제를 수정해서 명령어 라인으로 직접 변수를 정의하는 대신, -e 옵션을 사용하겠다. 이때는 기존에 작성한 변수 파일을 읽어 들일 것이다.

```
---
- name: vars
  hosts: localhost
  gather_facts: false

  tasks:
    - name: a task
      debug:
        msg: "I am a {{ name }}"
```

명령어에서 변수를 전달할 때, @ 특수문자 이후 파일 경로를 지정하는 것은 현재 경로 디렉터리에 시작하는 상대 경로를 의미하는 것이다. 즉 플레이북 파일이 어느 경로에 있든 상관없이 현재 경로를 기준으로 하게 된다. 그럼 플레이북을 실행하고 variables.yaml 파일 경로를 지정해 보겠다.

```
● ● ●                    2. jkeating@serenity-2: ~/src/mastery (zsh)
~/src/mastery> ansible-playbook -i mastery-hosts includer.yaml -vv -e @variables
.yaml
No config file found; using defaults

PLAYBOOK: includer.yaml ********************************************************
1 plays in includer.yaml

PLAY [vars] *******************************************************************

TASK [a task] *****************************************************************
task path: /Users/jkeating/src/mastery/includer.yaml:16
ok: [localhost] => {
    "msg": "I am a derp"
}

PLAY RECAP ********************************************************************
localhost                  : ok=1    changed=0    unreachable=0    failed=0

~/src/mastery> _
```

 --extra-vars 아규먼트로 변수 파일을 포함할 때, 변수 파일은 반드시 ansible-playbook 실행하기 전에 미리 만들어져 있어야 한다.

플레이북을 포함하는 방법

플레이북 파일은 다른 전체 플레이북 파일을 포함할 수 있다. 이런 구조는 몇 개의 독립된 플레이북을 더 크고, 대규모 환경에서 사용할 때 적합하다. 플레이북을 포함하는 방법은 작업을 포함할 때에 비해서는 약간 제한적이다. 변수 이름을 치환할 수도 없고, 조건문을 사용할 수도 없으며 태그도 적용할 수 없다. 그리고 포함시키려는 플레이북은 반드시 호출되기 전에 미리 만들어져야 한다.

롤

변수, 작업, 핸들러와 플레이북을 포함시키는 방법의 기능을 이해하면서, 더욱 고급 단계인 롤을 알아보겠다. 롤을 사용한다는 것은 몇 개의 플레이북으로 구성된 기본 구조를 만들거나 참고할 변수 파일을 분리해 놓는 것, 그 이상을 의미한다. 롤은 완전히 독립되고 또는 상호 의존적이며, 변수, 작업, 파일, 템플릿 그리고 모듈의 집합체를 구성하는 프레임워크를 제공한다. 각 롤은 보통 특별한 목적이나 결과를 만드는데 국한돼 사용된다. 이 목적을 달성하기 위해 필요한 모든 절차가 수립되고, 필요에 따라 의존성 있는 다른 롤도 포함시킨다. 또한 롤 자체는 플레이북이 아니다. 따라서 롤을 직접 수행할 수 있는 방법도 없고, 롤을 적용할 호스트를 지정하는 설정도 없다. 그러므로 상위 플레이북에서 인벤토리의 특정 호스트를 지정하고, 실행할 롤을 합쳐야 정상적으로 롤이 수행된다.

롤 구조

롤은 파일시스템에 디렉터리 구조로 만들어진다. 이 구조는 작업, 핸들러, 변수, 모듈과 롤 의존성을 포함하는 디렉터리 이름으로 구성돼 자동화를 이룰 수 있다. 이 구조는 또한 롤 안의 어디에서든 쉽게 파일과 템플릿을 참고할 수 있도록 도움을 준다.

롤은 플레이북의 하위 디렉터리에 위치하며, 디렉터리명은 roles/이다. 물론 이 경로 또한 roles_path 환경설정에 따라 변경될 수 있으나 여기서는 기본 경로를 사용하겠다. 각각의 롤은 별도의 디렉터리 구조를 가지며, 롤 이름이 roles/ 하위 디렉터리의 이름이 된다. 또한 각 롤은 특별한 의미를 갖는 하위 디렉터리가 있어서 롤이 호스트에 적용될 때 참고된다.

롤은 이런 특수한 하위 디렉터리를 전부 갖고 있어도 되고, 또는 필요에 따라 몇 개만 갖고 있어도 되므로, 존재하지 않는 디렉터리는 그냥 무시된다. 어떤 롤은 프로젝트에서 핸들러만 제공할 수도 있고, 다른 롤은 단순히 다른 롤과의 의존성 관계때문에 존재할 수도 있다.

작업 파일

작업 파일은 롤의 가장 기본이 되는 부분이다. 만약 roles/⟨role_name⟩/tasks/main. yaml 파일이 존재하면, 해당 파일의 모든 작업은(포함된 작업까지 모두) 플레이에 합쳐져서 실행된다.

핸들러

작업 파일과 유사하게 핸들러도 roles/⟨role_name⟩/handlers/main.yaml 파일로부터 자동으로 참고된다. 이 핸들러는 롤 안의 모든 작업에서 참고될 수 있으며, 또한 의존성때문에 호출된 다른 롤의 작업에서도 참고될 수 있다.

변수

롤에는 두 가지 종류의 변수가 정의될 수 있다. 하나는 roles/⟨role_name⟩/vars/main. yaml 파일에서 불리는 변수이며, 다른 하나는 roles/⟨role_naem⟩/defaults/main.yaml 파일에서 불리는 변수다. vars와 defaults의 차이점은 변수의 우선 순위와 관련돼 있으며, 더 자세한 내용은 '1장 앤서블 디자인과 시스템 구조'를 참고하기 바란다. defaults에 정의된 변수는 롤에서 맨 마지막에 참조되는 변수이기 때문에, 다른 변수는 롤 defaults 를 덮어쓸 수 있다. 그래서 롤 defaults는 실제 데이터를 가리키거나, 또는 개발자가 특정 기능을 처리하기 위해 만든 참고 변수로 사용된다. 반면에 롤 변수는 좀 더 높은 우선 순위를 갖지만, 다른 변수에 의해 덮어 쓰일 수 있다. 일반적으로는 롤 내에서 여러 번 데이터가 참조돼야 할 때 사용된다. 만약 데이터를 사이트 로컬 값으로 재정의하는 경우, 변수는 롤 변수가 아닌 롤 defaults 디렉터리에 나열돼야 한다.

모듈과 플러그인

롤은 사용자가 만든 모듈과 플러그인을 포함할 수 있다. 앤서블 프로젝트가 물론 사용자가 제공하는 모듈을 검토하고 받아들이는 데 매우 적극적이지만, 모든 사용자 모듈을 수용할 수는 없는 경우가 있다. 이런 경우 해당 모듈을 롤에 포함시켜서 배포하는 것도 좋은 옵션이 된다. 모듈은 roles/⟨role_name⟩/library/ 디렉터리에서 불리며, 롤 내의 어느 작업에서도 사용될 수 있다. 이 경로에서 제공되는 모듈은 파일시스템에 존재하는 같은 이름의 다른 모듈을 덮어쓰기 때문에, 기존 모듈에 새로운 기능을 추가해 테스트할 때 매우 유용하다. 이 기능에 대한 완성도를 인정받으면 업스트림으로 채택되고 앤서블의 새로운 버전에 포함될 수 있다.

마찬가지로 플러그인은 특정 환경에 적합한 방식으로 앤서블의 동작을 조정하는데 종종 사용되며, 이 경우 업스트림에 기여하기에는 적합하지 않다. 플러그인도 롤의 일부로 배포될 수 있으며, 앤서블 제어 호스트에 매번 별도로 설치하는 것보다는 편리할 수 있다. 플러그인은 다음 하위 디렉터리에 있으면 자동으로 불리고 롤 안에서 사용될 수 있다.

- action_plugins
- lookup_plugins
- callback_plugins
- connection_plugins
- filter_plugins
- strategy_plugins
- cache_plugins
- test_plugins
- shell_plugins

의존성

롤은 다른 롤에 대한 의존성을 표현할 수 있다. 여러 개의 롤이 같은 내용의 작업, 핸들러, 모듈 등을 사용하는 경우가 매우 많은데, 이 경우 공통의 롤을 하나만 만들어 서로 공유해 사용하면 매우 유용하다. 앤서블이 호스트를 대상으로 롤을 처리할 때는 먼저

roles/⟨role_name⟩/meta/main.yaml 파일에 기록된 의존성 있는 롤을 찾아본다. 만약 의존성 있는 롤이 정의된 경우, 해당 롤이 먼저 처리되고 내부의 작업은 초기 롤 작업이 시작하기 전에 모든 의존성 확인이 완료될 때까지(또한 내부에 나열된 의존성을 확인한 후에) 해당 롤의 작업이 먼저 실행될 것이다. 이런 의존성 검사를 통해 사전에 진행돼야 할 작업이 모두 끝나야만 그때 원래 롤의 작업이 수행된다. 롤의 의존성에 대해는 5장의 뒷부분에서 좀 더 자세히 알아본다.

파일과 템플릿

작업과 핸들러 모듈은 roles/⟨role_name⟩/files 디렉터리에 있는 파일을 상대 경로로 참고할 수 있다. 이때 파일 이름은 접두사가 필요 없으며, roles/⟨role_name⟩/files/⟨file_name⟩을 기반으로 한다. 상대 경로의 사용 또한 허용하고 있어서 roles/⟨role_name⟩/files 디렉터리 아래의 하위 디렉터리에 접근할 때는 상대 경로를 이용하면 된다. templates, copy, script 같은 모듈을 사용할 때 이런 상대 경로가 유리하다.

이와 유사하게 템플릿은 templates 모듈로 사용되고, roles/⟨role_name⟩/templates의 상대 경로로 참고된다. 다음의 예제 코드는 roles/⟨role_name⟩/templates/herp/derp.j2 경로에 있는 derp.j2 템플릿을 호출하기 위해 상대 경로를 사용한다.

```
- name: configure herp
  template:
    src: herp/derp.j2
    dest: /etc/herp/derp.j2
```

롤 디렉터리 구조

위에 설명한 롤의 디렉터리 구조를 설명하기 위해 demo라는 이름의 예제 롤의 구조를 만들었다.

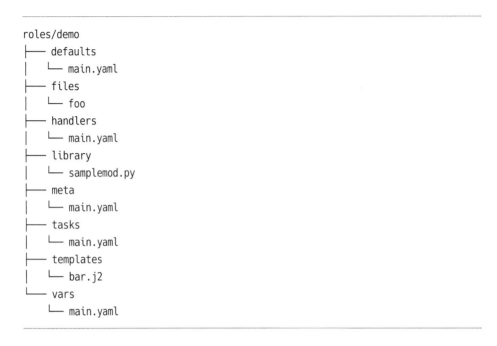

```
roles/demo
├── defaults
│   └── main.yaml
├── files
│   └── foo
├── handlers
│   └── main.yaml
├── library
│   └── samplemod.py
├── meta
│   └── main.yaml
├── tasks
│   └── main.yaml
├── templates
│   └── bar.j2
└── vars
    └── main.yaml
```

롤을 생성할 때 모든 디렉터리와 파일이 필요한 것은 아니다. 오직 존재하는 파일에 대해서만 처리가 될 것이다.

롤 의존성

앞에서 언급했듯이 롤은 다른 롤에 의존성을 가질 수 있다. 이런 관계를 의존성이라 부르며 롤의 meta/main.yaml 파일에 기록된다. 이 파일은 dependencies 키와 최상위 데이터 해시를 바라며, 내부 데이터는 롤의 리스트로 구성된다.

```
---
dependencies:
  - role: common
  - role: apache
```

이 예제에서 앤서블은 common 롤을 먼저 완전히 처리하고(common 롤이 의존하는 롤이 존재한다면, 그것부터 먼저 처리), 그후 apache 롤을 수행한 후에 마지막으로 현재 롤의 작업을 시작한다.

같은 디렉터리 구조 안에 있거나 roles_path 환경 설정 디렉터리에 있는 의존성 롤은 접두사 없이 이름만으로 참고될 수 있으며, 그렇지 않으면 전체 경로를 통해서 사용될 수 있다.

```
role: /opt/ansible/site-roles/apache
```

의존성을 기록할 때 변수 데이터를 같이 전달하는 것이 가능하며, 이 데이터는 변수, 태그 또는 조건절이 될 수 있다.

롤의 의존성 변수

의존성에 의해 전달된 변수는 해당 롤의 defaults/main.yaml 또는 vars/main.yaml 파일에 정의된 동일한 이름의 변수값을 덮어쓰게 된다. 이런 기능은 apache 롤과 같은 일반적인 롤을 의존성 있게 사용할 때 유용해, 사용자 요건에 따라 방화벽의 열어야 할 포트를 지정하거나, 활성화시켜야 할 apache 모듈을 지정할 수 있다. 변수는 롤을 나열할 때, 추가적인 키로 등록할 수 있다. 기존 예제를 수정해 두 개의 의존성 롤에 단순한 변수와 복잡한 변수를 모두 추가해 보겠다.

```
---
dependencies:
  - role: common
    simple_var_a: True
    simple_var_b: False
  - role: apache
    complex_var:
      key1: value1
      key2: value2
    short_list:
```

```
    - 8080
    - 8081
```

의존성 롤에 변수 데이터를 전달할 때, 두 개의 이름이 예약돼 있으므로, 이 이름은 롤 변수로 사용되지 않아야 한다. 그 이름은 tags와 when이다. tags는 롤에 태그 데이터를 전달하기 위해서 사용되고, when은 롤에 조건문을 전달하기 위해 사용된다.

태그

태그는 의존성 롤 안에 있는 모든 작업에 적용될 수 있다. 이 기능은 작업 파일을 포함시킬 때 태그를 적용하는 것과 동일한 방식으로 작동하며, 이 작동 방식은 5장의 초반부에 설명했다. 문법은 간단하다. tags 키에 단독 아이템이나 리스트를 값으로 기록하면 된다. 예를 들기 위해 기존 예제에 몇 가지 태그를 붙여보겠다.

```
---
dependencies:
  - role: common
    simple_var_a: True
    simple_var_b: False
    tags: common_demo
  - role: apache
    complex_var:
      key1: value1
      key2: value2
    short_list:
      - 8080
      - 8081
    tags:
      - apache_demo
      - 8080
      - 8181
```

포함된 작업 파일에 태그를 추가하는 것처럼, 의존성 (및 해당 계층 구조 내의 모든 의존성) 내에서 발견된 모든 작업은 제공된 태그를 얻는다.

롤의 의존성 조건

조건문으로 의존성 자체의 처리를 막을 수는 없지만, 의존성 롤 계층 내에서 조건을 적용해 관련된 모든 작업을 무시하도록 할 수는 있다. 이런 방식은 작업을 포함할 때 조건을 반영하는 방식과 거의 동일하다. when 키가 조건문을 표시하기 위해 사용된다. 다시 한 번 기존 예제를 수정해 의존성을 추가하여 조건문을 사용하는 방법을 살펴보겠다.

```
---
dependencies:
  - role: common
    simple_var_a: True
    simple_var_b: False
    tags: common_demo
  - role: apache
    complex_var:
      key1: value1
      key2: value2
    short_list:
      - 8080
      - 8081
    tags:
      - apache_demo
      - 8080
      - 8181
    when: backend_server == 'apache'
```

롤 애플리케이션

롤은 플레이가 아니다. 어떤 호스트에서 어떤 작업이 수행돼야 하는지, 연결은 어떤 방식을 사용해야 하는지, 작업이 직렬로 작동해야 하는지 아닌지, 또는 1장에서 설명한 다른 플레이의 작동 방식을 롤에서는 규정할 수 없다. 롤은 플레이북 안에 있는 플레이에서 적용돼야 하고 플레이의 설정을 따라야 한다.

플레이 안에 롤을 적용하기 위해서는 `roles` 지시자가 사용된다. 이 지시자는 호스트에 적용하기 위해 리스트 형태의 롤을 받아들인다. 롤 의존성에서 다뤘던 내용과 같이 롤을 적용할 때는 변수, 태그, 그리고 조건문이 함께 전달될 수 있으며 문법도 동일하다.

플레이에 롤을 적용하는 방식을 살펴보기 위해, 간단한 롤을 만들고 이를 플레이북에 적용해 보겠다. 먼저 simple이라는 이름의 롤을 만들어 `debug` 작업을 수행하도록 roles/simple/tasks/main.yaml에 기록하고, roles/simple/defaults/main.yaml 파일에 정의된 기본 변수를 기록하겠다. 먼저 작업 파일을 만들어보자.

```
---
- name: print a variable
  debug:
    var: derp
```

다음에는 `derp`라는 변수를 기록한 `defaults` 변수 파일을 만든다.

```
---
derp: herp
```

이 롤을 실행하기 위해 롤을 적용하는 단일 플레이를 가진 플레이북을 만들어 보겠다. 플레이북 이름은 roleplay.yaml이며, roles/ 디렉터리와 같은 디렉터리 레벨에 만들 것이다.

```
---
- hosts: localhost
  gather_facts: false

  roles:
    - role: simple
```

 롤을 지정할 때 제공된 데이터가 없으면 표시된 해시 대신 적용할 롤을 나열하는 대체 구문을 사용할 수 있다. 하지만 일관성을 유지하기 위해 항상 프로젝트 내에서는 동일 문법을 사용하는 것이 가장 좋다.

4장에서 사용한 mastery-hosts 인벤토리를 재사용해서 플레이북을 실행해 보겠다.

```
● ● ●                    2. jkeating@serenity-2: ~/src/mastery (zsh)
~/src/mastery> ansible-playbook -i mastery-hosts roleplay.yaml -vv
No config file found; using defaults

PLAYBOOK: roleplay.yaml ************************************************************
1 plays in roleplay.yaml

PLAY [localhost] ******************************************************************

TASK [simple : print a variable] ************************************************
task path: /Users/jkeating/src/mastery/roles/simple/tasks/main.yaml:2
ok: [localhost] => {
    "derp": "herp"
}

PLAY RECAP **********************************************************************
localhost                  : ok=1    changed=0    unreachable=0    failed=0

~/src/mastery> _
```

롤의 마법에 힘입어, derp 변수값은 자동으로 defaults 변수로부터 불러들인다. 물론 롤을 적용할 때 기본 변수값을 덮어쓸 수도 있다. 그럼 플레이북을 수정해서 derp에 새로운 변수를 부여해보겠다.

```
---
- hosts: localhost
  gather_facts: false

  roles:
    - role: simple
      derp: newval
```

이번에 실행하면 derp 변수값으로 newval을 볼 수 있다.

```
                2. jkeating@serenity-2: ~/src/mastery (zsh)
~/src/mastery> ansible-playbook -i mastery-hosts roleplay.yaml -vv
No config file found; using defaults

PLAYBOOK: roleplay.yaml ******************************************************
1 plays in roleplay.yaml

PLAY [localhost] ************************************************************

TASK [simple : print a variable] *******************************************
task path: /Users/jkeating/src/mastery/roles/simple/tasks/main.yaml:2
ok: [localhost] => {
    "derp": "newval"
}

PLAY RECAP *****************************************************************
localhost                  : ok=1    changed=0    unreachable=0    failed=0

~/src/mastery> _
```

다수의 롤을 하나의 플레이에 적용하는 것도 가능하다. roles: 키는 리스트 형태의 값을
요구하므로, 필요에 따라 더 많은 롤을 추가만 하면 된다.

```
---
- hosts: localhost
  gather_facts: false

  roles:
    - role: simple
```

```
      derp: newval
  - role: second_rol
      othervar: value
  - role: third_role
  - role: another_role
```

롤과 작업의 혼합

롤을 사용하는 플레이가 꼭 롤만 사용하는 것은 아니다. 이런 플레이는 자신의 tasks도 가질 수 있다. 또한 pre_tasks와 post_tasks 같은 다른 종류의 작업 블록도 가질 수 있다. 이 작업의 수행 순서는 플레이에 기록되는 순서, 즉 위에서 아래로 작업이 실행되는 구조를 따르지 않는다. 오히려 지시자의 명확한 순서에 따라 작업이 실행된다. 플레이북에서의 실행 순서에 대해서는 1장을 확인하기 바란다.

플레이에서 핸들러는 여러 지점에서 작동된다. pre_tasks 블록에서는 pre_tasks의 모든 작업이 실행된 이후에 핸들러가 작동하고, 그 이후 roles과 tasks 블록이 실행된다(플레이북에 기록된 순서에 상관없이 롤이 먼저 실행되고 작업이 그 다음 순서다). 이후에 다시 한 번 핸들러가 작동된다. 마지막으로 post_tasks 블록이 존재하면, 모든 post_tasks가 실행된 후에 핸들러가 다시 작동된다. 물론 핸들러는 meta: flush_handlers 호출에 의해 어느 때든 작동시킬 수 있다. 그럼 roleplay.yaml을 수정해 핸들러가 여러 시점에서 작동될 수 있도록 구현해보겠다.

```
---
- hosts: localhost
  gather_facts: false

  pre_tasks:
    - name: pretask
      debug:
        msg="a pre task"
      changed_when: true
```

```
        notify: say hi

roles:
  - role: simple
    derp: newval

tasks:
  - name: task
    debug:
      msg: "a task"
    changed_when: true
    notify: say hi

post_tasks:
  - name: posttask
    debug:
      msg: "a post task"
    changed_when: true
    notify: say hi

handlers:
  - name: say hi
    debug:
      msg="hi"
```

또한 simple 롤 작업을 수정해 say hi 핸들러를 호출하겠다.

```
---
  - name: print a variable
    debug:
      var: derp
    changed_when: true
    notify: say hi
```

이것은 say hi 핸들러가 simple 롤을 호출하는 플레이 안에서 정의됐기 때문에 작동한다. 만약 핸들러가 정의되지 않았다면 에러가 발생할 수 있다. 그러므로 같은 롤 또는 의존성 롤에 기록된 핸들러를 호출하는 방법을 추천한다.

이 플레이북을 실행하면 say hi 핸들러는 결과적으로 총 세 번 호출된다. pre_tasks에서 한 번, roles와 tasks에서 한 번, 그리고 post_tasks에서 한 번 호출된다.

```
~/src/mastery> ansible-playbook -i mastery-hosts roleplay.yaml -vv
No config file found; using defaults

PLAYBOOK: roleplay.yaml **********************************************************
1 plays in roleplay.yaml

PLAY [localhost] ****************************************************************

TASK [pretask] *****************************************************************
task path: /Users/jkeating/src/mastery/roleplay.yaml:6
NOTIFIED HANDLER say hi
ok: [localhost] => {
    "msg": "a pre task"
}

RUNNING HANDLER [say hi] *******************************************************
ok: [localhost] => {
    "msg": "hi"
}

TASK [simple : print a variable] **********************************************
task path: /Users/jkeating/src/mastery/roles/simple/tasks/main.yaml:2
NOTIFIED HANDLER say hi
ok: [localhost] => {
    "derp": "newval"
}

TASK [task] ********************************************************************
task path: /Users/jkeating/src/mastery/roleplay.yaml:16
ok: [localhost] => {
    "msg": "a task"
}

RUNNING HANDLER [say hi] *******************************************************
ok: [localhost] => {
    "msg": "hi"
}

TASK [posttask] ***************************************************************
task path: /Users/jkeating/src/mastery/roleplay.yaml:23
NOTIFIED HANDLER say hi
ok: [localhost] => {
    "msg": "a post task"
}

RUNNING HANDLER [say hi] *******************************************************
ok: [localhost] => {
    "msg": "hi"
}

PLAY RECAP ********************************************************************
localhost                  : ok=7    changed=4    unreachable=0    failed=0

~/src/mastery> _
```

pre_tasks, roles, tasks 그리고 post_tasks 구문으로 쓰여진 작업의 순서가 일반적인 실행 순서의 규칙을 따르지는 않지만, 이들 역시 실행 순서대로 작성하는 것이 좋다. 실행 순서대로 작성함으로써 작업의 순서를 기억하기 편리하며, 차후 플레이북을 점검할 때 혼란을 피할 수 있기 때문이다.

롤을 포함하는 방법

앤서블 2.2부터 include_role이라는 새로운 액션 플러그인이 테크 프리뷰technical preview로 채택됐다. 이 플러그인은 작업 안에서 사용돼 작업에서 롤을 직접 실행할 수 있게 한다. include_role은 흥미 있는 기능이지만 여전히 기능 점검 상태이며, 향후 버전에도 이 기능이 남아 있을지는 보장하지 못한다. 그러므로 이 기능에 의존하는 것은 피해야 한다.

롤 공유

롤을 사용함에 있어 가능 큰 이점 중의 하나는 플레이, 플레이북, 전체 프로젝트 그리고 심지어 조직 전체를 통해 롤을 공유할 수 있는 점이다. 롤은 그 자체만으로도 기능을 수행하도록 설계됐다(또는 의존적인 롤을 명확하게 참조). 따라서 프로젝트 외부에 존재해도 플레이북에서 참고해 사용할 수 있다. 또한 롤은 앤서블 호스트의 공유 경로에 설치될 수도 있고, 소스source 관리 솔루션으로 배포될 수도 있다.

앤서블 갤럭시

앤서블 갤럭시(https://galaxy.ansible.com/)는 앤서블 롤을 찾고, 공유하는 커뮤니티 허브이며, 누구나 웹사이트에 접속해서 롤을 찾아보고 검토할 수 있다. 게다가 계정을 생성한 사용자는 자신이 테스트한 롤에 대해 리뷰도 작성해서 올릴 수 있다. 또한 앤서블이 제공하는 ansible-galaxy 명령 도구를 통해서 갤럭시에서 롤을 다운받을 수도 있다.

ansible-galaxy 도구는 앤서블 갤럭시 웹사이트에 접속해서 롤을 호스트에 설치하는데, 기본 설치 경로는 /etc/ansible/roles 디렉터리다. roles_path가 설정됐거나 명령어 실행 시 --roles-path(또는 -p) 옵션을 주면, 해당 경로 대신에 설치된다. 한 번 롤이 roles_path 또는 제공된 경로에 설치되면 ansible-galaxy 명령은 설치된 롤의 이름과 관련된 정보를 보여줄 수 있다. ansible-galaxy의 사용법을 알아보기 위해 롤을 설치해 보겠다. 이 롤은 ssh를 위해 knows_hosts를 관리할 것이며, 앤서블 갤럭시에서 다운받아 현재 작업하는 경로의 roles 디렉터리에 설치될 것이다. 앤서블 갤럭시에서 롤을 설치하기 위해서는 username.rolename 이 필요한데, 그 이유는 여러 명의 사용자가 동일한 이름의 롤을 업로드하기 때문이다. 이번 예제에서는 angstwad 사용자의 docker_ubuntu 롤을 사용한다.

```
2. jkeating@serenity-2: ~/src/mastery (zsh)
~/src/mastery> ansible-galaxy install -p roles/ angstwad.docker_ubuntu
- downloading role 'docker_ubuntu', owned by angstwad
- downloading role from https://github.com/angstwad/docker.ubuntu/archive/v2.1.0
.tar.gz
- extracting angstwad.docker_ubuntu to roles/angstwad.docker_ubuntu
- angstwad.docker_ubuntu was installed successfully
~/src/mastery> _
```

이제 angstwad.docker_ubuntu를 참고하는 롤을 이용해서 플레이, 또는 다른 의존성 있는 롤을 사용할 수 있게 됐다. 또한 ansible-galaxy 도구를 활용해 해당 롤에 대한 정보를 얻을 수도 있다.

```
● ● ●                    2. jkeating@serenity-2: ~/src/mastery (zsh)
~/src/mastery> ansible-galaxy list -p roles/
- angstwad.docker_ubuntu, v2.1.0
~/src/mastery> ansible-galaxy info -p roles/ angstwad.docker_ubuntu |head -n 36
[DEPRECATION WARNING]: The comma separated role spec format, use the
yaml/explicit format instead..
This feature will be removed in a future release.
 Deprecation warnings can be disabled by setting deprecation_warnings=False in
ansible.cfg.


Role: angstwad.docker_ubuntu
        description: Docker on Ubuntu greater than 12.04
        active: True
        commit: 0af1f02708abe8101940efe565c5dafd4c12032e
        commit_message: Merge pull request #122 from lhoss/configurable_proxy

Configurable proxy in the docker config
        commit_url: https://github.com/angstwad/docker.ubuntu/commit/0af1f02708a
be8101940efe565c5dafd4c12032e
        company:
        created: 2014-01-28T03:13:44.951Z
        dependencies: []
        download_count: 18598
        forks_count: 125
        galaxy_info:
                author: Paul Durivage
                categories: ['development', 'packaging', 'system']
                license: Apache v2.0
                min_ansible_version: 1.2
                platforms: [{'name': 'Debian', 'versions': ['jessie']}, {'name':
 'Ubuntu', 'versions': ['precise', 'raring', 'saucy', 'trusty']}]
        github_branch:
        github_repo: docker.ubuntu
        github_user: angstwad
        id: 292
        install_date: Fri Dec 30 22:47:22 2016
        intalled_version: v2.1.0
        is_valid: True
        issue_tracker_url: https://github.com/angstwad/docker.ubuntu/issues
        license: Apache v2.0
        min_ansible_version: 1.2
        modified: 2016-12-30T22:39:54.000Z
        namespace: angstwad
        open_issues_count: 7
        path: [u'roles/']
        readme: docker_ubuntu
========
~/src/mastery> _
```

결과 화면은 37번째 줄까지 보여주며, 전체 README.md 파일의 나머지 내용은 생략했다. `info` 명령에 의해 보여지는 데이터의 일부는 롤 자체의 코드인 meta/main.yaml의 내용이다. 이전에는 meta/main.yaml 파일에 의존성 정보만 기록되는 경우를 보았으나, 이번에는 디렉터리 meta 정보를 포함한 다른 메타 정보가 기록돼 있는 것을 확인할 수 있다.

```
2. jkeating@serenity-2: ~/src/mastery (zsh)
~/src/mastery> cat roles/angstwad.docker_ubuntu/meta/main.yml
---
galaxy_info:
  author: Paul Durivage
  description: Docker on Ubuntu greater than 12.04
  license: Apache v2.0
  min_ansible_version: 1.2
  platforms:
    - name: Debian
      versions:
        - jessie
    - name: Ubuntu
      versions:
        - precise
        - raring
        - saucy
        - trusty
  categories:
    - development
    - packaging
    - system
dependencies: []
  # List your role dependencies here, one per line. Only
  # dependencies available via galaxy should be listed here.
  # Be sure to remove the '[]' above if you add dependencies
  # to this list.
~/src/mastery> _
```

ansible-galaxy 유틸리티는 또한 새로운 롤을 생성하는데 사용할 수 있다. init 옵션을 사용하면 롤을 위한 디렉터리 구조가 만들어진다. 그리고 meta/mail.yaml 파일을 생성해 의존성 있는 갤럭시 관련 데이터를 배포할 수 있게 한다. init 옵션은 다양한 세부 옵션을 가지며, 이는 help 결과값에서 보여지는 바와 같다.

```
● ● ●                    2. jkeating@serenity-2: ~/src/mastery (zsh)
~/src/mastery> ansible-galaxy init --help
Usage: ansible-galaxy init [options] role_name

Options:
  -f, --force              Force overwriting an existing role
  -h, --help               show this help message and exit
  -c, --ignore-certs       Ignore SSL certificate validation errors.
  -p INIT_PATH, --init-path=INIT_PATH
                           The path in which the skeleton role will be created.
                           The default is the current working directory.
  --offline                Don't query the galaxy API when creating roles
  -s API_SERVER, --server=API_SERVER
                           The API server destination
  -v, --verbose            verbose mode (-vvv for more, -vvvv to enable
                           connection debugging)
  --version                show program's version number and exit
~/src/mastery> _
```

그럼 autogen 디렉터리에 새로운 롤을 생성해 이 기능을 확인해보겠다.

```
● ● ●                    2. jkeating@serenity-2: ~/src/mastery (zsh)
~/src/mastery> ansible-galaxy init -p roles/ autogen
- autogen was created successfully
~/src/mastery> tree roles/autogen
roles/autogen
├── README.md
├── defaults
│   └── main.yml
├── files
├── handlers
│   └── main.yml
├── meta
│   └── main.yml
├── tasks
│   └── main.yml
├── templates
├── tests
│   ├── inventory
│   └── test.yml
└── vars
    └── main.yml

8 directories, 8 files
~/src/mastery> _
```

앤서블 갤럭시에 적합하지 않은, 즉 직접 개발한 롤 같은 경우에는 `ansible-galaxy` 대신에 git URL에서 직접 다운로드해 설치할 수 있다. 이 경우에는 롤 이름을 명시하는 것이 아니라, git URL 전체를 아규먼트로 전달해야 하며 옵션으로 버전을 지정할 수 있다. 예를 들어 내부 git 서버에서 `foowhiz` 롤을 다운로드해 설치하기 위해서는 다음과 같이 하면 된다.

```
2. jkeating@serenity-2: ~/src/mastery (zsh)
~/src/mastery> ansible-galaxy install -p /opt/ansible/roles git+git@git.internal
.site:ansible-roles/foowhiz
```

`master` 브랜치는 버전 정보없이 사용될 수 있고, 이름을 별도로 제공하지 않으면 URL 자체를 참고로 이름을 결정할 것이다. 버전 정보를 전달하기 위해서는 콤마(,)를 추가하고, 이후 git이 이해할 수 있는 버전 문자, 예를 들어 태그 또는 v1 같은 브랜치 이름을 기록하면 된다.

```
2. jkeating@serenity-2: ~/src/mastery (zsh)
~/src/mastery> ansible-galaxy install -p /opt/ansible/roles git+git@git.internal
.site:ansible-roles/foowhiz,v1
```

롤에 이름을 추가하기 위해서는 콤마(,)를 다시 추가하고, 이름 문자열을 기록하면 된다. 만약 롤에 이름은 부여하고 싶으나 버전 정보는 기록하고 싶지 않다면, 콤마 사이를 그대로 두면 되며 예제는 다음과 같다.

```
2. jkeating@serenity-2: ~/src/mastery (zsh)
~/src/mastery> ansible-galaxy install -p /opt/ansible/roles git+git@git.internal
.site:ansible-roles/foowhiz,,foo-whiz-common
```

롤은 또한 타르볼^{tarball}에서 직접 설치가 가능하며, 이를 위해서는 전체 git URL로 타르볼 경로를 알려주거나, 앤서블 갤럭시에서 가져올 롤 네임을 지정하면 된다.

프로젝트를 위해 많은 롤을 설치할 필요가 있을 때에는, YAML형식(확장자 .yaml 또는 yml)으로 설치할 롤의 목록을 기록해서 다수의 롤을 다운로드하고 설치할 수 있다. 이런 형식의 파일은 여러 소스에서 다수의 롤을 내려받을 수 있도록 하며, 또한 버전과 롤 이름까지 지정할 수 있게 한다. 추가로 소스 관리 도구도 지정할 수 있는데, 현재는 오직 git과 hg만 지원한다.

```
---
- src: <name or url>
  version: <optional version>
  name: <optional name override>
  scm: <optional defined source control mechanism>
```

파일 내에서 다수의 롤을 설치하기 위해서는 명령어에 --roles-file(-r) 옵션을 사용하면 된다.

```
2. jkeating@serenity-2: ~/src/mastery (zsh)
~/src/mastery> ansible-galaxy install -r foowhiz-reqs.yaml
```

▮ 요약

플레이북은 논리적으로 코드를 구분하기 위해 여러 파일로 나눠 작성될 수 있다. 이렇게 분리하면 프로젝트 개발자는 동일한 코드를 여러 번 반복해 작성하지 않아도 된다. 앤서블의 롤은 이 능력을 더 향상시켜서 플레이북 파일의 경로를 마술처럼 다룰 수 있도록 도와준다. 롤은 수정 가능하며, 재사용할 수 있고, 이식성이 좋으며 기능적으로 블록을 공유할 수도 있다. 앤서블 갤럭시는 개발자가 롤을 찾아보고, 순위를 매기며, 공유할 수 있는 커뮤니티 공간이다. ansible-galaxy 명령어는 앤서블 갤럭시 사이트와 연결해 작동하는 도구로 사용되며, 또한 git 같은 다른 롤 공유 방식도 제공한다. 이런 기능과 도구를 활용하면 코드를 구조화하고 재사용하는 데 큰 도움이 된다.

6장에서는 다른 방식의 설치 방법과 업그레이드 전략, 그리고 각 전략에 유용한 앤서블의 기능에 대해 알아보겠다.

06

순차적 배포를 활용한 서비스 중단 최소화 방안

애플리케이션 배포와 업그레이드는 여러 가지 다양한 방법으로 실행할 수 있다. 하지만 가장 좋은 접근 방법은 애플리케이션 자체, 애플리케이션이 실행될 인프라 환경의 수용 능력과 애플리케이션 사용자의 서비스 수준 계약SLA, service-level agreement을 고려해 방법을 선택하는 것이다. 어떤 방법을 사용하든 간에 앤서블은 애플리케이션 배포에 매우 적합하다. 6장에서는 두 가지 일반적인 배포 전략과 이 전략에서 유용하게 사용되는 앤서블의 기능을 알아보겠다. 또한 이 두 가지 배포 방법을 이용할 때 고려해야 할 다음 사항에 대해서 논의하겠다.

- 기존 시스템에서 업그레이드
- 호스트 확장과 추가

- 빠른 실패
- 서비스 중단 최소화
- 순차적 작업 실행 방법

▌ 기존 시스템에서 업그레이드

먼저 살펴볼 배포 형태는 기존 시스템에서 업그레이드하는 방법이다. 이런 방식의 배포는 기존 인프라 환경상에서 작동해 운영 중인 애플리케이션을 업그레이드한다. 또한 이 모델은 매우 전통적인 방식으로 새로 인프라 환경을 구축하는데 시간과 비용이 너무 많이 소요된다고 판단될 때 이용된다.

이런 방식의 업그레이드에서 서비스 다운타임을 최소화하기 위해 사용되는 일반적인 디자인 패턴은 로드 밸런서^{load balancer} 뒤에 여러 대의 호스트를 두고 애플리케이션을 배포하는 방식이다. 로드 밸런서는 애플리케이션 사용자와 애플리케이션이 실행 중인 서버 사이의 게이트웨이로 작동한다. 애플리케이션에 대한 서비스 요청은 로드 밸런서로 들어오고, 로드 밸런서는 환경 설정에 따라 어느 서버에서 애플리케이션 요청을 처리해야 할지 결정해 준다.

이런 패턴에서 애플리케이션을 순차적으로 업그레이드하기 위해서 각 서버(또는 작은 단위의 서버군)는 로드 밸런서의 서비스 대상에서 제외돼 각 서버에서 업그레이드되고, 이후 다시 로드 밸런서에 새로운 요청에 투입된다. 이 과정은 모든 서버가 업그레이드될 때까지 반복해서 진행된다. 따라서 사용 가능한 응용 프로그램 중 일부 서버만 오프라인으로 전환돼 업그레이드되므로, 나머지 서버는 요청을 처리할 수 있는 상태로 남아 있다. 물론 이 과정은 업그레이드된 서버와 업그레이드되지 않은 서버가 모두 요청을 처리할 수 있는 형태의 애플리케이션임을 가정한다.

그럼 가상의 애플리케이션을 업그레이드하는 플레이북을 만들어 보겠다. 가상의 애플리케이션은 `foo-app01`부터 `foo-app08`까지의 서버 그룹인 `foo-app`에서 작동된다. 이 서버는 `nginx` 웹서버를 통해 간단한 웹서비스를 제공하고, 웹콘텐츠를 foo-app git 저장소에서 가져온다. 이때 git 저장소는 `foo-app.repo` 변수로 정의된다. 로드 밸런서 서버 `foo-lb`는 `haproxy` 소프트웨어이며, 애플리케이션 서버 앞에 놓인다.

`foo-app` 서버에서 애플리케이션을 업그레이드하기 위해서는 시리얼 모드serial mode를 사용해야 한다. 이 모드는 앤서블의 기본 작동 방식을 변경시킨다. 앤서블은 기본적으로 나열된 작업 순서에 따라 플레이의 작업을 수행하는데, 플레이의 각 작업은 다음 작업으로 넘어가기 전까지는 모든 호스트에서 동시에 실행된다. 그래서 기본 모드로 플레이북이 실행되면, 플레이북의 첫 번째 작업이 수행되면서 모든 서버가 로드 밸런서에서 제거될 것이다. 그렇게 되면 요청을 처리할 서버가 모두 사라지게 되기 때문에 서비스가 완전히 중단된다. 하지만 시리얼 모드는 서버가 순차적으로 플레이북을 실행하기 때문에 멤버의 일부가 중단된다 하더라도 서비스는 연속성을 가질 수 있다. 예제에서는 2개의 시리얼 값을 사용해 애플리케이션 멤버의 대부분은 서비스를 수행할 수 있도록 유지시킬 것이다.

```
---
- name: Upgrade foo-app in place
  hosts: foo-app
  serial: 2
```

 앤서블 2.2에서는 플레이를 통해 매번 연속적으로 처리되는 호스트의 양을 늘릴 수 있는 숫자 리스트인 serial 배치(batch) 개념을 도입했다. 즉 한 번에 몇 대씩 수행하는 것이 아니라, 신뢰도가 높아짐에 따라 동시에 처리되는 서버의 대수를 차츰 증가시킬 수 있다. 제공된 리스트의 마지막 숫자는 모든 호스트가 완료될 때까지 남아있는 배치의 크기를 가리킨다.

이제 작업을 만들어보겠다. 맨 처음 작업은 로드 밸런서에서 호스트를 제외하는 것이다. 로드 밸런서는 foo-lb 호스트에서 작동하지만, 앤서블은 foo-app 호스트에서 작동하기 때문에 delegate_to 작업 연산자를 사용해 해당 작업을 위임해야 한다. delegate_to 작업 연산자는 작업을 수행하기 위해 앤서블이 접속할 서버를 바꿔주지만, 기존 호스트의 모든 변수를 그대로 유지해 준다. foo-app 서버군에서 현재 호스트를 제거하기 위해 haproxy 모듈을 사용하겠다.

```
tasks:
  - name: disable member in balancer
    haproxy:
      backend: foo-app
      host: "{{ inventory_hostname }}"
      state: disabled
    delegate_to: foo-lb
```

이렇게 호스트가 작동되지 않도록 하면 이제 foo-app의 웹콘텐츠를 업데이트할 수 있다. git 모듈을 사용해 콘텐츠 경로를 foo-version으로 정의된 원하는 버전으로 업데이트를 한다. 콘텐츠 업데이트가 성공적으로 완료되면 nginx 서버를 재시작하도록 notify 핸들러를 추가할 것이다. 재시작을 매번 실행시킬 수도 있지만 notify의 사용 사례를 보여주기 위해 이를 사용해보겠다.

```
- name: pull stable foo-app
  git:
    repo: "{{ foo-app.repo }}"
    dest: /srv/foo-app/
    version: "{{ foo-version }}"
  notify:
    - reload nginx
```

다음 과정은 로드 밸런서에 호스트를 다시 추가하는 것이다. 그런데 업데이트 작업이 완료됐다 하더라도 notify 핸들러가 작동하지 않아 nginx가 재시작되지 않으면 예전 버전의 애플리케이션이 작동하게 된다. 그래서 meta: flush_handlers를 호출해서 미리 핸들러를 작동시키도록 해야한다. 이 방법은 5장에서 설명했다.

```
- meta: flush_handlers
```

이제 로드 밸런서에 다시 호스트를 정상화시킬 수 있다. 물론 바로 해당 호스트를 로드 밸런서에서 활성화하고, 요청을 보내기 전에 업데이트된 호스트 상태가 정상인지 확인할 때까지 대기하도록 로드 밸런서에 의존할 수도 있다. 하지만 현재는 적은 수의 호스트만 운영 중이기 때문에 로드 밸런서에 활성화된 호스트는 모두 서비스가 가능해야 한다는 사실을 확인할 필요가 있다. 이를 위해서 wait_for 작업을 사용해서 nginx 서비스가 서비스를 다시 받아들일 수 있을 때까지 대기할 수 있다. wait_for 모듈은 해당 포트로의 연결, 또는 파일 경로가 정상적인지를 판단하고 실패 시 연결을 기다릴 수 있다. 이번 예제에서는 80 포트가 열려있는지 대기할 것이며, 80 포트가 열리면 서비스를 제공할 수 있다고 간주한다.

```
- name: ensure healthy service
  wait_for:
    port: 80
```

마지막으로 haproxy에서 멤버를 재활성화도록 foo-lb 호스트에 작업을 위임할 것이다.

```
- name: enable member in balancer
  haproxy:
    backend: foo-app
    host: "{{ inventory_hostname }}"
    state: enabled
  delegate_to: foo-lb
```

물론 `nginx` 핸들러를 재시작하는 작업도 만든다.

```
handlers:
  - name: reload nginx
    service:
      name: nginx
      state: restarted
```

이 플레이북이 실행되면 기존 서버에서 예제 애플리케이션을 순차적으로 업그레이드할 것이다.

▍호스트 확장과 추가

기존 시스템에서 업그레이드하는 방식을 대체하는 방법으로 호스트 확장과 추가 방법이 있다. 이 방법은 최근에 많이 인기를 얻게 되었는데, 그 이유는 클라우드 컴퓨팅이나 가상화 풀과 같은 온–디멘드on-demand[1] 인프라 환경에서 서버가 스스로 서비스를 제공해 줄 수 있는 속성을 가졌기 때문이다. 즉 커다란 컴퓨팅 자원 풀에서 필요에 따라 새로운 서버를 생성하게 돼 새로운 애플리케이션은 새로운 시스템에서 동작하게 된다. 이런 방식은 기존 시스템이 갖고 있는 다음과 같은 장애 요소를 피할 수 있기 때문에 유용하다.

- 앤서블이 더 이상 관리하지 않는 환경설정 파일이 남아 있는 상태
- 관리되지 않는 프로세스가 백그라운드로 자원을 소비하고 있는 상태
- 사용자가 서버에 셸shell로 접속해 수동으로 변경하는 상태

매번 새롭게 설치하게 되면 처음 배치했을 때와 업그레이드했을 때의 차이가 없게 된다. 그래서 같은 코드 경로가 사용되고, 애플리케이션을 업그레이드하면서 발생할 수 있는 장

---

1 온–디멘드 인프라 환경이란 사용자 또는 서버 환경의 필요에 따라 컴퓨터 자원을 제공하는 방식이다. – 옮긴이

애 요인을 줄일 수 있다. 또한 이런 설치 방식은 기존 버전으로의 전환이 매우 쉽기 때문에, 새로운 버전의 애플리케이션이 정상적으로 작동하지 않더라도 걱정할 필요가 없다. 게다가 새로운 시스템으로 기존 시스템을 대체하고자 할 때, 업그레이드를 하는 동안 애플리케이션이 사용 불능 상태로 빠질 필요도 없다.

그럼 기존에 작성한 업그레이드된 플레이북에 호스트 확장과 추가 전략을 적용해 보겠다. 작업 절차는 먼저 새로운 서버를 생성하고 애플리케이션을 배포해 검증한 후, 신규 서버를 로드 밸런서에 추가하고 기존 서버를 로드 밸런서에서 제거하는 것이다. 먼저 신규 서버를 만들어보겠다. 이 예제에서는 오픈스택 컴퓨트 클라우드에 새로운 인스턴스[instance]를 생성할 것이다.

```
---
- name: Create new foo servers
  hosts: localhost

  tasks:
    - name: launch instances
      os_server:
        name: foo-appv{{ version }}-{{ item }}
        image: foo-appv{{ version }}
        flavor: 4
        key_name: ansible-prod
        security_groups: foo-app
        auto_floating_ip: false
        state: present
        auth:
          auth_url: https://me.openstack.blueboxgrid.com:5001/v2.0
          username: jlk
          password: FAKEPASSW0RD
          project_name: mastery
      register: launch
      with_sequence: count=8
```

이 작업에서는 with_sequence를 사용해 8번 반복할 것이며, 각 반복에서 item 변수를 반복되는 숫자로 교체할 것이다. 이 같은 반복을 통해 8개의 새로운 인스턴스를 생성하는데, 각 인스턴스의 이름은 애플리케이션 버전과 반복 숫자를 기반으로 만든다. 또한 미리 만들어진 OS 이미지를 활용해, 인스턴스 생성을 위해 필요한 작업을 줄여 보겠다. 그리고 다음 플레이에서 방금 만들어진 서버를 사용하기 위해서는 인벤토리에 서버를 등록해야 한다. 이를 위해 launch 변수에 실행 결과를 저장해서 런타임 인벤토리runtime inventory[2]를 생성하는데 사용할 것이다.

```
- name: add hosts
  add_host:
    name: "{{ item.openstack.name }}"
    ansible_ssh_host: "{{ item.openstack.private_v4 }}"
    groups: new-foo-app
  with_items: launch.results
```

이 작업은 새로운 인벤토리를 만들고, 새로 생성되는 서버 인스턴스의 이름을 등록할 것이다. 앤서블이 해당 인스턴스에 접속할 수 있도록 ansible_ssh_host를 정의해 인스턴스의 IP 주소를 기록한다. 이 IP 주소는 클라우드 제공자인 오픈스택이 인스턴스에 할당해주는 것이며, 여기서는 앤서블이 해당 호스트에 네트워크로 직접 접근할 수 있는 상태임을 가정하겠다. 마지막으로 호스트를 new-foo-app 그룹에 추가한다. launch 변수가 반복 작업에서 생겨나면, result 키에 접속해 루프의 결과를 반복해야 한다. 이렇게 하면 인스턴스 생성 작업을 반복해 해당 작업의 특정 정보에 접근하는 것이 가능해진다.

다음에는 새로운 서비스가 새로운 서버에서 동작하도록 서비스를 확인하는 과정을 운영해보겠다. 이전 예제에서 사용한 했듯이 wait_for 연산자를 new-foo-app 그룹 플레이의 일부로 사용할 것이다.

---

2 런타임 인벤토리는 플레이가 실행되는 동안에 임시로 사용되는 인벤토리이기 때문에, 메모리에만 상주하고 있다가 플레이가 종료되면 인벤토리 정보도 사라지게 된다. – 옮긴이

```
- name: Ensure new app
  hosts: new-foo-app
  tasks:
    - name: ensure healthy service
      wait_for:
        · port: 80
```

실행할 준비가 되면, 이제는 서비스에 새로운 서버를 투입하기 위해 로드 밸런서의 설정을
변경해야 한다. 예제를 간단하게 하기 위해 haproxy 설정 파일의 템플릿은 new-foo-app
그룹의 호스트를 예상해서 최종에는 신규 호스트만 설정되고, 기존 호스트는 제거하도록
구성됐다고 가정해보겠다. 즉 로드 밸런서의 실행 상태를 조작하려고 시도하지 않고, 로드
밸런서 시스템 자체에서 템플릿 작업을 호출해 작업을 간단하게 만들 수 있다.

```
- name: Configure load balancer
  hosts: foo-lb
  tasks:
    - name: haproxy config
      template:
        dest: /etc/haproxy/haproxy.cfg
        src: templates/etc/haproxy/haproxy.cfg

    - name: reload haproxy
      service:
        name: haproxy
        state: reloaded
```

일단 새로운 설정 파일이 로드 밸런서에 복사되면, haproxy 서비스를 재시작해야 한다.
이렇게 해야 새로운 설정이 파싱되고 새로 유입되는 연결을 처리하기 위한 프로세스가 시
작될 수 있다. 기존 연결은 최종적으로는 닫히게 되고, 프로세스는 종료된다. 모든 새로운
연결은 새로운 애플리케이션 버전이 작동하는 신규 서버로 전달될 것이다.

이 플레이북을 확장해 기존 서버를 폐기할 수도 있고, 또는 기존 서버와의 호환성이 필요 없는 시점에 액션이 작동하도록 할 수도 있다.

호스트 확장과 추가 방법은 더 많은 작업과 같이 연계될 수도 있고, 더 나아가서는 가상화 골든 이미지를 만드는 별도의 플레이북과 연계할 수도 있다. 하지만 새로운 애플리케이션을 배치할 때마다 새로운 인프라 환경을 생성하는 것이 기존 버전을 지우고, 새로운 버전을 생성할 때의 복잡성과 추가 작업에 비해서는 훨씬 이득이 된다.

▌ 빠른 실패

애플리케이션 업그레이드를 수행할 때, 에러가 발생하면 바로 애플리케이션 배포가 멈추기를 원할 것이다. 일부만 업그레이드되어 기존 버전과 신규 버전이 뒤섞여 있는 상태에서는 서비스가 정상 작동하지 않을 것이며, 따라서 일부 시스템의 업그레이드가 실패한 상황에서 그대로 나머지 업그레이드를 수행하면 향후에 더 큰 문제가 발생할 수도 있다. 다행히도 앤서블은 어느 순간에 앤서블 전체 작업을 에러로 처리하고 멈출지를 결정할 수 있는 기능을 제공한다.

기본적으로 앤서블은 플레이북을 실행하다가 에러에 부딪히면 실패한 호스트를 작업 호스트 목록에서 제거하고, 나머지 성공한 호스트를 대상으로 작업 또는 플레이를 계속 진행한다. 그러다가 요청을 처리하는 호스트가 모두 실패했을 때, 또는 모든 플레이가 성공적으로 완료됐을 때 앤서블은 멈추게 된다. 이런 작동 방식을 변경하기 위해 앤서블은 `any_errors_fatal`과 `max_fail_percentage`라는 두 개의 플레이 조절 방식을 제공한다.

any_errors_fatal 옵션

이 옵션은 플레이를 수행하는 어떤 호스트에서든 에러가 발생하면, 즉시 앤서블 작업을 멈추고 오류 상태로 만든다. 이를 살펴보기 위해 기존 예제인 mastery-hosts 인벤토리에 패턴을 사용해 10개의 새로운 호스트를 추가하고, 이를 새로운 그룹으로 구성해보겠다.

```
[failtest]
failer[01:10]
```

그리고 나서 이 그룹을 대상으로 any_errors_fatal을 참으로 설정한 플레이북을 만들 것이다. 이 호스트는 존재하지 않기 때문에 시스템 정보를 가져오는 팩트^{fact} 수집 과정은 생략한다.

```
---
- name: any errors fatal
  hosts: failtest
  gather_facts: false
  any_errors_fatal: true
```

상황을 재현하기 위해서 다른 호스트는 모두 작업에 성공하고, 하나의 호스트에서만 실패해야 한다. 그리고 두 번째 작업을 만들어서 이 작업이 실제로 작동하지 않는다는 사실을 확인할 것이다.

```
tasks:
  - name: fail last host
    fail:
      msg: "I am last"
    when: inventory_hostname == play_hosts[-1]
  - name: never ran
    debug:
      msg: "I should never be ran"
    when: inventory_hostname == play_hosts[-1]
```

이제 플레이북을 실행하면 첫 번째 작업 이후, 하나의 호스트만 실패하지만 전체 플레이가 멈추는 것을 보게 된다.

```
                    2. jkeating@serenity-2: ~/src/mastery (zsh)
~/src/mastery> ansible-playbook -i mastery-hosts failtest.yaml

PLAY [any errors fatal] *********************************************************

TASK [fail last host] **********************************************************
skipping: [failer04]
skipping: [failer03]
skipping: [failer05]
skipping: [failer01]
skipping: [failer02]
skipping: [failer06]
skipping: [failer07]
skipping: [failer09]
skipping: [failer08]
fatal: [failer10]: FAILED! => {"changed": false, "failed": true, "msg": "I am la
st"}

NO MORE HOSTS LEFT *************************************************************
        to retry, use: --limit @/Users/jkeating/src/mastery/failtest.retry

PLAY RECAP *********************************************************************
failer01                   : ok=0    changed=0    unreachable=0    failed=0
failer02                   : ok=0    changed=0    unreachable=0    failed=0
failer03                   : ok=0    changed=0    unreachable=0    failed=0
failer04                   : ok=0    changed=0    unreachable=0    failed=0
failer05                   : ok=0    changed=0    unreachable=0    failed=0
failer06                   : ok=0    changed=0    unreachable=0    failed=0
failer07                   : ok=0    changed=0    unreachable=0    failed=0
failer08                   : ok=0    changed=0    unreachable=0    failed=0
failer09                   : ok=0    changed=0    unreachable=0    failed=0
failer10                   : ok=0    changed=0    unreachable=0    failed=1

exit 2
~/src/mastery> _
```

앞에서처럼 하나의 호스트가 실패했지만 앤서블은 전체 호스트가 실패한 것으로 보고하고, 다음 플레이로 넘어가기 전에 플레이북을 중단했다.

max_fail_percentage 옵션

이 설정을 활용해 플레이북 개발자는 전체 플레이북 작동이 중단되기 전에 몇 퍼센트의 호스트가 실패해야 하는지를 결정할 수 있도록 한다. 앤서블은 실패 상태에 도달한 플레이북을 대상으로 한 호스트의 수를 결정하기 위해 수학 연산을 실행해, 실패한 호스트의 수가 허용된 수보다 많으면 플레이북 실행을 중단시킨다.

이런 방식은 any_errors_fatal과 유사하다. 사실 any_errors_fatal은 내부적으로 max_fail_percentage의 파라미터로 0을 받아들인 것과 비슷해서 어떤 실패든 작업 중단 상태로 만들게 된다. 그럼 기존 플레이북을 수정해 max_fail_percentage를 20으로 변경하겠다.

```
---
- name: any errors fatal
  hosts: failtest
  gather_facts: false
  max_fail_percentage: 20
```

이렇게 수정하면 플레이북은 두 개의 작업이 중단없이 완료된다.

```
~/src/mastery> ansible-playbook -i mastery-hosts failtest.yaml

PLAY [any errors fatal] ********************************************************

TASK [fail last host] *********************************************************
skipping: [failer01]
skipping: [failer03]
skipping: [failer04]
skipping: [failer06]
skipping: [failer09]
skipping: [failer07]
skipping: [failer08]
skipping: [failer02]
skipping: [failer05]
fatal: [failer10]: FAILED! => {"changed": false, "failed": true, "msg": "I am la
st"}

TASK [never ran] **************************************************************
skipping: [failer02]
skipping: [failer04]
skipping: [failer03]
skipping: [failer05]
skipping: [failer07]
skipping: [failer06]
skipping: [failer01]
skipping: [failer08]
ok: [failer09] => {
    "msg": "I should never be ran"
}
        to retry, use: --limit @/Users/jkeating/src/mastery/failtest.retry

PLAY RECAP ********************************************************************
failer01                   : ok=0    changed=0    unreachable=0    failed=0
failer02                   : ok=0    changed=0    unreachable=0    failed=0
failer03                   : ok=0    changed=0    unreachable=0    failed=0
failer04                   : ok=0    changed=0    unreachable=0    failed=0
failer05                   : ok=0    changed=0    unreachable=0    failed=0
failer06                   : ok=0    changed=0    unreachable=0    failed=0
failer07                   : ok=0    changed=0    unreachable=0    failed=0
failer08                   : ok=0    changed=0    unreachable=0    failed=0
failer09                   : ok=1    changed=0    unreachable=0    failed=0
failer10                   : ok=0    changed=0    unreachable=0    failed=1

exit 2
~/src/mastery> _
```

이제 호스트 중의 20% 이상이 실패하도록 조건을 변경하고, 플레이북이 실패하는지 확인해보겠다.

```
- name: fail last host
  fail:
    msg: "I am last"
  when: inventory_hostname in play_hosts[0:3]
```

인벤토리에서 3개의 호스트를 실패로 설정해 실패율이 20%를 넘도록 만들었다. max_fail_percentage 설정은 실패율의 최고치를 의미한다. 그래서 이번에 설정한 20%는 10개의 호스트 중에서 2개의 호스트까지 실패를 허용할 것이다. 이번 예제에서는 두 번째 작업 전에 작업 실패 에러를 보게 될 것이다.

핸들러를 강제로 작동시키는 방법

일반적으로 앤서블이 호스트를 실패 처리하면, 해당 호스트에서 작동하는 모든 작업은 중단된다. 즉 대기하던 핸들러 역시 작동하지 않게 되는 것이다. 하지만 실패하더라도 핸들러는 작동하도록 설정하고 싶을 때가 있다. 이를 위해 앤서블은 실패한 호스트에서도 대기하는 핸들러를 작동시킬 수 있는 force_handlers라는 기능을 제공하며, 불린으로 설정해야만 한다.

그럼 강제로 핸들러를 작동시키는 방법을 살펴보기 위해 기존 예제를 약간 수정하겠다. 먼저 max_fail_percentage 파라미터를 지우고 새로운 작업을 추가한다. 이 작업에서는 변화가 성공적으로 일어났음을 알려주도록 작성해야 하므로, debug 모듈과 함께 changed_when 작업 제어를 사용한다. 비록 debug 모듈은 기본적으로 변경 사항을 등록하지 않더라도, changed_when을 같이 사용하면 변경 상태로 바꾸는 것이 가능하다. 그리고 나서 처음 의도했던 대로 작업을 실패 상태로 전환할 것이다.

```
---
- name: any errors fatal
  hosts: failtest
  gather_facts: false
  tasks:
    - name: run first
      debug:
        msg: "I am a change"
      changed_when: true
      when: inventory_hostname == play_hosts[-1]
      notify: critical handler
    - name: change a host
      fail:
        msg: "I am last"
      when: inventory_hostname == play_hosts[-1]
```

세 번째 작업에서는 변화하지 않는 상태로 남겨두지만, critical handler를 지정한다.

```
  - name: never ran
    debug:
      msg: "I should never be ran"
    when: inventory_hostname == play_hosts[-1]
handlers:
  - name: critical handler
    debug:
      msg: "I really need to run"
```

그럼 플레이북을 실행시켜 핸들러의 기본 작동 방식으로는 핸들러가 작동하지 않는다는 것을 확인해보겠다. 결과 화면에서 필요한 부분만 보기 위해 호스트 중 하나의 호스트에서만 작동하도록 제한하겠다.

```
2. jkeating@serenity-2: ~/src/mastery (zsh)
~/src/mastery> ansible-playbook -i mastery-hosts failtest.yaml --limit failer01:
failer01

PLAY [any errors fatal] ********************************************************

TASK [run first] **************************************************************
ok: [failer01] => {
    "msg": "I am a change"
}

TASK [fail last host] *********************************************************
fatal: [failer01]: FAILED! => {"changed": false, "failed": true, "msg": "I am la
st"}

RUNNING HANDLER [critical handler] ********************************************
        to retry, use: --limit @/Users/jkeating/src/mastery/failtest.retry

PLAY RECAP ********************************************************************
failer01                   : ok=1    changed=1    unreachable=0    failed=1

exit 2
~/src/mastery> _
```

이제 force_handler 플레이 제어를 추가하고, 이를 참으로 설정한다.

```
---
- name: any errors fatal
  hosts: failtest
  gather_facts: false
  max_fail_percentage: 0
  force_handlers: true
```

플레이북을 실행하면, 비록 호스트가 실패했더라도 핸들러가 작동했음을 볼 수 있다.

```
2. jkeating@serenity-2: ~/src/mastery (zsh)
~/src/mastery> ansible-playbook -i mastery-hosts failtest.yaml --limit failer01:
failer01

PLAY [any errors fatal] *******************************************************

TASK [run first] **************************************************************
ok: [failer01] => {
    "msg": "I am a change"
}

TASK [fail last host] *********************************************************
fatal: [failer01]: FAILED! => {"changed": false, "failed": true, "msg": "I am la
st"}

RUNNING HANDLER [critical handler] ********************************************
ok: [failer01] => {
    "msg": "I really need to run"
}
        to retry, use: --limit @/Users/jkeating/src/mastery/failtest.retry

PLAY RECAP ********************************************************************
failer01                   : ok=2    changed=1    unreachable=0    failed=1

exit 2
~/src/mastery> _
```

> ℹ️ 핸들러를 강제로 실행시키는 또 다른 방법으로 ansible-playbook 명령어의 --force-handlers 아규먼트를 사용하는 방법이 있다.

핸들러를 강제로 실행하는 방법은 플레이북이 반복해서 실행돼야 할 때 매우 유용하다. 첫 번째 실행에서는 일부 변경이 발생하더라도, 핸들러가 실행되기 전에 앤서블 실행이 중단되는 에러가 발생한다면 핸들러는 작동하지 않게 된다. 그런데 반복해서 작업을 실행하다 보면, 항상 동일하게 변경 상태가 발생하지는 않기 때문에 사용자 간섭 없이는 결코 핸들러가 작동할 수 없다. 하지만 핸들러를 강제로 실행시키면 핸들러 작업을 놓치지 않고 진행시킬 수 있다.

▌ 서비스 중단 최소화

배포 작업에는 시스템을 중단하거나 멈추는 작업이 포함될 수 있다. 가령 서비스를 재시작하거나 데이터베이스 마이그레이션을 수행하는 작업 등이 이런 작업에 포함된다. 서비스 중단을 초래하는 작업은 애플리케이션의 영향도를 최소화하기 위해 클러스터로 결합해 진행돼야 하고, 한 번에 한 대의 호스트에서만 수행돼야 한다.

서비스 중단 지연

새로운 코드 버전을 적용하기 위해 서비스를 재시작하는 것은 매우 일반적인 요구사항이다. 분리isolation의 관점에서 봤을 때, 서비스 하나만 재시작하면 되고, 전체 분산 환경의 시스템 가용 상태를 신경 쓰지 않는다면, 코드나 설정 파일이 변경될 때마다 재시작하는 것이 가능하다. 특히나 분산형 시스템에서는 시스템마다 각자의 롤을 수행해야 하고, 각 롤은 자신이 수행해야 할 시스템에서 독립적으로 자신의 롤을 수행해야 한다. 맨 처음 애플리케이션을 배포할 때는 업그레이드 과정에 서비스가 중단되는 것에 대해 고민할 필요가 없다. 그렇기 때문에 언제든 필요에 따라 서비스를 재시작할 수 있다. 하지만 업그레이드할 때는 서비스 중단 시간을 최소화하기 위해 모든 서비스의 재시작을 지연시킬 필요가 있다.

업그레이드를 위해 완전히 새로운 코드를 작성해서 사용하기보다는 롤 코드를 재사용하는 것이 좋다. 조정된 재시작을 수용하기 위해 특정 서비스를 위한 롤 코드는 서비스 재시작에 대한 보호 처리가 필요하다. 일반적인 보호 처리 패턴은 변수의 값을 확인해 재시작시키는 코드에 조건문을 넣는 방식이다. 업그레이드를 수행할 때 이 변수는 실행 중에 정의될 수 있어서 다른 방식으로 작동시킬 수 있다. 또한 이 변수는 모든 롤 작업이 완료되는 메인 플레이북의 끝 부분에서, 서비스의 재시작을 통합해 수행할 수도 있다. 이렇게 하면 서비스 중단 부분이 합쳐져서 중단 시간이 최소화된다.

그럼 가상의 업그레이드를 위한 플레이북을 만들어 보겠다. 이 플레이북은 서비스를 재시작하는 두 개의 롤을 가지며 microA와 microB 롤로 부르겠다.

```
roles/microA
├── handlers
│   └── main.yaml
└── tasks
    └── main.yaml
roles/microB
├── handlers
│   └── main.yaml
└── tasks
    └── main.yaml
```

두 개의 롤에는 패키지 설치를 시연하는 간단한 **debug** 작업을 만들어보겠다. 그리고 서비스 재시작을 시연하기 위해 핸들러를 사용하며, 핸들러가 정확히 작동할 수 있도록 작업은 변화changed 상태로 고정시키겠다.

```
roles/microA/tasks/main.yaml:
---
- name: install microA package
  debug:
    msg: "This is installing A"
```

```
   changed_when: true
   notify: restart microA


roles/microB/tasks/main.yaml:
---
- name: install microB package
  debug:
    msg: "This is installing B"
  changed_when: true
  notify: restart microB
```

각 롤의 핸들러 역시 debug 액션을 수행할 것이고, 핸들러 작업에 조건문을 붙여 upgrade 변수가 거짓으로 판명되면 재시작이 수행되도록 만들 것이다. 그리고 default 필터를 사용해 upgrade 변수의 기본값을 거짓으로 정의할 것이다.

```
roles/microA/handlers/main.yaml:
---
- name: restart microA
  debug:
    msg: "microA is restarting"
  when: not upgrade | default(false) | bool


roles/microB/handlers/main.yaml:
---
- name: restart microB
  debug:
    msg: "microB is restarting"
  when: not upgrade | default(false) | bool
```

메인 플레이북에는 4개의 플레이를 만들 것이다. 처음 두 개의 플레이에서는 각각 microA/B 롤을 적용시킬 것이며, 나머지 두 개의 플레이에서는 재시작을 수행할 것이다. 마지막 두 플레이는 업그레이드가 수행됐을 때만 작동할 것이며, 이를 위해 upgrade 변수를 조건문으로 사용한다. 그럼 다음 코드를 살펴보겠다.

```yaml
micro.yaml:
---
- name: apply microA
  hosts: localhost
  gather_facts: false

  roles:
    - role: microA

- name: apply microB
  hosts: localhost
  gather_facts: false

  roles:
    - role: microB

- name: restart microA
  hosts: localhost
  gather_facts: false

  tasks:
    - name: restart microA for upgrade
      debug:
        msg: "microA is restarting"
      when: upgrade | default(false) | bool

- name: restart microB
  hosts: localhost
  gather_facts: false

  tasks:
    - name: restart microB for upgrade
      debug:
        msg: "microB is restarting"
      when: upgrade | default(false) |bool
```

upgrade 변수를 선언하지 않고 이 플레이북을 실행하면 각 롤과 핸들러 내에서 실행되고, 마지막 두 개의 플레이 작업은 생략되는 것을 볼 수 있다.

```
2. jkeating@serenity-2: ~/src/mastery (zsh)
~/src/mastery> ansible-playbook -i mastery-hosts micro.yaml

PLAY [apply microA] ***********************************************************

TASK [microA : install microA package] ***************************************
ok: [localhost] => {
    "msg": "This is installing A"
}

RUNNING HANDLER [microA : restart microA] ************************************
ok: [localhost] => {
    "msg": "microA is restarting"
}

PLAY [apply microB] ***********************************************************

TASK [microB : install microB package] ***************************************
ok: [localhost] => {
    "msg": "This is installing B"
}

RUNNING HANDLER [microB : restart microB] ************************************
ok: [localhost] => {
    "msg": "microB is restarting"
}

PLAY [restart microA] ********************************************************

TASK [restart microA for upgrade] ********************************************
skipping: [localhost]

PLAY [restart microB] ********************************************************

TASK [restart microB for upgrade] ********************************************
skipping: [localhost]

PLAY RECAP *******************************************************************
localhost                  : ok=4    changed=2    unreachable=0    failed=0

~/src/mastery> _
```

이제는 upgrade 변수를 참으로 정의하도록 명령문의 아규먼트를 주고 다시 한 번 플레이북을 실행시켜보겠다.

```
● ● ●                  2. jkeating@serenity-2: ~/src/mastery (zsh)
~/src/mastery> ansible-playbook -i mastery-hosts micro.yaml -e upgrade=true

PLAY [apply microA] ***********************************************************

TASK [microA : install microA package] ***************************************
ok: [localhost] => {
    "msg": "This is installing A"
}

RUNNING HANDLER [microA : restart microA] ************************************
skipping: [localhost]

PLAY [apply microB] ***********************************************************

TASK [microB : install microB package] ***************************************
ok: [localhost] => {
    "msg": "This is installing B"
}

RUNNING HANDLER [microB : restart microB] ************************************
skipping: [localhost]

PLAY [restart microA] ********************************************************

TASK [restart microA for upgrade] ********************************************
ok: [localhost] => {
    "msg": "microA is restarting"
}

PLAY [restart microB] ********************************************************

TASK [restart microB for upgrade] ********************************************
ok: [localhost] => {
    "msg": "microB is restarting"
}

PLAY RECAP *******************************************************************
localhost                  : ok=4    changed=2    unreachable=0    failed=0

~/src/mastery> _
```

이번 결과에는 핸들러가 작업을 생략하고 마지막 두 개의 플레이가 수행된 것을 볼 수 있다. 실제 업무 환경에서는 microA와 mircoB 롤 안에서 더 많은 일이 발생할 것이고, 다른 호스트를 위한 더 많은 mocro-service 롤이 존재할 수 있겠지만, 그 차이는 크지 않을 것이다. 중요한 점은 서비스 재시작을 결합함으로써 서비스 중단 시간을 획기적으로 줄일 수 있다는 사실이다.

서비스 중단 작업을 한 번만 실행시키는 방법

서비스를 중단시키는 작업은 다양한 방식으로 처리될 수 있다. 그 방식은 보통 일방적으로 처리되어 롤백^{roll back}이 정말 어려워 기존 상태로 되돌리기가 쉽지 않을 수 있다. 또는 다른 조건과 경쟁 관계에 있어 병렬로 작업을 처리하다가 매우 큰 장애를 불러일으킬 수도 있다. 이런 그리고 더 많은 이유 때문에 서비스 중단 작업이 오직 하나의 호스트에서 한 번만 실행되도록 하는 것이 중요하다. 앤서블은 run_once 작업을 통해 이런 방식을 제공한다.

run_once 지시자를 사용하면 플레이에서 얼마나 많은 호스트가 작업을 수행하든 상관없이, 작업이 하나의 호스트에서 오직 한 번만 실행되도록 한다. 물론 이 목적을 이루는 다른 방법도 있어서 플레이의 첫 번째 호스트에서만 작업을 실행시키기 위해 조건을 걸 수도 있다. 하지만 run_once 조건이 가장 간단하고도 직접적으로 원하는 목적을 구현할 수 있는 방법이다. 추가로 run_once에 의해 실행되는 작업에서 저장된 변수 데이터는 작업을 수행하도록 지시한 호스트뿐만 아니라 모든 호스트에서 사용될 수 있다. 그래서 이 방법은 향후 변수 데이터를 간단하게 다시 사용할 수 있게 한다.

그럼 이 기능을 시연하기 위해 예제 플레이북을 만들어 보겠다. 이전 예제에서 호스트 그룹을 위해 다뤘던 failtest 호스트를 그대로 사용하고, 호스트 패턴을 이용해 두 개의 호스트를 선택할 것이다. 그리고 run_once를 설정하는 debug 작업을 만들고 결과를 저장한 후, 다른 호스트가 다른 작업에서 이전 작업의 결과를 불러오겠다.

```
---
- name: run once test
  hosts: failtest[0:1]
  gather_facts: false

  tasks:
    - name: do a thing
      debug:
        msg: "I am groot"
      register: groot
      run_once: true

    - name: what is groot
      debug:
        var: groot
      when: inventory_hostname == play_hosts[-1]
```

이 플레이를 실행할 때, 각 작업에서 보이는 호스트 이름에 특히 주의를 기울여야 한다.

```
2. jkeating@serenity-2: ~/src/mastery (zsh)
~/src/mastery> ansible-playbook -i mastery-hosts runonce.yaml

PLAY [run once test] ********************************************************

TASK [do a thing] **********************************************************
ok: [failer01] => {
    "msg": "I am groot"
}

TASK [what is groot] *******************************************************
skipping: [failer01]
ok: [failer02] => {
    "groot": {
        "changed": false,
        "msg": "I am groot"
    }
}

PLAY RECAP *****************************************************************
failer01                   : ok=1    changed=0    unreachable=0    failed=0
failer02                   : ok=1    changed=0    unreachable=0    failed=0

~/src/mastery> _
```

결과 화면에서 do a thing 작업이 호스트 failer01에서 실행된다는 것을 볼 수 있고, what is groot 작업은 호스트 failer02에서 실행했음을 알 수 있다. 또한 do a thing 작업의 결과 데이터를 failer02 호스트에서도 불러올 수 있음을 알 수 있다.

▌순차적 작업 실행 방법

다수의 서비스를 실행하는 애플리케이션은 한 번에 서비스를 모두 재시작하는 방식에는 어울리지 않는다. 일반적으로 이런 종류의 애플리케이션을 업그레이드할 때는 순차적 플레이가 사용된다. 그러나 애플리케이션이 매우 크다면, 전체 플레이를 순차적으로 실행시키는 것 역시 비효율적이다. 이럴 때는 다른 방식의 접근이 필요하기 때문에, 민감한 작업은 순차적으로 만들고 나머지는 핸들러로 서비스를 재시작시킬 수 있다.

특정 핸들러 작업을 순차적으로 실행하기 위해, play_host라는 변수를 사용할 수 있다. play_host 변수는 플레이의 일부인 작업이 실행되는 호스트 목록을 담고 있으며, 이 호스트 목록은 실패하거나 연결되지 않는 호스트를 제외한 최신 상태를 유지한다. 이 변수를 사용해서 잠재적으로 핸들러 작업을 수행할 호스트를 대상으로 반복을 실행하게 구성할 수 있다. 이번에는 모듈 아규먼트의 item 대신에 when 조건문과 delegate_to 지시자의 item을 사용해 호스트가 핸들러를 호출하고, 핸들러 작업을 원래 호스트가 아닌 반복 대상인 호스트에 작업을 전달해 보겠다. 하지만 이때 with_items 지시자를 사용한다면 이 작업은 모든 호스트에서 핸들러를 작동시킬 것이며, 이런 작동은 명백히 원하는 방식이 아니다. 그래서 일반적으로 행해지는 모든 호스트에서 핸들러가 작동하는 대신에 한 호스트에서 한 번만 작동하도록 run_once 지시자를 사용하겠다. run_once 지시자는 앤서블이 오직 한 호스트에서만 작업이 수행되도록 지시한다. run_once와 play_hosts의 with_items를 결합하면, 앤서블이 반복에서 한 번만 실행하도록 만들 수 있다. 끝으로 반복할 때마다 약간의 시간을 기다리기도록 하길 원하는데, 그 이유는 다음 서비스가 재시작하기 전에 재시작된 서비스가 완료되도록 하기 위해서다. 이를 위해 loop_control의 pause(앤서블 2.2 에서 추가된 기능)를 사용해서 반복이 실행될 때 잠시 멈추게 할 수 있다.

그럼 작업을 하나씩 순차적으로 실행하는 방법을 알아보기 위해, failtest 그룹에서 몇 개의 호스트를 사용해 플레이를 작성해보겠다. 이 플레이는 변화 상태를 만들고 결과를 저장하고(핸들러 작업을 확인하기 위해) 그리고 핸들러를 순차적으로 실행시켜보겠다.

```
---
- name: parallel and serial
  hosts: failtest[0:3]
  gather_facts: false

  tasks:
    - name: do a thing
      debug:
        msg: "I am groot"
      changed_when: inventory_hostname in play_hosts[0:2]
      register: groot
      notify: restart groot

  handlers:
    - name: restart groot
      debug:
        msg: "I am groot?"
      with_items: "{{ play_hosts }}"
      delegate_to: "{{ item }}"
      run_once: true
      when: hostvars[item]['groot']['changed'] | bool
      loop_control:
        pause: 2
```

이 플레이북을 실행시켜 핸들러를 호출하는 과정을 -vv 옵션을 통해 자세히 알 수 있다. 그리고 핸들러 작업에서 반복loop, 조건conditional, 위임delegation의 사용법도 알아볼 수 있다. 하지만 아쉽게도 지연이 발생하는 것을 로그를 통해서는 확인할 수 없다.

234

```
● ● ●                    2. jkeating@serenity-2: ~/src/mastery (zsh)

~/src/mastery> ansible-playbook -i mastery-hosts forserial.yaml -vv
No config file found; using defaults

PLAYBOOK: forserial.yaml ***********************************************
1 plays in forserial.yaml

PLAY [parallel and serial] ********************************************

TASK [do a thing] ****************************************************
task path: /Users/jkeating/src/mastery/forserial.yaml:7
NOTIFIED HANDLER restart groot
ok: [failer01] => {
    "msg": "I am groot"
}
ok: [failer04] => {
    "msg": "I am groot"
}
ok: [failer03] => {
    "msg": "I am groot"
}
NOTIFIED HANDLER restart groot
ok: [failer02] => {
    "msg": "I am groot"
}

RUNNING HANDLER [restart groot] *************************************
ok: [failer01 -> failer01] => (item=failer01) => {
    "item": "failer01",
    "msg": "I am groot?"
}
ok: [failer01 -> failer02] => (item=failer02) => {
    "item": "failer02",
    "msg": "I am groot?"
}
skipping: [failer01] => (item=failer03)  => {"changed": false, "item": "failer03
", "skip_reason": "Conditional check failed", "skipped": true}
skipping: [failer01] => (item=failer04)  => {"changed": false, "item": "failer04
", "skip_reason": "Conditional check failed", "skipped": true}

PLAY RECAP *********************************************************
failer01                   : ok=2    changed=1    unreachable=0    failed=0
failer02                   : ok=1    changed=1    unreachable=0    failed=0
failer03                   : ok=1    changed=0    unreachable=0    failed=0
failer04                   : ok=1    changed=0    unreachable=0    failed=0

~/src/mastery> _
```

▌ 요약

애플리케이션 배포와 업그레이드 방법은 선택의 문제다. 방식마다 자신만의 강점과 단점을 갖고 있다. 앤서블은 어느 방식이 더 낫다고 제안하지 않으며, 그렇기 때문에 어느 방법을 사용하든 관계없이 잘 구성할 수 있다. 또한 앤서블은 다양한 방식을 쉽게 구현할 수 있는 기능과 디자인 패턴을 제공하기 때문에, 각 방법의 본질과 앤서블이 제공하는 기능을 잘 이해하면 사용자 각각의 애플리케이션을 배포하고 결정하는 데 큰 도움이 될 것이다. 또한 작업 조절과 내장된 변수는 특별한 작업을 신중히 다루면서 대규모 애플리케이션을 효율적으로 업그레이드할 수 있게 한다.

'7장 앤서블 장애 처리'에서는 앤서블 플레이북이 실행되면서 예기치 않게 발생하는 장애를 처리하는 방법에 대해 다룬다.

07

앤서블 장애 처리

앤서블은 간단하지만 강력하다. 앤서블의 단순성은 작업을 이해하고 따라하기 쉽다는 것을 의미한다. 이해하고 따라하기 쉽다는 것은 예측되지 않은 행위를 디버깅할 때 매우 중요한 요소다. 7장에서는 앤서블의 작동을 디버깅하기 위해 검증하고, 조사하고, 변경하는 내부 도구와 이외의 다른 방식에 대해서도 알아보겠다.

- 플레이북 로그와 로깅 레벨
- 변수 조사
- 플레이북 디버깅
- 앤서블 콘솔
- 로컬 코드 실행 디버깅
- 원격 코드 실행 디버깅

█ 플레이북 로그와 로깅 레벨

앤서블 결과의 로깅 레벨을 높이면 많은 문제를 해결할 수 있다. 잘못된 모듈 아규먼트부터 부정확한 연결 명령어까지, 로깅 레벨을 높이면 문제의 원인을 찾아내는 데 매우 유용하다. 플레이북 로그와 로깅 레벨은 '2장 앤서블을 통한 데이터 보호'에서 플레이북을 실행하며 중요한 데이터를 보호하는 방법을 알아보는 과정에서 간단히 언급했다. 여기에서는 좀 더 자세히 로그와 로깅 레벨에 대해 다뤄보겠다.

로깅 레벨

ansible-playbook으로 플레이북을 실행할 때 결과는 화면으로 출력된다. 로깅 레벨을 기본으로 사용하면 화면에 보여주는 정보가 매우 제한적이다. 플레이가 실행되면 ansible-playbook은 플레이의 이름과 함께 플레이의 헤더를 출력할 것이다. 이후 각 작업에 대해서도 작업 이름과 작업 헤더가 출력된다. 각각의 호스트가 작업을 수행하면서 작업의 이름이 작업 상태와 함께 출력되고, ok, fatal 또는 changed 상태로 구분해 보여준다. 하지만 모듈이 실행되는지, 모듈에 어떤 아규먼트가 전달됐는지, 또는 실행 이후 결과 데이터 같은 작업에 관한 추가 정보는 보이지 않는다. 잘 작성된 플레이북에서는 이 이상을 필요로 하지 않지만, 개발자는 자신이 작성한 플레이에 대해 더 많은 정보를 볼 수 있어야 한다. 이 책에서 사용된 대부분의 예제에서는 로깅 레벨 2(-vv)를 사용했으며, 이를 통해 작업 위치와 결과 데이터를 알 수 있었다. 로깅 레벨에는 기본 레벨인 none, 결과 데이터와 조건문 정보를 표현하는 1(-v), 작업 위치와 핸들러 호출 정보를 보여주는 2(-vv), 연결 시도 상세 정보와 작업 시작 정보를 제공하는 3(-vvv), 연결 플러그인에 추가 로깅 정보를 전달(ssh 명령에 -vvv 전달과 유사)하는 4(-vvvv)의 총 다섯 단계가 있다. 로깅 레벨을 높이는 것은 에러 요인을 밝히는 데 도움을 줄 뿐만 아니라 앤서블이 작동하는 방식에 대한 정보도 알려준다.

2장에서 언급한 바와 같이 1 이상의 로깅 레벨은 중요한 데이터를 표준 출력하고, 로그에 남길 수 있기 때문에 공유 환경에서는 매우 조심스럽게 설정해야 한다.

로깅

ansible-playbook 명령의 기본 로그는 화면 출력이다. 화면으로 출력되는 로그의 양은 아마도 터미널 에뮬레이터의 버퍼 크기보다도 클 것이며, 따라서 결과 로그는 파일로 저장할 필요가 있다. 물론 다양한 셸에서 결과를 다른 곳으로 전환시키는 기능을 제공하고는 있지만, 가장 알맞은 솔루션은 ansible-playbook 명령이 로그를 파일로 저장하도록 하는 것이다. 파일로 저장시키기 위해서는 ansible.cfg에서 log_path를 지정하거나 ANSIBLE_LOG_PATH를 환경 변수로 지정하면 된다. 두 방법의 값은 모두 파일이 저장될 경로여야 한다. 만약 경로가 존재하지 않으면 앤서블은 파일을 생성하려고 시도할 것이며, 만약 파일이 존재하면 해당 파일에 추가해서 로그를 저장할 것이다. 이때 다수의 ansible-playbook 명령으로 하나의 로그 파일에 기록할 수 있다.

로그 파일을 사용하는 것과 화면을 출력하는 것 중 어느 하나가 단독으로 실행되는 것은 아니다. 두 가지 방식은 동시에 작동할 수 있기 때문에 로깅 레벨을 높이는 것은 양쪽 모두에 효과적이다.

▌ 변수 조사

앤서블 플레이북을 작성할 때 만나는 일반적인 문제는, 변수값을 잘못 가정하거나 부적합하게 사용하는 것이다. 이런 일은 특히 작업 결과를 변수에 저장하고, 작업 또는 템플릿에서 변수를 나중에 사용하고자 할 때 나타난다. 그래서 결과의 원하는 요소에 적절하게 접근하지 못하면, 최종적으로 원하지 않거나 때로는 안 좋은 결과를 도출할 수도 있다.

변수의 부적절한 사용을 해소하기 위해서는 변수값을 조사하는 것이 가장 중요하다. 그리고 변수값을 조사하는 가장 쉬운 방법은 debug 모듈을 사용하는 것이다. debug 모듈을 사용하면 형식에 상관 없이 텍스트를 화면에 출력할 수 있다. 그리고 다른 작업과 마찬가지로 모듈의 아규먼트도 진자2 템플릿 형식을 사용할 수 있다. 그럼 간단한 플레이를 작성해

서 이에 대한 예제를 보겠다. 이 플레이에서는 작업을 실행하고, 결과를 저장하며 그리고
변수를 처리하기 위해 진자2 형식을 사용해 debug문으로 결과를 보여주겠다.

```
---
- name: variable introspection demo
  hosts: localhost
  gather_facts: false

  tasks:
    - name: do a thing
      uri:
        url: https://derpops.bike
      register: derpops

    - name: show derpops
      debug:
        msg: "derpops value is {{ derpops }}"
```

이제 플레이를 실행하고, derpops 변수의 값을 보여줄 것이다.

```
2. jkeating@serenity: ~/src/mastery (zsh)

~/src/mastery> ansible-playbook -i mastery-hosts vintro.yaml -vv

PLAY [variable introspection demo] ***********************************

TASK: [do a thing] **************************************************
<localhost> REMOTE_MODULE uri url=https://derpops.bike
ok: [localhost] => {"changed": false, "content_location": "https://derpops.bike"
, "content_type": "text/html; charset=UTF-8", "date": "Sun, 31 May 2015 04:57:56
 GMT", "link": "<http://wp.me/4H3Bf>; rel=shortlink", "redirected": false, "serv
er": "Apache/2.4.6 (CentOS) OpenSSL/1.0.1e-fips PHP/5.4.16", "status": 200, "tra
nsfer_encoding": "chunked", "x_pingback": "https://derpops.bike/xmlrpc.php", "x_
powered_by": "PHP/5.4.16"}

TASK: [show derpops] ************************************************
ok: [localhost] => {
    "msg": "derpops value is {'status': 200, 'changed': False, 'x_pingback': 'ht
tps://derpops.bike/xmlrpc.php', 'transfer_encoding': 'chunked', 'x_powered_by':
'PHP/5.4.16', 'server': 'Apache/2.4.6 (CentOS) OpenSSL/1.0.1e-fips PHP/5.4.16',
'date': 'Sun, 31 May 2015 04:57:56 GMT', 'link': '<http://wp.me/4H3Bf>; rel=shor
tlink', 'content_type': 'text/html; charset=UTF-8', 'content_location': 'https:/
/derpops.bike', 'invocation': {'module_name': u'uri', 'module_args': ''}, 'redir
ected': False}"
}

PLAY RECAP **********************************************************
localhost                  : ok=2    changed=0    unreachable=0    failed=0

~/src/mastery> []
```

debug 모듈은 또한 유용하고 다양한 옵션이 있다. debug 템플릿을 사용해서 문자열을 그대로 출력하는 대신에, debug 모듈은 어떤 변수값이든 간단하게 출력할 수 있다. 이에 대한 방법은 msg 아규먼트 대신에 var 아규먼트를 사용한다. 그럼 예제를 반복해보겠다. 하지만 이번에는 var 아규먼트를 사용하고, derpops 변수의 하위 요소^{subelement}인 server 변수만 확인할 것이다.

```
---
- name: variable introspection demo
  hosts: localhost
  gather_facts: false
```

```
tasks:
  - name: do a thing
    uri:
      url: https://derpops.bike
    register: derpops

  - name: show derpops
    debug:
      var: derpops.server
```

변경된 플레이를 실행해보고 derpops 변수의 server 요소값만 살펴본다.

```
● ● ●                2. jkeating@serenity: ~/src/mastery (zsh)
~/src/mastery> ansible-playbook -i mastery-hosts vintro.yaml -vv

PLAY [variable introspection demo] *************************************

TASK: [do a thing] ****************************************************
<localhost> REMOTE_MODULE uri url=https://derpops.bike
ok: [localhost] => {"changed": false, "content_location": "https://derpops.bike"
, "content_type": "text/html; charset=UTF-8", "date": "Sun, 31 May 2015 05:20:13
 GMT", "link": "<http://wp.me/4H3Bf>; rel=shortlink", "redirected": false, "serv
er": "Apache/2.4.6 (CentOS) OpenSSL/1.0.1e-fips PHP/5.4.16", "status": 200, "tra
nsfer_encoding": "chunked", "x_pingback": "https://derpops.bike/xmlrpc.php", "x_
powered_by": "PHP/5.4.16"}

TASK: [show derpops] **************************************************
ok: [localhost] => {
    "var": {
        "derpops.server": "Apache/2.4.6 (CentOS) OpenSSL/1.0.1e-fips PHP/5.4.16"
    }
}

PLAY RECAP ************************************************************
localhost                  : ok=2    changed=0    unreachable=0    failed=0

~/src/mastery> []
```

debug 모듈에서 msg 아규먼트를 사용한 예제에서 변수는 중괄호 안에 표현해야 했다. 하지만 var를 사용했을 때는 그렇지 않다. 왜냐하면 msg 변수는 문자열을 값으로 받아들여 템플릿 엔진을 통해 변수가 처리돼야 할 필요가 있기 때문이다. 하지만 var는 템플릿으로 처리될 필요가 없는 변수를 받아들인다.

변수의 하위 요소

플레이북에서 또 다른 일반적인 실수는 **복잡한 변수**의 하위 요소를 잘못 참고했을 때 발생한다. 복잡한 변수는 단순한 문자열 그 이상을 의미하는데, 리스트 또는 해시 같은 자료형을 말한다. 잘못된 하위 요소가 참고되는 일은 자주 발생하며, 예상과 다른 타입으로 부적절하게 참고되기도 한다.

리스트가 다루기 쉬운 반면에, 해시는 몇 가지 다루기 어려운 부분이 있다. 해시는 정렬되지 않고, 타입이 혼합된 키 값 묶음으로 다른 해시 안에서 중첩돼 사용될 수 있다. 또한 해시는 단일 문자열을 요소로 가질 수 있고, 두 번째 요소는 문자열의 리스트일 수 있으며, 세 번째 요소는 다른 요소를 포함하는 또 다른 해시일 수 있다. 그래서 정확하게 하위 요소를 접근하는 방법을 알아야 플레이북을 성공적으로 완료할 수 있다.

예제로 기존 플레이를 약간 변형시켜보겠다. 이번에는 앤서블이 시스템 정보를 수집하도록 설정하고, ansible_default_ipv4 변수값을 알아보겠다.

```
---
- name: variable introspection demo
  hosts: localhost

  tasks:
    - name: show a complex hash
      debug:
        var: ansible_default_ipv4
```

결과 화면은 다음과 같다.

```
2. jkeating@serenity: ~/src/mastery (zsh)

~/src/mastery> ansible-playbook -i mastery-hosts vintro.yaml -vv

PLAY [variable introspection demo] *********************************************

GATHERING FACTS ***************************************************************
<localhost> REMOTE_MODULE setup
ok: [localhost]

TASK: [show a complex hash] ***************************************************
ok: [localhost] => {
    "var": {
        "ansible_default_ipv4": {
            "address": "192.168.10.101",
            "broadcast": "192.168.10.255",
            "device": "en0",
            "flags": [
                "UP",
                "BROADCAST",
                "SMART",
                "RUNNING",
                "SIMPLEX",
                "MULTICAST"
            ],
            "gateway": "192.168.10.10",
            "interface": "en0",
            "macaddress": "6c:40:08:a5:b9:92",
            "media": "Unknown",
            "media_select": "autoselect",
            "mtu": "1500",
            "netmask": "255.255.255.0",
            "network": "192.168.10.0",
            "options": [
                "PERFORMNUD"
            ],
            "status": "active",
            "type": "unknown"
        }
    }
}

PLAY RECAP ********************************************************************
localhost                  : ok=2    changed=0    unreachable=0    failed=0

~/src/mastery> []
```

debug 모듈을 사용해 복잡한 변수의 전체 요소를 출력하는 것은 모든 하위 요소의 이름을 알 수 있는 매우 좋은 방법이다.

ansible_default_ipv4 변수는 문자열과 리스트를 하위 요소로 갖고 있다. 그럼 flags 리스트의 마지막 아이템을 알아보겠다.

```
---
- name: variable introspection demo
  hosts: localhost

  tasks:
    - name: show a complex hash
      debug:
        var: ansible_default_ipv4.flags[-1]
```

결과 화면은 다음과 같다.

```
● ● ●                    2. jkeating@serenity: ~/src/mastery (zsh)
~/src/mastery> ansible-playbook -i mastery-hosts vintro.yaml -vv

PLAY [variable introspection demo] ******************************************

GATHERING FACTS *************************************************************
<localhost> REMOTE_MODULE setup
ok: [localhost]

TASK: [show a complex hash] *************************************************
ok: [localhost] => {
    "var": {
        "ansible_default_ipv4.flags[-1]": "MULTICAST"
    }
}

PLAY RECAP ******************************************************************
localhost                  : ok=2    changed=0    unreachable=0    failed=0

~/src/mastery> []
```

flags는 리스트기 때문에 리스트에서 특정 아이템을 선택하기 위해 인덱스^index 방식을 사용할 수 있다. 예제에서 -1은 리스트의 마지막 아이템을 가리킨다.

하위 요소와 파이썬 오브젝트 메소드 비교

덜 일반적이지만, 진자2 문법때문에 문제가 발생하곤 한다. 앤서블 플레이북과 템플릿에서 사용된 복잡한 변수는 두 가지 방식으로 참고될 수 있다. 첫 번째 방식은 변수 뒤에 대괄호를 붙이고, 그 안에 하위 요소를 작은 따옴표로 묶어 표현하는 방식이다. 이것이 derp 변수의 하위 요소인 herp에 접근하는 일반적인 작성 방법이며 다음과 같이 사용할 수 있다.

```
{{ derp['herp'] }}
```

두 번째 표현 방식은 진자2가 제공하는 기능으로 좀 더 편리하다. 변수와 요소 사이에 점(.)으로 구분하면 되며, **점 표기법**dot notation이라 부른다.

```
{{ derp.herp }}
```

그런데 이 방식은 파이썬 오브젝트와 오브젝트 메소드를 다룰 때와는 약간의 차이점이 있다. 진자2는 파이썬 도구의 핵심이기 때문에 진자2의 변수는 내장된 파이썬 메소드에 접근할 수 있다. 문자열 변수는 파이썬 문자열 메소드를 사용할 수 있고, 리스트는 파이썬 리스트를, 그리고 딕셔너리dictionary는 파이썬 딕셔너리 메소드를 사용할 수 있다. 첫 번째 방식을 사용하면, 진자2는 먼저 주어진 이름의 하위 요소를 찾기 위해 변수를 찾아본다. 해당 변수가 발견되지 않으면 진자2는 파이썬의 메소드 중 동일한 이름을 가진 것이 있는지 검색한다. 하지만 두 번째 방식에서는 찾는 순서가 반대로 진행된다. 두 번째 방식에서는 파이썬 메소드를 먼저 찾아보고, 발견되지 않으면 하위 요소를 검색한다. 이런 차이점 때문에 하위 요소와 파이썬 메소드의 이름이 동일할 때 문제가 발생하게 된다. 복잡한 변수인 **derp**라는 변수를 살펴보면, 이 변수는 keys라는 하위 요소를 갖고 있다. 그런데 두 가지 방식으로 각각 keys 요소를 접근해보면 다른 결과값이 나오는 것을 알 수 있다. 그럼 이를 검증하기 위해 플레이북을 만들어보겠다.

```
---
- name: sub-element access styles
  hosts: localhost
  gather_facts: false

  vars:
    - derp:
        keys:
          - c
          - d

  tasks:
    - name: subscript style
      debug:
        var: derp['keys']
    - name: dot notation style
      debug:
        var: derp.keys
```

이 플레이를 실행하면, 두 개의 작성 방식에 따라 결과가 다르게 나오는 것을 명확히 알 수 있다. 첫 번째 방식은 keys 하위 요소를 성공적으로 가져온 반면에, 두 번째 방식은 파이썬의 딕셔너리 keys 메소드를 참고했다.

```
                        2. jkeating@serenity: ~/src/mastery (zsh)

~/src/mastery> ansible-playbook -i mastery-hosts objmethod.yaml -vv

PLAY [sub-element access styles] ********************************************

TASK: [subscript style] ****************************************************
ok: [localhost] => {
    "var": {
        "derp['keys']": [
            "c",
            "d"
        ]
    }
}

TASK: [dot notation style] *************************************************
ok: [localhost] => {
    "var": {
        "derp.keys": "<built-in method keys of dict object at 0x7fa7cb30edf0>"
    }
}

PLAY RECAP ****************************************************************
localhost                : ok=2    changed=0    unreachable=0    failed=0

~/src/mastery> []
```

일반적으로 파이썬 오브젝트 메소드와 하위 요소의 이름은 다르게 짓는 것이 가장 좋다. 하지만 이름을 다르게 짓는 것이 불가능하다면 차선책으로는 두 가지 방식의 차이점을 명확히 알고, 둘 중 적합한 방법을 선택해야 한다.

▌ 코드 실행 디버깅

때로는 로그를 남기고 변수 데이터를 조사하더라도 문제가 해결되지 않는 경우가 있다. 이런 경우에는 플레이북을 실행시키면서 상태를 디버그하거나 앤서블 코드 내부를 좀 더 깊게 살펴볼 필요가 있다. 앤서블 코드에는 두 가지 종류가 있는데, 하나는 앤서블 호스트에서 직접 실행되는 코드이며, 두 번째는 대상 호스트에서 원격으로 실행되는 모듈 코드다.

플레이북 디버깅

플레이북은 앤서블 2.1에 도입된 debug 실행 전략을 이용해서 대화형으로 디버깅될 수 있다. 플레이가 이 방식을 사용하면, 에러가 발생할 때 대화형 디버그 세션이 시작된다. 대화형 세션은 변수 데이터를 확인하고 작업 아규먼트를 보거나, 작업 아규먼트를 업데이트하고 변수를 업데이트하거나, 작업 실행을 되돌리고 실행을 계속할 때, 또는 디버거를 끝내기 위해 사용될 수 있다.

그럼 작업을 성공적으로 마친 후 다음 작업에서는 에러가 발생하고, 마지막 작업은 성공하는 플레이를 만들어 앞의 내용을 확인해보겠다. 이전 플레이북을 재사용하며, 여기에 약간 수정을 더할 것이다.

```
---
- name: sub-element access styles
  hosts: localhost
  gather_facts: false
  strategy: debug

  vars:
    - derp:
        keys:
          - c
          - d

  tasks:
    - name: subscript style
      debug:
        var: derp['keys']

    - name: failing task
      debug:
        msg: "this is {{ derp['missing'] }}"

    - name: final task
```

```
debug:
  msg: "my only friend the end"
```

예상대로 앤서블은 failing task에서 에러를 만날 것이며, (debug) 프롬프트가 나타날 것이다.

이 프롬프트에서 p 명령을 사용하면 작업과 작업 아규먼트를 볼 수 있다.

이 상태에서 다른 아규먼트나 변수값을 입력해 플레이북을 수정할 수도 있다. 그럼 derp 변수의 missing 키를 정의해보고 다시 실행해 보겠다. 모든 변수는 상위 레벨에서 vars 딕셔너리로 선언됐음을 명심하고, 파이썬 문법을 사용해 변수 데이터를 식섭 입력한 후 r 명령으로 재실행하겠다.

```
2. jkeating@serenity-2: ~/src/mastery (zsh)
Debugger invoked
(debug) p task
TASK: failing task
(debug) p task.args
{u'msg': u"this is {{ derp['missing'] }}"}
(debug) vars['derp']['missing'] = "the end"
(debug) r
ok: [localhost] => {
    "msg": "this is the end"
}

TASK [final task] ************************************************************
task path: /Users/jkeating/src/mastery/objmethod.yaml:22
ok: [localhost] => {
    "msg": "my only friend the end"
}

PLAY RECAP ******************************************************************
localhost                  : ok=3    changed=0    unreachable=0    failed=0

~/src/mastery>
```

debug 실행 전략은 여러 가지 다른 작업 아규먼트와 변수를 조합해서 테스트함으로써 빠르게 원인을 찾아낼 수 있는 매우 유용한 도구다. 하지만 에러 결과가 대화형 콘솔로 나타나기 때문에 플레이북의 자동화된 실행 측면에서는 부적합하며, 디버거를 조작하기 위해 콘솔 앞에 항상 사람이 있어야 한다.

 디버거로 변수 데이터를 바꾼다고 이 변화가 파일까지 변경시키는 것은 아니다. 그러므로 디버깅을 통해 발견된 원인은 플레이북을 업데이트해 반영시켜야 한다는 점을 항상 명심해야 한다.

로컬 코드 디버깅

로컬 앤서블 코드는 앤서블을 사용할 때 가장 많이 생성되는 부분이다. 플레이북, 플레이, 롤 그리고 작업 파싱 코드 모두가 로컬 컴퓨터에 생성된다. 또한 작업 결과 코드와 전송 코드도 모두 로컬 컴퓨터에 쌓인다. 그러므로 원격 호스트로 전송될 기계어 모듈 코드를 제외하고는, 모든 코드가 로컬에 저장된다고 할 수 있다.

로컬 앤서블 코드는 크게 세 가지, 인벤토리, 플레이북 그리고 실행자executor로 구분할 수 있다. 인벤토리 코드는 호스트 파일의 인벤토리 데이터와 동적 인벤토리 스크립트를 처리하고, 또는 디렉터리 구조에서 두 가지를 혼합해 다룰 수도 있다. 플레이북 코드는 플레이북 YAML 코드를 파이썬 오브젝트로 전환하는데 사용된다. 실행자 코드는 코어 API로 프로세스를 포크folk하고, 호스트를 연결하고 모듈을 실행, 결과를 도출해 다른 많은 일을 수행하는데 사용된다. 디버깅을 시작하기 위해 일반적인 영역을 배우려면 연습이 필요하며, 여기서 그 출발점을 제시하겠다.

앤서블이 파이썬으로 작성됐기 때문에 로컬 코드를 디버깅하는 도구 역시 파이썬 디버거, pdb다. pdb는 앤서블 코드를 실행하면서 중간에 '실행 중지break points 시점'을 넣게 해 앤서블이 실행될 때 줄 단위로 끊어서 명령을 확인할 수 있다. 이런 방식은 로컬에서 앤서블 코드를 실행해 내부 상태를 점검할 때 매우 유용하다. pdb의 사용법에 대해서는 이미 많은 책과 웹사이트에서 설명하기 때문에 단순히 검색만 하더라도 충분한 정보를 얻을 수 있으므로, 그 부분까지 여기서 다루지는 않겠다. 그래도 기본을 설명하자면 디버깅할 소스 코드를 수정해서 실행 중지 코드를 넣은 후 그 다음 코드를 실행하고, 특정 시점에서 실행이 중지되면 코드 상태를 분석하기 위해 프롬프트가 제공되는 방식이다.

인벤토리 코드 디버깅

인벤토리 코드는 인벤토리 소스를 찾아 읽고 실행해 인벤토리 데이터를 앤서블이 인식할 수 있도록 오브젝트로 변형하고, 인벤토리에서 변수 데이터를 로딩한다. 앤서블이 인벤토리를 어떻게 다루는지를 디버깅하기 위해서는 inventory/__init__.py 또는 inventory/ 하위 디렉터리의 다른 파일에 실행 중지 코드를 추가해야만 한다. inventory 디렉터리는 앤서블이 설치된 호스트의 파일시스템에 위치하는데, 리눅스 시스템에서는 보통 /usr/ lib/python2.7/site-packages/ansible/inventory/다. 그리고 파이썬의 가상 환경으로 설치됐다면 파이썬 가상 환경 경로 내부에 있을 것이다. 앤서블이 어디에 설치됐는지를 알 아내기 위해서는 간단히 which ansible 명령을 입력하면 하면 된다. 이 명령어는 ansible 명령어가 설치된 디렉터리를 보여주고 파이썬 가상 환경을 알려줄 것이다. 이 책에서 앤서 블은 /Users/jkeating/.virtualenvs/ansible/ 디렉터리에 파이썬 가상 경로로 설치됐다.

앤서블 파이썬 코드의 경로를 알아내기 위해서는 python -c "import ansible; print (ansible)" 명령어를 넣으면 된다. 이 책에서 해당 명령어를 입력하면, <module 'ansible' from '/Users/jkeating/.virtualenvs/ansible/lib/python2.7/site-packages/ansible/ __init__.pyc'> 결과를 보여주며, 이를 통해 inventory 디렉터리는 /Users/jkeating/. virtualenvs/ansible/lib/python2.7/site-packages/ansible/inven tory/에 위치한다 는 것을 추정할 수 있다.

inventory/__init__.py 파일을 보면, Inventory 클래스를 위한 클래스 정의를 보게 된다. 이 클래스가 플레이북이 실행될 때 사용되는 인벤토리 오브젝트이며, ansible-playbook이 인벤토리 소스를 파싱할 때 생성된다. __init__ 메소드는 Inventory의 호스 트를 검색하고, 파싱하며, 변수를 로딩하는 모든 행위를 담고 있다. 그래서 이 세 가지 영역에서 문제가 있다고 생각되면 __init__() 메소드에 실행 중지 코드를 삽입해야 한다. 중지 코드를 넣기 가장 좋은 지점은 모든 변수가 초기값을 갖고 데이터가 처리되기 직전이다. 앤서블 2.2.0.0 버전에선 inventory/__init__.py 파일의 98번째 줄이며, 이 부분에서 parse_inventory 함수가 호출된다.

parse_inventory 함수 선언 부분으로 넘어가서, 107번째 줄에 실행 중지 코드를 추가하는데, 그에 앞서 pdb 모듈을 import하고 set_trace() 함수를 호출해야 한다.

```
# clear the cache here, which is only useful if more than
# one Inventory objects are created when using the API directly
self.clear_pattern_cache()
self.clear_group_dict_cache()

self.parse_inventory(host_list)

def serialize(self):
    data = dict()
    return data

def deserialize(self, data):
    pass

def parse_inventory(self, host_list):

    import pdb; pdb.set_trace()
    if isinstance(host_list, string_types):
        if "," in host_list:
            host_list = host_list.split(",")
        host_list = [ h for h in host_list if h and h.strip() ]
                                                        109,9        10%
```

디버깅을 시작하기 위해서는 소스 파일을 저장하고, 일반적인 실행방식으로 ansible-
playbook 실행한다. 실행 중지 코드에 이르면 실행은 멈추게 되고 pdb 프롬프트가 나타
난다.

```
2. ansible-playbook -i mastery-hosts objmethod.yaml -vv (python)
~/src/mastery> ansible-playbook -i mastery-hosts objmethod.yaml -vv
> /Users/jkeating/.virtualenvs/ansible/lib/python2.7/site-packages/ansible/inven
tory/__init__.py(71)__init__()
-> if isinstance(host_list, basestring):
(Pdb) 
```

이 부분에서 help를 포함한 여러 가지 디버그 명령어를 입력할 수 있다.

```
●  ●  ●        2. ansible-playbook -i mastery-hosts objmethod.yaml -vv (python)
> /Users/jkeating/.virtualenvs/ansible/lib/python2.7/site-packages/ansible/inven
tory/__init__.py(71)__init__()
-> if isinstance(host_list, basestring):
(Pdb) help

Documented commands (type help <topic>):
========================================
EOF    bt         cont       enable  jump  pp       run      unt
a      c          continue   exit    l     q        s        until
alias  cl         d          h       list  quit     step     up
args   clear      debug      help    n     r        tbreak   w
b      commands   disable    ignore  next  restart  u        whatis
break  condition  down       j       p     return   unalias  where

Miscellaneous help topics:
==========================
exec  pdb

Undocumented commands:
======================
retval  rv

(Pdb)
```

Where과 list 명령어를 사용하면 명령의 어느 단계에 있으며, 이 부분이 소스 코드에서의 위치를 결정하는데 도움이 될 수 있다.

```
●  ●  ●        3. ansible-playbook -i mastery-hosts objmethod.yaml -vv (python)

(Pdb) where
  /Users/jkeating/.virtualenvs/ansible/bin/ansible-playbook(103)<module>()
-> exit_code = cli.run()
  /Users/jkeating/.virtualenvs/ansible/lib/python2.7/site-packages/ansible/cli/p
laybook.py(132)run()
-> inventory = Inventory(loader=loader, variable_manager=variable_manager, host_
list=self.options.inventory)
  /Users/jkeating/.virtualenvs/ansible/lib/python2.7/site-packages/ansible/inven
tory/__init__.py(97)__init__()
-> self.parse_inventory(host_list)
> /Users/jkeating/.virtualenvs/ansible/lib/python2.7/site-packages/ansible/inven
tory/__init__.py(109)parse_inventory()
-> if isinstance(host_list, string_types):
(Pdb) list
104                  pass
105
106          def parse_inventory(self, host_list):
107
108              import pdb; pdb.set_trace()
109    ->        if isinstance(host_list, string_types):
110                  if "," in host_list:
111                      host_list = host_list.split(",")
112                      host_list = [ h for h in host_list if h and h.strip() ]
113
114              self.parser = None
(Pdb) _
```

where 명령어는 현재 실행되는 위치가 inventory/__init__.py 파일의 parse_inventory( ) 메소드임을 알려준다. 다음 단계는 같은 파일에서 __init__( ) 함수가 호출됐다. 그 전에는 playbook.py라는 다른 파일이 실행됐고, 이때 실행된 함수는 run( )이다. 이 함수는 ansible.inventory를 호출해서 inventory 오브젝트를 생성한다. 그 이전에는 ansible-playbook으로 cli.run( ) 함수를 호출한다.

list 명령어는 현재 실행되는 시점의 소스 코드를 보여주는데, 다섯 줄 앞과 다섯 줄 뒤의 코드를 같이 보여준다.

256

여기에서부터 pdb 명령을 통해 줄 단위로 다음 상태를 따라갈 수 있다. step 명령으로 다른 함수 호출을 추적할 수도 있고, 또한 변수값을 확인하기 위해 변수를 화면에 표시할 수도 있다.

```
●●●           3. ansible-playbook -i mastery-hosts objmethod.yaml -vv (python)
108              import pdb; pdb.set_trace()
109   ->         if isinstance(host_list, string_types):
110                  if "," in host_list:
111                      host_list = host_list.split(",")
112                      host_list = [ h for h in host_list if h and h.strip() ]
113
114              self.parser = None
(Pdb) p host_list
u'mastery-hosts'
(Pdb)
```

그림에서 보는 바와 같이 host_list 변수는 mastery-hosts 값을 갖고 있는데, 이 문자열은 인벤토리 데이터로 ansible-playbook에 전달한 값이다. 또한 pdb 명령을 통해 다음 단계로 넘어가거나, continue 명령으로 다음 중지 시점까지 진행하거나, 또는 코드가 끝날 때까지 실행시킬 수 있다.

플레이북 코드 디버깅

플레이북 코드는 플레이북을 로딩하고, 파싱하고 실행하는데 사용된다. 플레이북을 다루는 주요 코드는 PlayBook 클래스가 있는 playbook/__init__.py에 있다. 그리고 플레이북 코드를 디버깅할 때 보아야할 좋은 시작 시점은 76줄부터다.

```
3. fg (vim)

self._file_name = file_name

# dynamically load any plugins from the playbook directory
for name, obj in get_all_plugin_loaders():
    if obj.subdir:
        plugin_path = os.path.join(self._basedir, obj.subdir)
        if os.path.isdir(plugin_path):
            obj.add_directory(plugin_path)

import pdb; pdb.set_trace()
ds = self._loader.load_from_file(os.path.basename(file_name))
if not isinstance(ds, list):
    # restore the basedir in case this error is caught and handled
                                                     76,9          68%
```

실행 중지 코드를 이 부분에 놓게 되면 실행되는 플레이북 파일과 파싱되는 부분을 추적할 수 있다. 특히 self._loader.load_from_file() 함수 호출을 따라가면서 파싱이 실행되는 과정을 따라갈 수 있다.

PlayBook 클래스의 load() 함수는 최초 파싱을 시작하고, 다른 디렉터리에 있는 다른 클래스는 플레이와 작업을 실행하기 위해 사용된다. 특별히 관심 있게 봐야 할 디렉터리는 ansible/executor/ 디렉터리다. 이 디렉터리에는 플레이북, 플레이, 작업을 실행하는 클래스 파일이 위치해 있다. ansible/executor/playbook_executor.py 파일에 정의된 PlaybookExecutor 클래스의 run() 함수는 플레이북의 모든 플레이를 반복해서 실행하고, 차례로 각 작업을 실행시킨다. 따라서 플레이 파싱, 플레이, 작업 콜백, 태그, 플레이 호스트 선택, 순차적 작업 실행serial operation, 핸들러 수행, 또는 이 사이에 관계된 문제가 발생하면 run() 함수를 살펴봐야 한다.

실행 코드 디버깅

앤서블에서 실행 코드Executor code는 인벤토리 데이터와 플레이북, 플레이, 작업 그리고 연결 도구connection method를 묶어주는 연결 코드다. 이런 코드는 각각 디버그될 수 있고, 실행 코드를 분석해서 어떻게 서로 상호작용하는지를 알 수 있다.

258

실행 클래스는 executor/ 디렉터리의 다양한 파일에서 선언돼 있다. 그 중의 하나가 PlaybookExecutor 클래스다. 이 클래스는 주어진 플레이북에서 실행되는 모든 플레이와 작업을 다룬다. 클래스를 생성하는 함수인 __init__()는 일련의 placeholder 속성을 생성하고 몇 가지 기본값을 설정한다. 하지만 대부분의 주요작업은 run() 함수에서 수행된다.

디버깅을 하다 보면 하나의 파일에서 다른 파일로 옮겨 다니면서 코드를 살펴봐야할 때가 종종 있다. 예를 들어 PlaybookExecutor 클래스의 __init__() 함수에는 기본 ssh 설정이 control persist를 지원하는지 여부를 저장하는 코드가 있다. ControlPersist는 ssh의 기능으로 일정 시간 동안 원격 호스트와의 소켓 연결을 유지해 연결을 빠르게 재사용할 수 있게 한다. 그럼 여기에 실행 중지 코드를 넣고, 코드를 따라가 보겠다.

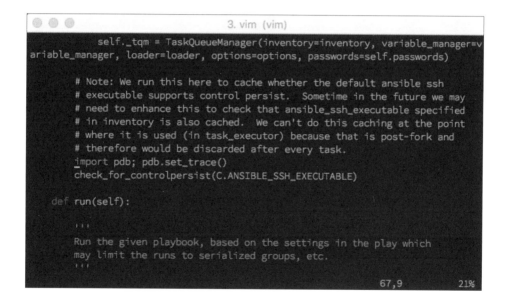

이제 objmethod.yaml 플레이북을 다시 실행해 디버깅 모드로 들어가 보겠다.

```
● ● ●       3. ansible-playbook -i mastery-hosts objmethod.yaml -vv (python)

~/src/mastery> ansible-playbook -i mastery-hosts objmethod.yaml -vv
No config file found; using defaults
> /Users/jkeating/.virtualenvs/ansible/lib/python2.7/site-packages/ansible/execu
tor/playbook_executor.py(68)__init__()
-> check_for_controlpersist(C.ANSIBLE_SSH_EXECUTABLE)
(Pdb) _
```

실행 순서를 따라가기 위해서는 함수 내부를 살펴봐야 한다. 함수 내부를 보기 위해 다른 파일을 알아보겠다.

```
● ● ●       3. ansible-playbook -i mastery-hosts objmethod.yaml -vv (python)

-> check_for_controlpersist(C.ANSIBLE_SSH_EXECUTABLE)
(Pdb) step
--Call--
> /Users/jkeating/.virtualenvs/ansible/lib/python2.7/site-packages/ansible/utils
/ssh_functions.py(29)check_for_controlpersist()
-> def check_for_controlpersist(ssh_executable):
(Pdb) _
```

여기에서는 list를 사용해서 새로운 파일의 코드를 보겠다.

```
● ● ●       3. ansible-playbook -i mastery-hosts objmethod.yaml -vv (python)

(Pdb) list
 24
 25
 26      _HAS_CONTROLPERSIST = {}
 27
 28
 29  -> def check_for_controlpersist(ssh_executable):
 30          try:
 31              # If we've already checked this executable
 32              return _HAS_CONTROLPERSIST[ssh_executable]
 33          except KeyError:
 34              pass
(Pdb) _
```

몇 줄을 따라 내려가면 ssh 명령을 실행하고 ControlPersist가 지원되는지 결정하는, 결과값을 확인하는 코드 블록을 보게 된다.

```
(Pdb) l
 32              return _HAS_CONTROLPERSIST[ssh_executable]
 33          except KeyError:
 34              pass
 35
 36          has_cp = True
 37  ->      try:
 38              cmd = subprocess.Popen([ssh_executable,'-o','ControlPersist'], s
tdout=subprocess.PIPE, stderr=subprocess.PIPE)
 39              (out, err) = cmd.communicate()
 40              if b"Bad configuration option" in err or b"Usage:" in err:
 41                  has_cp = False
 42          except OSError:
(Pdb)
```

그럼 다음 두 줄을 살펴보고 err 변수의 값이 무엇인지 화면에 출력해보겠다. 출력 화면은
ssh 실행의 결과와 앤서블이 검색하는 모든 문자열을 보여줄 것이다.

```
 37  ->      try:
 38              cmd = subprocess.Popen([ssh_executable,'-o','ControlPersist'], s
tdout=subprocess.PIPE, stderr=subprocess.PIPE)
 39              (out, err) = cmd.communicate()
 40              if b"Bad configuration option" in err or b"Usage:" in err:
 41                  has_cp = False
 42          except OSError:
(Pdb) n
> /Users/jkeating/.virtualenvs/ansible/lib/python2.7/site-packages/ansible/utils
/ssh_functions.py(38)check_for_controlpersist()
-> cmd = subprocess.Popen([ssh_executable,'-o','ControlPersist'], stdout=subproc
ess.PIPE, stderr=subprocess.PIPE)
(Pdb) n
> /Users/jkeating/.virtualenvs/ansible/lib/python2.7/site-packages/ansible/utils
/ssh_functions.py(39)check_for_controlpersist()
-> (out, err) = cmd.communicate()
(Pdb) n
> /Users/jkeating/.virtualenvs/ansible/lib/python2.7/site-packages/ansible/utils
/ssh_functions.py(40)check_for_controlpersist()
-> if b"Bad configuration option" in err or b"Usage:" in err:
(Pdb) p err
'command-line line 0: Missing ControlPersist argument.\r\n'
(Pdb)
```

그림에서 보듯이 검색 문자열이 err 변수 안에 없다. 그래서 has_cp 변수값은 기본값인 True로 남아있게 된다.

 포크와 디버깅에 대해 알아둬야 할 것: 앤서블이 다수의 호스트에서 작업을 처리하기 위해 멀티프로세싱(multiprocessing)을 사용하면, 디버깅은 훨씬 어렵게 된다. 디버거는 하나의 포크에만 연결되고, 다른 프로세스는 보지 못하기 때문에 코드를 디버깅하기 어려운 것이다. 그래서 특별히 멀티프로세싱 코드를 디버깅할 필요가 없다면 하나의 포크만 분석하는 것이 최선이다.

원격 코드 디버깅

원격 코드는 앤서블이 작업을 수행하기 위해 원격 호스트로 전달하는 코드다. 원격 코드는 보통 모듈 코드거나 action_plugins의 경우에는 다른 코드의 일부가 된다. 이 코드는 지금까지 디버깅을 위해 사용했던 도구로는 분석할 수 없다. 앤서블은 단순히 이 코드를 전달하고 실행만 하기 때문이다. 따라서 원격 코드의 실행에 연결할 수 있는 터미널도 없으며, 모듈 코드 자체를 수정하지 않고 디버깅 프롬프트를 실행시킬 방법도 없다.

모듈 코드를 디버깅하기 위해서 실행 중지 코드를 모듈 코드에 직접 수정해서 삽입해야 한다. 설치된 모듈 파일을 직접 수정하는 대신에, 플레이북에 관련된 library/ 디렉터리에 파일을 복사한다. 복사한 모듈 코드는 설치된 파일 대신에 사용돼 다른 모듈 사용자를 방해하지 않고 쉽게 모듈을 임시로 편집할 수 있게 만들 수 있다.

앤서블의 다른 코드와는 달리, 모듈 코드는 pdb로 직접 디버그할 수가 없다. 왜냐하면 모듈 코드는 바이너리로 변환돼 바로 원격 호스트로 전송되기 때문이다. 고맙게도 -rpdb로 부르는 Remote Python Debugger라는 디버그 도구가 있다. rpdb는 주어진 포트를 통해서 원격 파이썬 프로세스와 연결할 수 있는 서비스를 제공한다. 원격 프로세스와 연결함으로써 다른 앤서블 코드를 분석할 때처럼 줄 단위로 코드를 디버깅할 수 있게 된다.

rpdb가 작동하는 방법을 살펴보기 위해 먼저 원격 서버가 필요하다. 예제에서는 debug. example.com이라는 원격 호스트를 사용할 것이며, 미리 설정된 IP 주소를 사용할 것이다. 다음에는 디버깅할 모듈을 실행하는 플레이북을 만들어보겠다.

```
---
- name: remote code debug
  hosts: debug.example.com
  gather_facts: false

  tasks:
    - name: a remote module execution
      systemd:
        name: dnsmasq
        state: stopped
        enabled: no
```

이 플레이는 간단히 systemd 모듈을 호출하며, 이 모듈은 dnsmasq 서비스를 중지시키고, 부팅할 때, 서비스가 시작되지 않도록 작동한다. 위에서 언급한 바와 같이, service 모듈을 library/ 디렉터리로 복사해야 한다. 복사할 서비스 모듈의 위치는 앤서블이 설치되는 방식에 따라 달라지지만, 보통 이 모듈은 앤서블 파이썬 코드가 위치하는 modules/core/system/의 하위 디렉터리에 존재할 것이다. 예를 들면 저자의 시스템에서 해당 파일의 위치는 /Users/jkeating/.virtualenvs/ansible/lib/python2.7/site-packages/ansible/modules/core/system/systemd.py이다. 그러면 이 파일을 수정하고 실행 중지 코드를 삽입해보겠다.

```
                enabled = dict(type='bool'),
                masked = dict(type='bool'),
                daemon_reload= dict(type='bool', default=False, aliases=['daemon
-reload']),
                user= dict(type='bool', default=False),
            ),
            supports_check_mode=True,
            required_one_of=[['state', 'enabled', 'masked', 'daemon_reload']],
        )

    # initialize
    import rpdb; rpdb.set_trace(addr="0.0.0.0")
    systemctl = module.get_bin_path('systemctl')
    if module.params['user']:
        systemctl = systemctl + " --user"
    unit = module.params['name']
    rc = 0
    out = err = ''
    result = {
                                                           248,5              64%
```

여기서는 실행 중지 코드를 systemctl 변수값이 생성되는 바로 직전인 248번째 줄 근처에 삽입하겠다. 먼저 rpdb 모듈이 import돼야 한다. 즉 원격 호스트에 rpdb 파이썬 라이브러리가 설치돼 있어야 한다. 이후 set_trace() 함수로 실행 중지 코드가 생성된다. 보통의 디버거와 달리 이 함수는 외부 연결을 위해 포트를 오픈한다. 기본으로는 127.0.0.1 주소에 4444 포트다. 하지만 이 주소는 네트워크에서 외부 연결을 허용하지 않으므로, 모든 호스트에서 접속할 수 있도록 0.0.0.0 주소로 오픈하겠다. 이제 플레이북을 실행하고 외부 연결을 받을 수 있게 해보자.

```
~/src/mastery> ansible-playbook -i mastery-debug rpdb.yml -vv
No config file found; using defaults

PLAYBOOK: rpdb.yml ***************************************************************
1 plays in rpdb.yml

PLAY [remote code debug] ********************************************************

TASK [a remote module execution] ***********************************************
task path: /Users/jkeating/src/mastery/rpdb.yml:7
```

서버가 실행되고 다른 터미널로 서버를 연결할 수 있게 됐다. telnet 프로그램을 사용하면 해당 프로세스에 접근할 수 있다.

```
2. telnet 169.44.129.174 4444 (telnet)
~/src/mastery> telnet 169.44.129.174 4444
Trying 169.44.129.174...
Connected to ae.81.2ca9.ip4.static.sl-reverse.com.
Escape character is '^]'.
> /tmp/ansible_Sriym_/ansible_module_systemd.py(249)main()
-> systemctl = module.get_bin_path('systemctl')
(Pdb)
```

이 부분부터 보통 때와 같이 디버깅을 할 수 있다. 기존에 사용했던 명령어를 그대로 사용할 수 있어서 list 같은 명령어로 현재 상태에서 어떤 소스 코드가 사용되는지 확인할 수 있다.

```
2. telnet 169.44.129.174 4444 (telnet)
(Pdb) list
244                 required_one_of=[['state', 'enabled', 'masked', 'daemon_relo
ad']],
245          )
246
247          # initialize
248          import rpdb; rpdb.set_trace(addr="0.0.0.0")
249  ->     systemctl = module.get_bin_path('systemctl')
250          if module.params['user']:
251              systemctl = systemctl + " --user"
252          unit = module.params['name']
253          rc = 0
254          out = err = ''
(Pdb)
```

디버거를 사용해서 systemd 모듈을 따라가면 하위 도구를 선택해 가는 방법을 추적할 수 있고, 호스트에서 어떤 명령어가 실행되는지 확인할 수 있으며, 변경 상태를 결정하는 방법 등을 알 수 있다. 모듈이 참고하는 외부 라이브러리를 포함해 전체 파일을 분석할 수 있으며, 원격 호스트에 있는 다른 비모듈 코드non-module code도 디버깅할 수 있다.

만약 디버깅 세션이 성공적으로 끝나면 플레이북 실행은 평상시대로 되돌아올 것이다. 하지만 모듈이 끝나기 전에 디버깅 세션 연결이 끊어지면 플레이북은 에러를 내보낼 것이다.

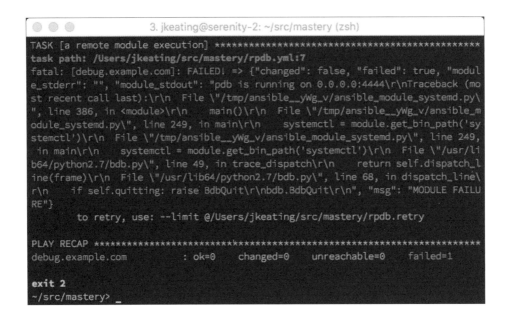

부작용이 있을 수 있으므로 디버거를 일찍 종료하는 방법은 추천하지 않는다. 대신에 디버깅이 완료되면 continue 명령어를 사용하는 것이 좋다.

액션 플러그인 디버깅

몇 가지 모듈은 실제로는 액션 플러그인^{action plugins}이며, 이 모듈은 원격 호스트로 코드를 전송하기 전에 코드 일부를 로컬에서 실행한다. 이 같은 액션 플러그인으로는 copy, fetch, script 그리고 template 모듈 등이 있다. 이 플러그인의 소스는 plugins/action/ 디렉터리에 존재한다. 이 디렉터리에 플러그인마다 별도의 파일로 있으며, 이 파일을 수정해 실행 중지 코드를 삽입함으로써 원격으로 코드를 보내기 전에, 로컬에서 실행되는 코드를 디버그할 수 있다. 대부분의 코드가 로컬에서 실행되기 때문에 액션 플러그인의 디버깅은 pdb로 가능하다.

▌ 요약

앤서블은 소프트웨어이며, 소프트웨어는 문제가 발생한다. 그러므로 "문제가 과연 발생할까?"가 아니라 "언제 발생하는가?"를 고민해야 한다. 잘못된 입력값, 부적절한 가정, 예상치 못한 환경, 이 모든 것이 상황을 안 좋게 만들고, 작업과 플레이가 예상대로 작동하지 않게 된다. 이런 때 코드 분석과 디버깅을 통해 문제를 발생시키는 근본 원인을 찾아내어 이슈를 해결하는 것이 문제 해결의 기술이 된다.

8장에서는 모듈과 플러그인, 그리고 인벤토리 소스를 직접 만들어봄으로써 앤서블의 기능을 더 확장시키는 방법을 배워보겠다.

08

앤서블 기능 확장

앤서블은 IT가 필요로 하는 모든 기능을 제공하고자 한다. 이 글을 쓰는 시점에 앤서블에는 800개 이상의 모듈이 있었다. 게다가 수많은 콜백 플러그인, 룩업^{lookup} 플러그인, 필터^{filter} 플러그인, 그리고 동적 인벤토리 플러그인이 존재한다. 이렇게 많은 기능에도 불구하고 새로운 기능은 늘 필요한 법이다.

8장에서는 앤서블에 새로운 기능을 제공하는 다음과 같은 방법을 살펴보겠다.

- 모듈 개발 방법
- 플러그인 개발 방법
- 동적 인벤토리 플러그인 개발 방법
- 앤서블 프로젝트에 기여하는 방법

▌ 모듈 개발 방법

모듈은 앤서블의 동력이다. 모듈은 매우 추상화돼 있어서 플레이북을 간결하고 명료하게 작성하도록 만들어 준다. 100개 이상의 모듈을 유지보수하는 앤서블 코어 개발팀은 클라우드, 명령어, 데이터베이스, 파일, 네트워크 패키징, 소스 관리source control, 시스템, 유틸리티, 웹 인프라 환경 등과 같은 기능을 제공하는 모듈을 관리한다. 추가로 커뮤니티 기여자contributor들은 동일한 카테고리의 약 700개 이상의 모듈을 개발하고 관리해 앤서블의 기능을 더욱 확대시킨다. 진짜 마법은 모듈 코드 안에서 발생하는데, 모듈 코드는 전달된 아규먼트를 받아 원하는 결과를 얻기 위해 작동한다.

앤서블 모듈[1]은 코드 형태로 원격 서버에 전달돼 실행된다. 모듈은 원격 호스트가 실행할 수 있는 어떤 프로그래밍 언어로든 작성될 수 있다. 하지만 파이썬을 이용하면 좀 더 쉽게 모듈을 작성할 수 있다.

모듈의 기본 구성

모듈을 만드는 이유는 호스트에서 수행되길 원하는 작업을 구현하기 위해서다. 모듈은 대체로 항상은 아니지만, 입력을 요구하고 몇 가지 종류의 결과를 반환한다. 모듈은 또한 멱등성idempotent를 최대한 지원해 모듈을 반복해서 실행하더라도 시스템에 나쁜 영향을 끼치지 않게 한다. 앤서블에서 입력input은 일정한 형식의 명령어 아규먼트이고, 결과output은 JSON 형태로 표준 출력된다.

입력은 일반적으로 공백으로 구분되는 키 값 형식으로 이뤄진다. 그래서 모듈은 입력값을 사용 가능한 데이터로 변환한다. 파이썬을 사용하면 이 작업을 수행하는 편리한 함수

---

1 앤서블 모듈은 유지보수의 주체에 따라 크게 핵심 모듈(core), 관리 모듈(Curated), 커뮤니티(Community) 모듈 세 가지로 분류된다. 핵심 모듈은 앤서블 핵심 개발자가 직접 개발, 관리하는 모듈이며, 관리 모듈은 해당 모듈의 제공 기업 또는 핵심 모듈 이전에 앤서블 개발자에 의해 관리되는 모듈을 의미한다. 마지막으로 커뮤니티 모듈은 일반 개발자가 자신이 만든 모듈을 다른 사람과 공유하기 위해 만든 모듈이다. 더 자세한 사항은 앤서블 모듈 지원 문서에서 확인할 수 있다(http://docs.ansible.com/ansible/modules_support.html).

를 이용할 수 있지만, 다른 언어를 사용하려면 입력값을 처리하는 작업을 직접 모듈 코드로 만들어야 한다.

결과는 JSON 형식이다. 일반적인 모듈 개발 관습에 따라, JSON 결과값은 적어도 하나의 키를 가져야 하는데 그 키는 changed다. changed는 불린 형태로 모듈이 실행돼 시스템을 변경시켰는지 아닌지를 알려준다. 다른 데이터도 추가로 반환될 수 있어서, 무엇이 변경됐는지를 명확히 알려줄 수도 있고, 또는 플레이북이 나중에 사용하도록 중요한 정보를 알려줄 수도 있다. 이와 더불어 호스트 팩트도 모듈 실행 결과에 따라 JSON 형식의 호스트 변수로 반환될 수 있다. 이 부분은 향후에 좀 더 자세히 알아보겠다.

사용자 수정 모듈

앤서블은 외부에 있는 사용자 수정 모듈custom module을 쉽게 사용할 수 있도록 한다. 1장에서 언급한 바와 같이 앤서블은 요청된 모듈을 찾기 위해 다양한 위치를 검색한다. 그 중 맨 처음 검색하는 위치는 최상위 플레이북 파일이 상주하는 경로의 library/ 하위 디렉터리다. 이곳에 새로 만든 모듈을 놓고, 예제 플레이북에서 이를 사용하도록 만들 것이다.

또한 롤이 추가 기능을 제공하도록 모듈이 롤 안에 포함될 수도 있다. 이 모듈은 오직 해당 롤 안에서만 작동하고, 다른 롤이나 작업에서 해당 모듈을 사용하기 위해서는 해당 모듈을 포함하는 롤이 실행된 이 후에야 가능하다. 사용자 모듈을 롤에 포함시키기 위해서는 롤의 최상위 디렉터리에 library/ 하위 디렉터리를 만들어 이 디렉터리에 모듈을 놓으면 된다.

예제 모듈

파이썬으로 모듈을 생성하는 것이 쉽다는 사실을 보여주기 위해, 간단한 모듈을 만들어보겠다. 이 모듈은 원격에서 소스 파일을 목적지 파일로 복사하는 기능을 제공하도록 만들 것이다. 모듈을 만들기 위해서는 먼저 모듈 파일을 생성해야 한다. 그리고 새로운 모듈에 쉽게 접근하기 위해 작업 디렉터리에 library/라는 하위 디렉터리를 만들고, 이곳에 파일을 생성할 것이다. 모듈의 이름은 remote_copy.py 이며, 모듈이 파이썬으로 실행된다는 것을 알려주는 기호(#!)를 삽입해야 한다.

```
#!/usr/bin/python
#
```

파이썬 기반 모듈에서는 실행 명령어를 알려주기 위해 관습적으로 /usr/bin/python을 붙인다. 따라서 원격에서 모듈이 실행될 때, 원격 호스트의 /usr/bin/ 하위 디렉터리에 파이썬 인터프리터interpreter가 없으면 에러가 발생할 수 있음을 유념해야 한다. 다음으로 모듈에서 향후에 사용할 shutil 파이썬 라이브러리를 임포트import할 것이다.

```
import shutil
```

이제 main 함수를 만들 준비가 됐다. main 함수는 모듈이 시작되는 가장 중요한 부분으로, 아규먼트가 정의되고 실행이 시작되는 곳이다. 파이썬으로 모듈을 작성하면, 많은 상용구 코드를 생략하고 아규먼트 정의로 바로 가서 main 함수에서 몇 가지 단축키를 사용할 수 있다. 이를 위해 여기서는 AnsibleModule 오브젝트를 만들고, 아규먼트를 위해 argument_spec 딕셔너리를 전달할 것이다.

```
def main():
    module = AnsibleModule(
        argument_spec = dict(
            source=dict(required=True, type='str'),
            dest=dict(required=True, type='str')
        )
    )
```

이 모듈은 두 개의 아규먼트를 받는다. 첫 번째 아규먼트는 source이며, 복사할 원본 파일이다. 두 번째 아규먼트는 dest이며, 목적지 파일이 된다. 두 개의 아규먼트는 모두 반드시 필요한 것으로 표시가 돼 있기 때문에 둘 중 하나의 아규먼트라도 제공되지 않으면 에러가 발생하며, 두 아규먼트 모두 string 형식이다. AnsibleModule 모듈의 위치는 아직 지정되지 않았지만 이후 파일에서 정의될 것이다.

이제 모듈 오브젝트에 호스트에서 실제 작업을 실행할 코드를 생성할 텐데, shutil.copy 함수와 제공된 아규먼트를 이용해서 복사 작업을 하도록 만들 수 있다.

```
shutil.copy(module.params['source'],
            module.params['dest'])
```

shutil.copy 함수는 소스 파일과 목적지를 아규먼트로 받아야 하고, 아규먼트는 module.params를 통해 제공받는다. module.params 딕셔너리는 모듈이 필요로 하는 모든 파라미터를 담게 된다. 복사를 완료하면 앤서블에 작업 결과를 돌려줘야 한다. 이 부분은 AnsibleModule 클래스의 다른 메소드인 exit_json이 수행한다. 이 메소드는 key=value 아규먼트가 필요하고, JSON 형태로 결과를 보여줄 것이다. 또한 코드를 간단히 하기 위해, 복사 작업의 완료 후에는 항상 변경 상태를 돌려주겠다.

```
module.exit_json(changed=True)
```

이 줄의 코드는 함수를 빠져나가게 하고 따라서 모듈에서도 나가게 된다. 함수가 성공적으로 실행이 끝났다고 가정하고 모듈을 빠져나가면서 이에 적합한 성공 코드인 0을 반환할 것이다. 하지만 아직 모듈 코드 작성이 끝난 것이 아니다. 아직 AnsibleModule 위치를 지정하지 않았는데 이 부분에서 약간 마법 같은 일이 일어나 이 코드를 다른 모듈과 연결시키면, 원격 호스트로 전달돼 실행될 수 있는 완벽한 코드로 만들어준다.

```
from ansible.module_utils.basic import *
```

이제 거의 완성됐다. 앞에서 나온 한 줄의 코드로 helper 함수와 기본 모듈 클래스를 모두 포함하는 module_utils를 사용할 수 있게 됐다. 마지막으로 추가해야 할 두 줄의 코드가 있는데, 이 코드는 모듈 파일이 실행될 때 main( ) 함수를 실행하도록 파이썬 인터프리터에 알려주는 역할을 한다.

```
if __name__ == '__main__':
    main( )
```

이제 모듈 작성이 완료돼 플레이북으로 테스트할 수 있다. simple_module.yaml이라는 플레이북을 작성해서 방금 만든 모듈 파일이 저장된 library/ 디렉터리와 동일한 위치에 저장할 것이다. 테스트를 간단하게 만들기 위해 localhost에서 실행시킬 것이며, 소스와 목적지를 위한 /tmp 파일에 두 개의 파일을 아규먼트로 전달하겠다. 또한 소스 파일이 실제로 존재하는지를 검사하는 작업도 플레이북에 추가할 것이다.

```
---
- name: test remote_copy module
  hosts: localhost
  gather_facts: false

  tasks:
    - name: ensure foo
      file:
        path: /tmp/foo
        state: touch

    - name: do a remote copy
      remote_copy:
        source: /tmp/foo
        dest: /tmp/bar
```

이 플레이북을 실행하기 위해 mastery-hosts 인벤토리 파일을 참고할 것이며, remote_

copy 모듈 파일이 정확한 위치에 있다면 모든 작업은 정상적으로 실행되고, 화면에는 다음과 같이 출력될 것이다.

```
2. jkeating@serenity: ~/src/mastery (zsh)
~/src/mastery> ansible-playbook -i mastery-hosts simple_module.yaml -vv

PLAY [test remote_copy module] ********************************************

TASK: [ensure foo] *******************************************************
<localhost> REMOTE_MODULE file state=touch path=/tmp/foo
changed: [localhost] => {"changed": true, "dest": "/tmp/foo", "gid": 0, "group":
 "wheel", "mode": "0644", "owner": "jkeating", "size": 0, "state": "file", "uid"
: 501}

TASK: [do a remote copy] *************************************************
<localhost> REMOTE_MODULE remote_copy source=/tmp/foo dest=/tmp/bar
changed: [localhost] => {"changed": true}

PLAY RECAP **************************************************************
localhost                  : ok=2    changed=2    unreachable=0    failed=0

~/src/mastery> []
```

첫 번째 작업은 /tmp/foo 파일이 존재하는지를 검사하고, 두 번째 작업은 remote_copy 모듈을 사용해 /tmp/foo 파일을 /tmp/bar 파일로 복사한다. 두 작업 모두 성공하면 결과는 매번 changed 상태로 변경된다.

모듈 문서화

모든 모듈은 모듈을 작동시키는 방법을 알려주는 문서를 포함하고 있어야 한다. 이런 모듈 작동 문서는 모듈 자체 안에 기록되는데, 특수 변수인 DOCUMENTATION, EXAMPLES와 RETURN을 활용한다.

DOCUMENTATION 변수는 특수한 문자열 형식으로 모듈 이름, 앤서블에 포함된 버전, 모듈에 대한 짧은 설명, 긴 설명, 모듈 아규먼트 설명, 작성자, 라이선스 정보, 추가 필요 사항 또는 모듈 사용자가 알아야 할 추가 정보를 담고 있다. 그럼 예제 모듈에 DOCUMENTATION 변수를 추가해 보겠다.

```
import shutil

DOCUMENTATION = '''
---
module: remote_copy
version_added: future
short_description: Copy a file on the remote host
description:
  - The remote_copy module copies a file on the remote host from a given
source to a provided destination.
options:
  source:
    description:
      - Path to a file on the source file on the remote host
    required: True
  dest:
    description:
      - Path to the destination on the remote host for the copy
    required: True
author:
  - Jesse Keating
'''
```

문자 형식은 기본적으로 YAML이어서, 해시 구조를 가진 상위 레벨 키로 구성된다(options 키와 동일). 각 옵션은 하위 구성요소를 가지며, 이 하위 구성요소는 옵션을 설명하고, 어디에 옵션이 필요한지를 알려준다. 또 옵션의 별칭alias를 나열하거나 옵션의 선택 항목도 나열하거나 옵션의 기본값을 알려준다. 모듈에 저장된 이 문자 변수를 기반으로, 모듈 작성자는 문서 포맷이 정상적으로 해석되는지 테스트할 수 있는데, 해당 도구의 이름은 ansible-doc이다. ansible-doc 명령에 모듈이 위치하는 디렉터리를 아규먼트로 알려주면 된다. 예를 들어 플레이북과 같은 위치에서 ansible-doc 명령을 실행하면, 명령어는 ansible-doc -M library/remote_copy와 같을 것이며, 결과값은 다음과 같다.

```
2. jkeating@serenity: ~/src/mastery (zsh)
~/src/mastery> ansible-doc -M library/ remote_copy |cat -
> REMOTE_COPY

  The remote_copy module copies a file on the remote host from a given
  source to a provided destination.

Options (= is mandatory):

= dest
        Path to the destination on the remote host for the copy

= source
        Path to a file on the source file on the remote host


~/src/mastery> []
```

예제에서는 실행 결과를 cat으로 전환해 실행 명령이 감춰지지 않게 했다. DOCUMENTATION 문자열은 정상적으로 형식에 맞게 출력됐고, 사용자에게 모듈의 사용법에 관한 중요한 정보를 전달하고 있다.

EXAMPLES 문자열은 하나 또는 두 개 이상의 모듈 예제를 제공하기 위해 사용되고, 플레이북에서 실제로 사용될 수 있는 작업 코드의 일부 형태로 보여준다. 그럼 사용법을 알려주기 위해 예제 작업 코드를 추가하겠다. EXAMPLES 변수는 일반적으로 DOCUMENTATION 변수다음에 정의된다.

```
EXAMPLES = '''
# Example from Ansible Playbooks
- name: backup a config file
  remote_copy:
    source: /etc/herp/derp.conf
    dest: /root/herp-derp.conf.bak
'''
```

이제 ansible-doc 명령을 실행시키면 예제가 결과로 나올 것이며, 다음 스크린샷과 같은 결과를 보게 될 것이다.

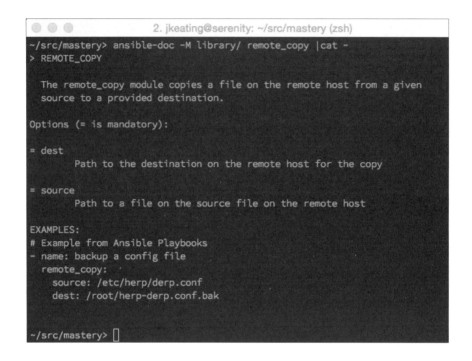

```
2. jkeating@serenity: ~/src/mastery (zsh)
~/src/mastery> ansible-doc -M library/ remote_copy |cat -
> REMOTE_COPY

  The remote_copy module copies a file on the remote host from a given
  source to a provided destination.

Options (= is mandatory):

= dest
        Path to the destination on the remote host for the copy

= source
        Path to a file on the source file on the remote host

EXAMPLES:
# Example from Ansible Playbooks
- name: backup a config file
  remote_copy:
    source: /etc/herp/derp.conf
    dest: /root/herp-derp.conf.bak

~/src/mastery> []
```

마지막 문자 변수인 **RETURN**은 다른 문자 변수와 비교할 때 새로운 기능이다. 이 변수는 모듈 실행이 완료되고 반환되는 결과 데이터$^{return\ data}$를 설명하기 위해 사용된다. 결과 데이터는 후에 사용하기 위해 저장된 변수로 자주 사용되며, 예상되는 결과 데이터가 문서화되면 플레이북을 개발할 때 많은 도움이 된다. 지금 예제 모듈인 remote_copy는 아직 결과 데이터를 반환하지 않는다. 그래서 결과 데이터를 문서화하기 전에 먼저 결과 데이터를 반환하도록 추가해야 한다. 결과 데이터 반환은 module.exit_json 파일에 몇 가지 정보를 추가하면 된다. 그럼 **source**와 **dest** 변수값을 결과 데이터로 반환하도록 수정해보겠다.

```
module.exit_json(changed=True, source=module.params['source'],
                 dest=module.params['dest'])
```

플레이북을 실행하면 다음 화면과 같이 추가 데이터가 반환되는 것을 볼 수 있다.

```
                          2. jkeating@serenity: ~/src/mastery (zsh)
~/src/mastery> ansible-playbook -i mastery-hosts simple_module.yaml -vv

PLAY [test remote_copy module] *******************************************

TASK: [ensure foo] ******************************************************
<localhost> REMOTE_MODULE file state=touch path=/tmp/foo
changed: [localhost] => {"changed": true, "dest": "/tmp/foo", "gid": 0, "group":
 "wheel", "mode": "0644", "owner": "jkeating", "size": 0, "state": "file", "uid"
: 501}

TASK: [do a remote copy] **********************************************
<localhost> REMOTE_MODULE remote_copy source=/tmp/foo dest=/tmp/bar
changed: [localhost] => {"changed": true, "dest": "/tmp/bar", "gid": 0, "group":
 "wheel", "mode": "0644", "owner": "jkeating", "size": 0, "source": "/tmp/foo",
"state": "file", "uid": 501}

PLAY RECAP ***********************************************************
localhost                  : ok=2    changed=2    unreachable=0    failed=0

~/src/mastery> []
```

결과 데이터를 자세히 살펴보면, 모듈에 추가한 것보다 더 많은 데이터가 반환됨을 알 수
있다. 이것은 앤서블이 제공하는 약간의 도움 기능이다. 예제와 같이 dest 변수를 변환하
도록 설정하면, 앤서블은 목적지 파일에 대한 추가 정보를 수집해 보여준다. 추가로 수집
된 데이터는 gid(그룹 ID), group(그룹 이름), mode(권한), uid(사용자 ID), owner(소유자 이름),
size(사이즈) 그리고 state(파일, 링크 또는 디렉터리)다. 이 모든 결과 정보는 RETURN 변수로
문서화할 수 있다. 그리고 RETURN 변수는 EXAMPLES 변수 다음에 정의된다.

```
RETURN = '''
source:
  description: source file used for the copy
  returned: success
  type: string
  sample: "/path/to/file.name"
dest:
```

```
    description: destination of the copy
    returned: success
    type: string
    sample: "/path/to/destination.file"
  gid:
    description: group ID of destination target
    returned: success
    type: int
    sample: 502
group:
    description: group name of destination target
    returned: success
    type: string
    sample: "users"
uid:
    description: owner ID of destination target
    returned: success
    type: int
    sample: 502
owner:
    description: owner name of destination target
    returned: success
    type: string
    sample: "fred"
mode:
    description: permissions of the destination target
    returned: success
    type: int
    sample: 0644
size:
    description: size of destination target
    returned: success
    type: int
    sample: 20
state:
    description: state of destination target
    returned: success
    type: string
```

```
    sample: "file"
  '''
```

각각 반환되는 아이템은 설명과 함께 나열되고, 해당 아이템은 결과 데이터에 포함될 때, 아이템 타입과 변수값의 샘플을 보여준다. RETURN 문자열은 다음 예제에서 보여주는 것처럼, ansible-doc 결과에 그대로 나타난다.

```
                    2. jkeating@serenity: ~/src/mastery (zsh)
~/src/mastery> ansible-doc -M library/ remote_copy |cat -
> REMOTE_COPY

  The remote_copy module copies a file on the remote host from a given
  source to a provided destination.

Options (= is mandatory):

= dest
        Path to the destination on the remote host for the copy

= source
        Path to a file on the source file on the remote host

EXAMPLES:
# Example from Ansible Playbooks
- name: backup a config file
  remote_copy:
    source: /etc/herp/derp.conf
    dest: /root/herp-derp.conf.bak

RETURN VALUES:
source:
  description: source file used for the copy
  returned: success
  type: string
  sample: "/path/to/file.name"
dest:
  description: destination of the copy
  returned: success
  type: string
  sample: "/path/to/destination.file"
```

팩트 데이터 제공 방법

모듈이 끝날 때 반환되는 결과 데이터와 유사하게, 모듈은 호스트를 위한 팩트 정보를 생성할 수 있다. 이 정보는 ansible_facts 키의 값으로 반환된다. 이렇게 팩트 정보를 직접 전달하면 set_fact 작업으로 작업 결과를 전달하지 않더라도 필요한 결과를 재사용할 수 있다. 이 사용법을 살펴보기 위해 예제 모듈을 수정해서 source와 dest 데이터를 팩트 형태로 전달해 보겠다. 이 팩트 정보는 최상위 호스트 변수가 되기 때문에 source와 dest 이름보다는 좀 더 설명이 추가되는 변수명을 사용할 것이다.

```
facts = {'rc_source': module.params['source'],
         'rc_dest': module.params['dest']}

module.exit_json(changed=True, ansible_facts=facts)
```

다음에는 플레이북에 debug문을 사용해서 팩트 정보 중 하나를 보여주는 작업을 추가할 것이다.

```
- name: show a fact
  debug:
    var: rc_dest
```

이제 플레이북을 실행시키면 변수 사용에 더해 새로운 결과 데이터를 보여줄 것이다.

```
2. jkeating@serenity: ~/src/mastery (zsh)
~/src/mastery> ansible-playbook -i mastery-hosts simple_module.yaml -vv

PLAY [test remote_copy module] ********************************************

TASK: [ensure foo] ******************************************************
<localhost> REMOTE_MODULE file state=touch path=/tmp/foo
changed: [localhost] => {"changed": true, "dest": "/tmp/foo", "gid": 0, "group":
 "wheel", "mode": "0644", "owner": "jkeating", "size": 0, "state": "file", "uid"
: 501}

TASK: [do a remote copy] ************************************************
<localhost> REMOTE_MODULE remote_copy source=/tmp/foo dest=/tmp/bar
changed: [localhost] => {"ansible_facts": {"rc_dest": "/tmp/bar", "rc_source": "
/tmp/foo"}, "changed": true}

TASK: [show a fact] ***************************************************
ok: [localhost] => {
    "var": {
        "rc_dest": "/tmp/bar"
    }
}

PLAY RECAP ********************************************************
localhost                  : ok=3    changed=2    unreachable=0    failed=0

~/src/mastery> []
```

새로운 모듈이 팩트 정보를 반환하지 않는다면 결과를 저장하고, set_fact 모듈을 사용해서 팩트 정보를 생성해야 한다. 예제 코드는 다음과 같다.

```
- name: do a remote copy
  remote_copy:
    source: /tmp/foo
    dest: /tmp/bar
  register: mycopy

- name: set facts from mycopy
  set_fact:
    rc_dest: "{{ mycopy.dest }}"
```

체크 모드

버전 1.1 이후 앤서블은 체크 모드^{check mode}를 지원한다. 체크 모드는 실제 시스템을 변경하지 않으면서 변경하듯이 작동하는 것이다. 체크 모드는 변경이 실제로 발생하는지, 또는 시스템 상태가 마지막 앤서블이 작동한 이후 변경이 있었는지 알아내는 데 매우 유용하다. 체크 모드를 사용하기 위해서는 해당 모듈이 체크 모드를 지원해야 하며, 모듈이 실제로 일어난 것처럼 결과 데이터를 반환해야 한다. 예제 모듈인 `remote_copy`가 체크 모드를 지원하기 위해서는 두 가지 변경 사항이 필요하다. 첫 번째는 모듈이 체크 모드를 지원한다고 알려주는 것이며, 두 번째는 체크 모드 상태를 인지하고 실행 전에 결과 데이터를 반환하는 것이다.

체크 모드 지원

모듈이 체크 모드를 지원한다는 점을 알려주기 위해, 모듈 오브젝트를 만들기 전에 아규먼트가 설정돼야 한다. 이것은 모듈 오브젝트에서 `argument_spec` 변수가 정의되기 직전 또는 직후에 설정돼야 한다. 여기서는 변수가 선언된 후에 설정하겠다.

```
module = AnsibleModule(
    argument_spec = dict(
        source=dict(required=True, type='str'),
        dest=dict(required=True, type='str')
    ),
    supports_check_mode=True
)
```

체크 모드 다루는 방법

체크 모드가 활성화됐는지를 감지하는 것은 매우 쉽다. 모듈 오브젝트는 `check_mode` 속성을 갖고 있어서, 체크 모드가 활성화되면 이 속성은 참 값의 불린으로 설정될 것이다. `remote_copy` 모듈에서 실제 복사를 하기 전에 체크 모드인지 아닌지를 감지할 필요가 있다. 그래서 복사를 수행하는 코드를 if문 안쪽으로 옮겨서, 체크 모드가 활성화된 상태면 실제 복사가 수행되지 않도록 변경할 것이다. 결과는 아무런 변경 없이 발생할 수 있다.

```python
if not module.check_mode:
    shutil.copy(module.params['source'],
                module.params['dest'])
```

이제 ansible-playbook을 실행할 때, -C 아규먼트를 추가할 수 있다. 이 아규먼트는 체크 모드를 활성화시킨다. 또한 실제로 파일을 생성하고 복사하지 않고도 플레이북을 테스트할 수 있게 한다. 그럼 다음 스크린샷을 살펴보자.

```
2. jkeating@serenity: ~/src/mastery (zsh)
~/src/mastery> file /tmp/foo /tmp/bar
/tmp/foo: cannot open `/tmp/foo' (No such file or directory)
/tmp/bar: cannot open `/tmp/bar' (No such file or directory)
~/src/mastery> ansible-playbook -i mastery-hosts simple_module.yaml -vv -C

PLAY [test remote_copy module] ********************************************

TASK: [ensure foo] *******************************************************
<localhost> REMOTE_MODULE file state=touch path=/tmp/foo CHECKMODE=True
changed: [localhost] => {"changed": true, "dest": "/tmp/foo", "state": "absent"}

TASK: [do a remote copy] *************************************************
<localhost> REMOTE_MODULE remote_copy source=/tmp/foo dest=/tmp/bar CHECKMODE=Tr
ue
changed: [localhost] => {"ansible_facts": {"rc_dest": "/tmp/bar", "rc_source": "
/tmp/foo"}, "changed": true}

TASK: [show a fact] ******************************************************
ok: [localhost] => {
    "var": {
        "rc_dest": "/tmp/bar"
    }
}

PLAY RECAP ***************************************************************
localhost                  : ok=3    changed=2    unreachable=0    failed=0

~/src/mastery> file /tmp/foo /tmp/bar
/tmp/foo: cannot open `/tmp/foo' (No such file or directory)
/tmp/bar: cannot open `/tmp/bar' (No such file or directory)
~/src/mastery> []
```

비록 모듈 결과값은 파일을 생성하고 복사한 것처럼 보이지만, 실제로는 해당 파일이 실행 전에도 없었고, 실행 후에도 생성되지 않았음을 알 수 있다.

▌ 플러그인 개발 방법

플러그인은 앤서블의 기능을 확장하고 수정하는 또 다른 방법이다. 모듈이 작업으로 실행되는 반면, 플러그인은 다양한 위치에서 사용될 수 있다. 플러그인은 앤서블이 실행될 때 어느 과정에서 영향을 미치는지에 따라 몇 가지 형식으로 분리된다. 앤서블은 실행 영역마다 몇 개씩의 플러그인을 가지며, 실사용자는 특정 영역에서 기능을 확장하기 위해 자신만의 플러그인을 개발할 수 있다.

연결 플러그인

앤서블이 작업을 수행하기 위해 호스트에 연결할 때마다 연결 플러그인이 사용된다. 앤서블은 몇 가지 연결 플러그인을 갖는데 대표적인 것이 ssh, docker, chroot, local 그리고 smart다. 추가 연결 방식은 연결 플러그인을 만들어 원격 시스템을 접속할 때 사용될 수 있다. 이런 플러그인은 네트워크 스위치나 미래에 냉장고에 접속할 필요가 있을 때처럼, 새로운 타입의 시스템을 연결할 때 유용하다. 연결 플러그인을 생성하는 것은 이 책의 범위를 약간 벗어난다. 하지만 시작하는 가장 쉬운 방법은 앤서블과 함께 제공되는 기존 플러그인을 읽고, 필요에 따라 수정할 플러그인을 선택하는 것이다. 기존 플러그인은 파이썬 라이브러리가 시스템에 설치된 곳이면 어디에나 plugins/connection/ 디렉터리에 존재한다. 예를 들면 저자의 경우에는, /Users/jkeating/.virtualenvs/ansible/lib/python2.7/site-packages/ansible/plugins/connection이다.

셸 플러그인

연결 플러그인과 유사하게 앤서블은 셸 환경에서 무언가를 실행할 때는 셸 플러그인을 사용한다. 셸 플러그인은 셸마다 조금씩 다른데, 그 이유는 앤서블이 명령어를 적합하게 수행하고, 결과값을 전환하고, 에러를 발견하거나 다른 방식으로 연동되기 위해서다. 앤서블은 sh, csh, fish와 파워셸powershell 같은 다수의 셸을 지원한다. 또한 새로운 셸 플러그인을 통해 더 많은 셸을 추가할 수 있다.

룩업 플러그인

룩업 플러그인lookup plugin은 호스트 시스템에서 외부의 데이터 소스를 접근하는 방식을 다룬다. 또한 반복 구문(with_*) 같은 프로그래밍 기능도 구현한다. 룩업 플러그인은 기존 데이터 저장소에서 데이터를 가져오기 위해 만들 수도 있고, 또는 새로운 반복 방식을 만들기 위해서도 만들 수 있다. 기존 룩업 플러그인은 plugins/lookup/ 디렉터리에 존재한다. 룩업 플러그인은 데이터에 대해 새로운 반복 방식을 소개하고, 기존 시스템의 리소스를 검색하기 위해 추가될 수 있다.

변수 플러그인

변수 데이터를 추가하는 구문은 변수 플러그인 형태로 작성된다. host_vars와 group_vars 같은 데이터는 플러그인을 통해 구현된다. 그러나 새로운 변수 플러그인을 통해 생성하는 방법도 가능하긴 하지만, 대부분의 경우 사용자 인벤토리 소스나 팩트 모듈을 통해서 변수를 생성하는 것이 더 낫다.

팩트 캐싱 플러그인

앤서블은 1.8 버전에서 플레이북이 실행되는 사이에 팩트 정보를 캐시하는 기능을 추가했다. 팩트 정보가 캐시되는 장소는 캐시 플러그인 설정에 따라 달라진다. 앤서블은 플러그인을 통해 memory(실제로 실행 도중의 캐시는 아니지만), memcached, redis와 jsonfile에 팩트를 캐시할 수 있다. 팩트 캐싱 플러그인을 만들기 위해서는 새로운 캐싱 방식을 추가해야 한다.

필터 플러그인

진자2가 비록 많은 필터를 갖고 있지만, 앤서블은 진자2 기능을 확장하기 위해 추가할 수 있는 필터를 만들어왔다. 앤서블은 앤서블이 작동할 때 유용한 수많은 필터가 있으며, 앤서블 사용자는 더 많은 필터를 추가할 수 있다. 기존 필터 플러그인인 plugins/filter/ 디렉터리에서 찾을 수 있다.

필터 플러그인 개발을 알아보기 위해, 간단한 필터 플러그인을 만들어 기존 문자열에 변형을 더해 보겠다. 이번에 만들 필터는 cloud가 나타날 때마다 somebody else's computer로 문자열을 바꾸는 기능을 한다. 또한 지금의 작업 디렉터리에 filter_plugins/라는 새로운 디렉터리에 파일을 만들어 필터를 정의할 것이다. 파일 이름은 상관없으며, 파일 안의 필터 이름이 중요하다. 그럼 파일 이름을 filter_plugins/sample_filter.py로 부르겠다. 먼저 변환을 수행할 함수를 정의해야 하며, 이후에는 문자열을 해석할 코드를 작성해야 한다.

```
def cloud_truth(a):
    return a.replace("the cloud", "somebody else's computer")
```

다음은 FilterModule 오브젝트를 만들고, 그 안에 새로운 필터를 정의해야 한다. 이 오브젝트는 앤서블이 로드할 것이며, 해당 오브젝트 안에 filters 함수가 정의돼 함수에 필터 이름을 반환할 수 있어야 한다.

```
class FilterModule(object):
    '''Cloud truth filters'''
    def filters(self):
        return {'cloud_truth': cloud_truth}
```

이제 필터를 사용할 수 있게 됐으므로, 이 필터를 위한 플레이북 simple_filter,yaml을 만들어보겠다.

```
---
- name: test cloud_truth filter
  hosts: localhost
  gather_facts: false
  vars:
    statement: "I store my files in the cloud"
  tasks:
    - name: make a statement
      debug:
        msg: "{{ statement | cloud_truth }}"
```

그럼 플레이북을 실행하고 필터 결과를 보겠다.

```
2. jkeating@serenity: ~/src/mastery (zsh)
~/src/mastery> ansible-playbook -i mastery-hosts simple_filter.yaml -vv

PLAY [test cloud_truth filter] *********************************************

TASK: [make a statement] ***************************************************
ok: [localhost] => {
    "msg": "I store my files in somebody else's computer"
}

PLAY RECAP *****************************************************************
localhost                  : ok=1    changed=0    unreachable=0    failed=0

~/src/mastery> []
```

필터가 작동해 cloud 문자열이 somebody else's computer로 변경됐다. 이 필터는 에러를 처리하지 못하는 간단한 예제일 뿐이다. 하지만 이를 통해 앤서블과 진자2의 필터 기능을 확대하는 능력을 확인할 수 있다.

 비록 필터를 정의한 파일 이름은 개발자가 원하는 대로 이름을 붙일 수 있지만, 이후에 다른 개발자가 쉽게 알아볼 수 있게 하기 위해서는 필터 이름에 맞춰 파일 이름을 따라가는 방법이 가장 좋다. 예제에서는 이 방식을 따르지 않았는데, 그 이유는 파일 이름과 필터 이름이 동일할 필요는 없다는 점을 보여주기 위해서다.

콜백 플러그인

콜백 플러그인^{callback plugin}은 앤서블이 실행될 때, 앤서블에 기능을 추가하기 위해 작동된다. 여기에는 예상되는 콜백 포인트가 있어서 해당 포인트에서 사용자 지정 액션을 실행하기 위해 해당 포인트가 저장될 수 있다. 이 글을 쓰는 시점 기준으로 콜백 기능을 실행시키는 포인트 리스트를 다음과 같이 정리했다.

- v2_on_any
- v2_runner_on_failed
- v2_runner_on_ok
- v2_runner_on_skipped
- v2_runner_on_unreachable
- v2_runner_on_no_hosts
- v2_runner_on_async_poll
- v2_runner_on_async_ok
- v2_runner_on_async_failed
- v2_runner_on_file_diff

- v2_playbook_on_start

- v2_playbook_on_notify

- v2_playbook_on_no_hosts_matched

- v2_playbook_on_no_hosts_remaining

- v2_playbook_on_task_start

- v2_playbook_on_cleanup_task_start

- v2_playbook_on_handler_task_start

- v2_playbook_on_vars_prompt

- v2_playbook_on_setup

- v2_playbook_on_import_for_host

- v2_playbook_on_not_import_for_host

- v2_playbook_on_play_start

- v2_playbook_on_stats

- v2_on_file_diff

- v2_playbook_on_include

- v2_runner_item_on_ok

- v2_runner_item_on_failed

- v2_runner_item_on_skipped

- v2_runner_retry

앤서블이 이 리스트의 각 상태에 도달하면, 이 포인트에서 작동하도록 작성된 코드의 플러그인이 실행될 것이다. 이 기능은 기본 코드를 변경하지 않고도 앤서블의 기능을 확대시킬 수 있는 엄청난 능력을 갖고 있다.

콜백은 다양한 방법으로 사용될 수 있다. 화면에 보이는 모습을 바꿀 수도 있고, 플레이북이 실행 중일 때 중앙의 시스템에 상태를 업데이트할 수도 있으며, 전역 락킹 시스템global locking system을 구현하는 등 상상할 수 있는 거의 모든 기능을 만들어낼 수 있다. 콜백 플러그인은 앤서블의 기능을 확장하는데 가장 막강한 기능을 제공한다. 콜백 플러그인을 개발하는 방법을 보여주기 위해 간단한 플러그인을 만들어보겠다. 이 플러그인은 플레이북이 실행될 때 화면에 무언가를 출력하는 기능을 한다.

1. 먼저 콜백을 저장할 새로운 디렉터리를 만들어야 한다. 앤서블이 콜백을 위해 검색하는 기본 디렉터리는 callback_plugins/이다. 이전의 필터 플러그인과는 달리, 콜백 플러그인의 파일 이름에 주의해야 하며, 이 파일은 ansible.cfg 파일에 반영돼야 한다.

2. 예제 플러그인 파일은 callback_plugins/shrug.py로 만들 것이다. 이 파일에 CallbackModule 클래스를 생성할 것이며, 이 클래스는 ansible.plugins.callback.default에 기본 콜백 플러그인으로 정의된 CallbackModule 클래스에서 상속돼 기본 결과값에서 단지 일부분만 변경할 것이다.

3. 이 클래스에는 콜백 버전 2.0임을 알려주는 변수값을 지정할 것이다. 콜백의 형식은 stdout이며, 이름은 shrug라고 정의한다.

4. 또한 이 클래스 안에 한 개 또는 그 이상의 콜백 포인트를 정의해서, 우리가 원하는 때에 작동하도록 지시할 것이다.

5. 이제 플러그인을 삽입할 포인트만 정의하면 된다. 이 경우 v2_on_any 포인트에 지정할 것이기 때문에 모든 콜백 지점에서 플러그인이 실행될 것이다.

```
from ansible.plugins.callback import default
class CallbackModule(default.CallbackModule):
CALLBACK_VERSION = 2.0
CALLBACK_TYPE = 'stdout'
CALLBACK_NAME = 'shrug'
  def v2_on_any(self, *args, **kwargs):
    msg = '\xc2\xaf\\_(\xe3\x83\x84)_/\xc2\xaf'
      self._display.display(msg.decode('utf-8') * 8)
```

6. 이 콜백은 `stdout_callback`처럼 ansible.cfg 파일에 추가돼, shrug 표준 출력 콜백이 사용되도록 선언돼야 한다. ansible.cfg 파일은 /etc/ansible/ 디렉터리나 플레이북과 같은 디렉터리에 위치하면 된다.

```
[defaults]
stdout_callback = shrug
```

7. 이제 콜백을 위해 작성해야 하는 부분은 끝났다. 설정을 저장했으면 sample_filter를 실행시키기 위해 사용했던 기존 플레이북을 재실행할 수 있다. 하지만 결과로 다른 모습의 화면을 보게 될 것이다.

```
                2. jkeating@serenity: ~/src/mastery (zsh)
~/src/mastery> ansible-playbook -i mastery-hosts simple_filter.yaml -vv
¯\_(ツ)_/¯¯\_(ツ)_/¯¯\_(ツ)_/¯¯\_(ツ)_/¯¯\_(ツ)_/¯¯\_(ツ)_/¯¯\_(ツ)_/¯

PLAY [test cloud_truth filter] *********************************************
¯\_(ツ)_/¯¯\_(ツ)_/¯¯\_(ツ)_/¯¯\_(ツ)_/¯¯\_(ツ)_/¯¯\_(ツ)_/¯¯\_(ツ)_/¯

TASK: [make a statement] ***************************************************
¯\_(ツ)_/¯¯\_(ツ)_/¯¯\_(ツ)_/¯¯\_(ツ)_/¯¯\_(ツ)_/¯¯\_(ツ)_/¯¯\_(ツ)_/¯
ok: [localhost] => {
    "msg": "I store my files in somebody else's computer"
}
¯\_(ツ)_/¯¯\_(ツ)_/¯¯\_(ツ)_/¯¯\_(ツ)_/¯¯\_(ツ)_/¯¯\_(ツ)_/¯¯\_(ツ)_/¯

PLAY RECAP ****************************************************************
¯\_(ツ)_/¯¯\_(ツ)_/¯¯\_(ツ)_/¯¯\_(ツ)_/¯¯\_(ツ)_/¯¯\_(ツ)_/¯¯\_(ツ)_/¯
localhost                  : ok=1    changed=0    unreachable=0    failed=0

~/src/mastery> []
```

결과 화면이 우스꽝스럽겠지만, 플레이북이 실행되는 다양한 지점에서 플러그인을 집어넣을 수 있음을 보여주기에는 충분하다. 예제 화면에서는 으쓱거리는 모습이 연달아 나오게 했다. 하지만 실제 환경에서는 실행 결과를 저장해 내부 감사나 제어 시스템과 연동할수도 있고, IRC 또는 슬랙Slack 채널과 연동해 진행 상태를 보고할 수도 있다.

액션 플러그인

액션 플러그인은 실제로 모듈을 실행시키지 않고도 작업에 변경을 더하고 싶을 때 사용된다. 또는 원격 호스트에서 모듈을 실행시키기 전에, 앤서블 호스트에서 코드를 실행시킬 때도 사용할 수 있다. 앤서블에는 많은 액션 플러그인이 포함돼 있으며, plugins/action/ 디렉터리에 저장돼 있다. 그 중에 하나는 template 플러그인으로 템플릿 모듈과 함께 사용된다. 플레이북 작성자가 템플릿 작업을 작성할 때 해당 작업은 실제로 작업을 수행하기 위해 템플릿 플러그인을 호출한다. 그러면 플러그인은 원격 호스트로 내용을 전송하기 전에, 로컬에서 템플릿을 처리한다. 해당 작업은 로컬에서 처리돼야 하기 때문에 해당 작업은 액션 플러그인으로 처리된다. 또 다른 액션 플러그인은 이미 친숙한 debug 플러그인이다. 이 플러그인은 화면에 내용을 출력하기 위해 이미 이 책에서 많이 사용됐다. 동일한 작업에서 원격 작업과 로컬 작업을 모두 수행하려는 경우 사용자 액션 플러그인을 만드는 것이 유용하다.

플러그인 배포

사용자 모듈을 배포할 때와 마찬가지로, 플러그인을 사용할 플레이북에 맞춰 사용자 플러그인을 저장하는 표준 위치가 따로 있다. 플러그인의 기본 위치는 앤서블 코드가 설치된 위치와 ~/.ansible/plugins/의 하위 디렉터리, 최상위 플레이북이 저장된 프로젝트의 하위 디렉터리다. 플러그인은 또한 롤의 동일한 하위 디렉터리 내에 배포될 수도 있다. 플러그인을 다른 디렉터리에서 사용하려면 ansible.cfg 파일에 플러그인 타입에 맞춰 지정하면 된다.

프로젝트 상위에 플러그인을 배포하고자 할 때, 플러그인 형식에 따라 다음과 같은 최상위 디렉터리 경로가 생성돼야 한다.

- action_plugins/
- cache_plugins/

- callback_plugins/

- connection_plugins/

- shell_plugins/

- lookup_plugins/

- vars_plugins/

- filter_plugins/

다른 앤서블 구성 요소와 같이 주어진 이름으로 처음 발견된 플러그인이 사용될 것이다. 그리고 모듈 사용 때처럼, 프로젝트의 상대 경로가 먼저 검색돼 기존 플러그인을 덮어쓰게 된다. 간단히 필터 파일을 적합한 하위 디렉터리에 넣기만 하면, 플레이북에 의해 참고될 때 자동으로 사용되는 것이다.

▎ 동적 인벤토리 개발 방법

인벤토리 플러그인은 앤서블 실행을 위해 인벤토리 데이터를 만드는 코드다. 많은 인프라 환경에서 간단한 ini 파일 형식의 인벤토리 소스와 변수 구조로는 실제 인프라 환경에 적용하는 데 한계가 있다. 그렇기 때문에 동적 인벤토리 소스가 필요하며, 이를 통해 앤서블이 실행될 때마다 인벤토리 정보와 변수 데이터를 자동으로 가져올 수 있다. 앤서블은 이미 다수의 동적 인벤토리 소스를 연결하는 방법을 제공하는데, 대표적인 방법이 클라우드 환경에 구축된 인프라 환경의 동적 정보를 가져오는 것이다. 대략 앤서블이 제공하는 동적 인벤토리 플러그인은 다음과 같다.

- apache-libcloud

- cobbler

- console_io

- digital_ocean

- docker

- ec2

- gce

- libvirt_lxc

- linode

- openshift

- openstack

- rax

- vagrant

- vmware

- windows_azure

인벤토리 플러그인은 기본적으로 실행 가능한 스크립트다. 앤서블은 이 스크립트를 아규먼트(--list나 --host <hostname>)와 함께 호출하고, 표준 출력으로 JSON 형식의 결과물을 받아들인다. --list 아규먼트가 설정됐을 때는, 관리되는 모든 그룹의 목록이 결과물로 나와야 한다. 각 그룹은 호스트 그룹 멤버와 하위 그룹 멤버, 그리고 그룹 변수 데이터를 나열해야 한다. --host <hostname> 아규먼트로 스크립트를 호출했을 때, 호스트 전용 변수 또는 빈 JSON 딕셔너리 결과값이 나와야 한다.

동적 인벤토리 소스를 사용하기는 쉽다. ansible 또는 ansible-playbook 명령이 -i 또는 --inventory-file 옵션으로 소스를 호출할 수도 있고, ansible.cfg에 인벤토리 소스를 지정할 수도 있다. 또는 ansible.cfg 에 지정된 디렉터리 위치 안에 해당 스크립트를 옮겨 놓아서 실행시킬 수도 있다.

인벤토리 플러그인을 생성하기 전에 먼저, --list 또는 --host 옵션이 사용됐을 때 요구되는 형식을 알아야 한다.

호스트 목록

인벤토리 스크립트에 --list 아규먼트가 전달되면, 앤서블은 상위 레벨의 키를 갖고 있는 JSON 형식의 결과값이 나오기를 기대한다. 이 키는 인벤토리에서 그룹의 이름을 의미한다. 각 그룹은 각자의 고유한 키를 가진다. 그룹 키의 구조는 그룹에서 어떤 변수를 보여주는지에 따라 달라진다. 그룹에 호스트와 그룹 레벨의 변수가 없는 경우, 키 내부의 데이터는 단순히 호스트 이름의 목록일 수 있다. 예를 들어 만약 그룹이 변수와 하위 그룹을 갖고 있으면, 데이터는 해시 타입이어야 하며, hosts, vars 그리고 children 같은 키를 가져야 한다. 호스트와 하위 그룹 키children subkey는 리스트 형식의 값을 가져야 하며, 이 리스트에는 그룹에 속한 호스트 목록, 또는 하위 그룹 목록이 있어야 한다. vars 하위 키는 해시 타입의 값을 가져야 하며, 각 변수의 이름과 값은 키와 값으로 표현된다.

호스트 변수 목록

인벤토리 스크립트에 --host <hostname> 아규먼트가 전달되면, 앤서블은 JSON 형식의 결과를 기대하며, 데이터는 해시 타입의 변수 형태로 변수 이름과 값이 키와 값으로 표현돼야 한다. 해당 호스트에 변수가 없다면 빈 해시가 나와야 한다.

간단한 인벤토리 플러그인

인벤토리 플러그인 개발을 알아보기 위해, mastery-hosts 파일에서 사용했던 동일한 호스트 데이터를 출력하는 간단한 예제를 만들어보겠다. 사용자 자산 관리 시스템이나 인프라 환경 제공자와 연동하는 부분은 이 책의 범위를 벗어난다. 따라서 플러그인 자체에만 집중해서 코드를 작성하겠다. 인벤토리 플러그인 파일은 프로젝트 상위에 둘 것이며, 이름은 mastery-inventory.py로 하고 실행 권한을 줄 것이다. 스크립트는 아규먼트와 JSON 포맷 생성을 쉽게 하도록 파이썬으로 작성하겠다.

1. 먼저 이 스크립트가 파이썬으로 실행된다는 점을 알려주는 지시자를 넣어보겠다.

```
#!/usr/bin/env python
#
```

2. 다음에는 플러그인을 작성하는데 필요한 두 개의 파이썬 모듈을 임포트하겠다.

```
import json
import argparse
```

3. 이제 그룹 전체를 담고 있는 파이썬 딕셔너리를 생성하는데, 몇 개의 그룹은 호스트만 담고 있고, 나머지 그룹은 변수와 하위 그룹을 담게 될 것이다. 각 그룹 구성은 다음 코드와 같다.

```
inventory = {}
inventory['web'] = {'hosts': ['mastery.example.name'],
                    'vars': {'http_port': 80,
                             'proxy_timeout': 5}}
inventory['dns'] = {'hosts': ['backend.example.name']}
inventory['database'] = {'hosts': ['backend.example.name'],
                         'vars': {'ansible_ssh_user': 'database'}}
inventory['frontend'] = {'children': ['web']}
inventory['backend'] = {'children': ['dns', 'database'],
                        'vars': {'ansible_ssh_user': 'blotto'}}
inventory['errors'] = {'hosts': ['scsihost']}
inventory['failtest'] = {'hosts': ["failer%02d" % n for n in
                                   range(1,11)]}
```

4. failer[01:10]으로 표현됐던 failtest 그룹을 다시 생성하기 위해, 파이썬 리스트 컴프리헨션^{list comprehension}을 사용해서 원래 인벤토리 파일에서 사용했던 형식과 동일하게 만들어냈다. 다른 모든 그룹은 코드에서 직관적으로 알 수 있다.

5. 원본 인벤토리는 또한 all 그룹 변수를 갖고 있어서, 모든 그룹에 기본 변수인 ansible_ssh_user 값을 알려줄 수 있었다. 따라서 여기서 이를 정의하고, 나중에 이 변수를 사용하겠다.

```
allgroupvars = {'ansible_ssh_user': 'otto'}
```

6. 다음으로 딕셔너리에 호스트 전용 변수를 입력해야 한다. 오직 두 개의 노드만 호스트 진용 변수를 가진다.

```
hostvars = {}
hostvars['web'] = {'ansible_ssh_host': '192.168.10.25'}
hostvars['scsihost'] = {'ansible_ssh_user': 'jkeating'}
```

7. 모든 데이터 정의가 완료됐으므로, 이제는 아규먼트를 처리하는 코드를 작성하겠다. 아규먼트 처리는 이전에 임포트한 argparse 모듈을 사용하면 된다.

```
parser = argparse.ArgumentParser(description='Simple Inventory')
parser.add_argument('--list', action='store_true',
                    help='List all hosts')
parser.add_argument('--host', help='List details of a host')
args = parser.parse_args()
```

8. 아규먼트 파싱 이후에는 --list 또는 --host 아규먼트를 처리해야 한다. list가 요청되면 인벤토리를 간단히 JSON 형식으로 출력하면 된다. 여기에서 allgroupvars 데이터와 ansible_ssh_user 변수를 처리할 것이다. 이를 위해 각 그룹을 대상으로 반복문을 돌리고 allgroupvars 데이터의 복사본을 만들고, 그룹에 이미 존재하는 데이터를 업데이트해 새로 업데이트된 그룹 변수로 기존 변수를 대체할 것이다. 끝으로 결과를 출력하겠다.

```
if args.list:
    for group in inventory:
```

```
        ag = allgroupvars.copy()
        ag.update(inventory[group].get('vars', {}))
        inventory[group]['vars'] = ag
    print(json.dumps(inventory))
```

9. 마지막으로 --host 아규먼트를 처리해야 한다. 이 아규먼트의 결과로는 JSON 형식으로 제공된 호스트의 변수 데이터가 출력되거나, 해당 호스트에 변수 데이터가 없으면 빈 해시 결과가 출력돼야 한다.

```
elif args.host:
    print(json.dumps(hostvars.get(args.host, {})))
```

이제 인벤토리 소스 준비가 끝났다. 이 스크립트를 직접 실행할 수도 있고, --help 아규먼트로 실행할 수도 있다. --help 아규먼트는 argparse 모듈을 사용하면 별도로 작성하지 않아도 자동으로 추가된다. 또한 이 아규먼트는 소스에 작성된 argparse 데이터를 기반으로 스크립트 사용법을 알려주게 된다.

```
2. jkeating@serenity: ~/src/mastery (zsh)
~/src/mastery> ./mastery-inventory.py --help
usage: mastery-inventory.py [-h] [--list] [--host HOST]

Simple Inventory

optional arguments:
  -h, --help   show this help message and exit
  --list       List all hosts
  --host HOST  List details of a host
~/src/mastery> □
```

--list 아규먼트를 전달하면 모든 그룹의 출력을 볼 수 있고, --host 아규먼트와 함께 호스트 이름을 전달하면 호스트 변수 또는 빈 해시값을 볼 수 있다.

```
~/src/mastery> ./mastery-inventory.py --list
{"web": {"hosts": ["mastery.example.name"], "vars": {"ansible_ssh_user": "otto",
 "http_port": 80, "proxy_timeout": 5}}, "errors": {"hosts": ["scsihost"], "vars"
: {"ansible_ssh_user": "otto"}}, "frontend": {"children": ["web"], "vars": {"ans
ible_ssh_user": "otto"}}, "database": {"hosts": ["backend.example.name"], "vars"
: {"ansible_ssh_user": "database"}}, "failtest": {"hosts": ["failer01", "failer0
2", "failer03", "failer04", "failer05", "failer06", "failer07", "failer08", "fai
ler09", "failer10"], "vars": {"ansible_ssh_user": "otto"}}, "dns": {"hosts": ["b
ackend.example.name"], "vars": {"ansible_ssh_user": "otto"}}, "backend": {"child
ren": ["dns", "database"], "vars": {"ansible_ssh_user": "blotto"}}}
~/src/mastery>
```

다음은 --host 아규먼트의 결과값이다.

```
~/src/mastery> ./mastery-inventory.py --host web
{"ansible_ssh_host": "192.168.10.25"}
~/src/mastery> ./mastery-inventory.py --host mastery.example.name
{}
~/src/mastery>
```

이제 인벤토리 파일을 앤서블과 함께 사용해보겠다. inventory_test.yaml이라는 새로운 플레이북을 만들고, 호스트 이름과 ssh 사용자 이름을 출력하겠다.

```
---
- name: test the inventory
  hosts: all
  gather_facts: false

  tasks:
    - name: hello world
      debug:
        msg: "Hello world, I am {{ inventory_hostname }}.
              My username is {{ ansible_ssh_user }}"
```

새로운 인벤토리 플러그인을 플레이북에서 사용하기 위해, -i 아규먼트로 플러그인 파일을 참조하겠다. 플레이북에서 all 호스트를 사용하고 있기 때문에, 화면 크기를 맞추기 위해 몇 개의 그룹만 실행하도록 설정하겠다.

```
● ● ●                    2. jkeating@serenity: ~/src/mastery (zsh)
~/src/mastery> ansible-playbook -i mastery-inventory.py inventory_test.yaml --li
mit backend,frontend,errors

PLAY [test the inventory] ****************************************************

TASK: [hello world] *********************************************************
ok: [mastery.example.name] => {
    "msg": "Hello world, I am mastery.example.name. My username is otto"
}
ok: [backend.example.name] => {
    "msg": "Hello world, I am backend.example.name. My username is database"
}
ok: [scsihost] => {
    "msg": "Hello world, I am scsihost. My username is jkeating"
}

PLAY RECAP ******************************************************************
backend.example.name       : ok=1    changed=0    unreachable=0    failed=0
mastery.example.name       : ok=1    changed=0    unreachable=0    failed=0
scsihost                   : ok=1    changed=0    unreachable=0    failed=0

~/src/mastery> []
```

결과에서 볼 수 있듯이 예상한 mastery.example.com의 호스트 이름과 ssh 사용자가 출력됐다. backend.example.name과 scsihost 또한 각각의 호스트 전용 변수인 ssh 사용자 이름을 출력하고 있다.

스크립트 성능 최적화

앤서블이 인벤토리 스크립트로 실행되면 그룹 데이터를 수집하기 위해 --list를 한 번 실행하게 된다. 그러고 나서 각 호스트가 갖고 있는 호스트 변수를 알아내기 위해 --host <hostname> 아규먼트로 스크립트를 다시 실행시킨다. 물론 호스트가 적을 때에는 이렇게 수행되는 시간이 매우 짧을 것이다. 하지만 호스트 수가 상당히 많거나, 실행할 플러그인이 많은 환경에서는 인벤토리 데이터를 수집하는 시간이 길게 소요될 수밖에 없다. 다행히 앤서블은 매번 호스트를 대상으로 스크립트 재실행을 방지하는 성능 향상 기법이 있다. 호스트 전용 데이터는 그룹 데이터가 반환되는 순간 즉시 결과를 출력할 수 있다. _meta라는 상위 레벨 키는 hostvars라는 하위 키를 갖는데, 이 키는 호스트 변수와 변수 데이터를 가진 해시를 담고 있다. 앤서블이 --list의 결과로 _meta 키를 받게 되면, --host 호출을 건너뛰고 모든 호스트 전용 데이터가 이미 출력됐다고 가정한다. 즉 --host 아규먼트 작업이 생략됨에 따라 엄청난 시간 절약이 발생하게 되는 셈이다. 그럼 인벤토리 스크립트를 수정해서 _meta로 호스트 변수를 전달하고, --host 옵션에 에러 조건을 추가해 --host 명령이 실행되지 않도록 하겠다.

1. 먼저 인벤토리 딕셔너리에 _meta 키를 추가한다. _meta 키의 추가는 hostvars가 선언된 구문 이후와 아규먼트 파싱 이전 부분에 넣는다.

```
hostvars['scsihost'] = {'ansible_ssh_user': 'jkeating'}

inventory['_meta'] = {'hostvars': hostvars}

parser = argparse.ArgumentParser(description='Simple Inventory')
# Next we'll change the --host handling to raise an exception:
elif args.host:
    raise StandardError("You've been a bad boy")
```

2. 이제 inventory_test.yaml 플레이북을 다시 실행시키고, 동일한 데이터를 출력하는지 확인해보겠다.

```
2. jkeating@serenity-2: ~/src/mastery (zsh)

~/src/mastery> time ansible-playbook -i mastery-inventory.py inventory_test.yaml
 --limit backend,frontend,errors

PLAY [test the inventory] ****************************************************

TASK [hello world] **********************************************************
ok: [mastery.example.name] => {
    "msg": "Hello world, I am mastery.example.name. My username is otto"
}
ok: [scsihost] => {
    "msg": "Hello world, I am scsihost. My username is jkeating"
}
ok: [backend.example.name] => {
    "msg": "Hello world, I am backend.example.name. My username is database"
}

PLAY RECAP ******************************************************************
backend.example.name       : ok=1    changed=0    unreachable=0    failed=0
mastery.example.name       : ok=1    changed=0    unreachable=0    failed=0
scsihost                   : ok=1    changed=0    unreachable=0    failed=0


real    0.586
user    0.428
sys     0.246
~/src/mastery> _
```

3. 좀 더 확인하기 위해 --hosts 아규먼트로 인벤토리 플러그인을 수동으로 실행시
    켜 예외처리되는지를 확인해보겠다.

```
2. jkeating@serenity: ~/src/mastery (zsh)

~/src/mastery> ./mastery-inventory.py --host scsihost
Traceback (most recent call last):
  File "./mastery-inventory.py", line 42, in <module>
    raise StandardError("You've been a bad boy")
StandardError: You've been a bad boy
exit 1
~/src/mastery> []
```

이 같은 최적화 과정을 통해 예제로 작성된 간단한 플레이북이 기존에 비해 거의 두 배 빨
라지게 되고, 인벤토리 파싱을 효율적으로 처리할 수 있게 됐다.

▌앤서블 프로젝트에 기여하는 방법

모든 변경 사항이 내부 사용 목적으로만 만들어질 필요는 없다. 앤서블 사용자는 종종 자신이 개선한 기능이 다른 사람에게도 이익이 되도록 프로젝트에 기여할 수 있다. 이런 기능 개선이 앤서블 프로젝트에 기여하는 방법이다. 코드 기여는 앤서블의 기존 모듈에 대한 업데이트나 앤서블 자체에 대한 업데이트, 아니면 문서에 대한 업데이트, 새로운 모듈이나 플러그인, 다른 커뮤니티 회원을 위한 간단한 테스트용 기여가 될 수도 있다.

코드 제출 방법

앤서블 프로젝트는 GitHub(https://github.com)에서 코드와 이슈, 그리고 관련 프로젝트를 관리하고 있다. 앤서블 조직(https://github.com/ansible)은 코드 저장소가 있는 곳이며, 주요 저장소는 앤서블 저장소(https://github.com/ansible/ansible)이다. 여기에서는 코어 앤서블 코드, 모듈, 문서를 볼 수 있다. 또한 코드 기여를 위한 개발을 위해서는 이 저장소를 복제해 코드를 만들어야 한다.

 앤서블 프로젝트는 master라는 전통적인 이름 대신, devel이라는 개발 브랜치(branch)를 사용한다. 따라서 대부분의 코드 기여자는 devel 브랜치를 갖다 쓰거나 또는 안정 배포 버전의 브랜치를 사용한다.

앤서블 저장소

소스 저장소에는 수많은 파일과 폴더가 하위 디렉터리에 저장돼 있다. 파일은 대부분 상위 레벨 문서 파일이거나 CI$^{continuous\ integration}$ 테스트 환경 설정이다.

디렉터리마다 다음과 같은 의미를 가진다.

- bin: 다양한 앤서블 코어 실행파일의 소스 코드
- contrib: 인벤토리 그리고 암호화[vault] 플러그인 관련 소스 코드
- docs: API 문서 코드, https://docs.ansible.com 웹사이트의 문서파일과 맨[man] 페이지 파일
- hacking: 앤서블 소스를 파악하기 위한 가이드와 유틸리티
- lib/ansible: 코어 앤서블 소스 코드
- test: 단위 또는 통합 테스트 코드

앤서블에 대한 코드 기여는 이들 폴더 중 하나에서 이뤄진다.

테스트 실행 방법

앤서블 프로젝트가 코드 제출을 받아들이기 전에는 먼저 코드 테스트를 통과해야만 한다. 이런 테스트는 단위 테스트, 통합 테스트와 코드 스타일 테스트, 세 가지로 분류된다. 단위 테스트는 소스 코드 함수에 대한 좁은 범위의 테스트를 의미하며, 통합 테스트는 좀 더 넓은 범위를 다루고 원하는 기능이 실제로 작동되는지를 판단한다. 코드 스타일 테스트는 공백 처리 또는 코드 작성 방법 같이 사용된 문법을 검사하게 된다.

어떤 테스트든 실행되기 전에, 셸 환경이 준비돼야 앤서블 코드가 작동할 수 있다. 셸 환경 파일은 필요한 변수를 설정하기 위해 준비돼야 하며, 다음의 명령으로 활성화돼야 한다.

```
$ source ./hacking/env-setup
```

코드를 변경하기 전에 테스트를 통과해야만 이후에 소요되는 많은 디버깅 시간을 줄일 수 있다.

단위 테스트

모든 단위 테스트는 test/units로 시작하는 디렉터리 안에 존재한다. 이 테스트는 관련 코드 디렉터리 안에 포함돼야 하며, 외부의 다른 코드를 참조하지 말아야 한다. 테스트 실행은 앤서블 소스의 최상위에서 테스트를 실행하는 것만큼이나 간단하다. 이 같은 테스트는 모듈 코드를 포함한 거의 모든 코드를 검사하게 된다.

 테스트를 실행하기 위해서는 추가로 소프트웨어를 설치해야 한다. 파이썬의 *virtualenv*를 사용하면 새로운 venv를 만들 수 있어 앤서블이 설치되지 않은 환경에서도 앤서블을 테스트할 수 있다.

특수한 종류의 테스트를 수행하기 위해서는 pytest 유틸리티가 직접 호출될 수 있으며, 이때는 테스트할 특정 파일이나 디렉터리를 제공해주면 된다. 예제에서는 단위 테스트 파싱이 실행됐다.

```
2. jkeating@serenity-2: ~/src/ansible (zsh)
devel ~/src/ansible> pytest test/units/parsing
========================= test session starts =========================
platform darwin -- Python 2.7.10, pytest-3.0.6, py-1.4.32, pluggy-0.4.0
rootdir: /Users/jkeating/src/ansible, inifile:
plugins: mock-1.5.0
collected 155 items

test/units/parsing/test_dataloader.py .....
test/units/parsing/test_mod_args.py .........
test/units/parsing/test_splitter.py ................................
test/units/parsing/test_unquote.py ...............
test/units/parsing/utils/test_addresses.py ..
test/units/parsing/utils/test_jsonify.py ....
test/units/parsing/vault/test_vault.py ......................s.....
test/units/parsing/vault/test_vault_editor.py .....
test/units/parsing/yaml/test_dumper.py .
test/units/parsing/yaml/test_loader.py ...............
test/units/parsing/yaml/test_objects.py ...

================= 154 passed, 1 skipped in 45.99 seconds =================
P
devel ~/src/ansible> _
```

통합 테스트

앤서블 통합 테스트는 플레이북의 기능이 정상적으로 작동하는가를 테스트한다. 이 테스트는 플레이북으로 실행되고 반복해 진행된다. 그리고 통합 테스트는 몇 가지 주요 카테고리로 분류된다.

- 변형을 가하지 않는 코드Non-destructive
- 변형을 가하는 코드Destructive
- 클라우드Cloud
- 윈도우Windows
- 네트워크Network

테스트 분류에 대한 더 자세한 설명은 test/integration/README.md 파일에서 확인할 수 있다.

 많은 통합 테스트는 정상적으로 작동하기 위해 로컬 호스트로의 ssh 연결이 필요하다. 그러므로 ssh 연결이 패스워드없이 접속되는지 확인해야 한다. 또한 테스트를 위해 인벤토리 파일을 수정해 원격 호스트 연결이 필요할 수도 있다(test/integration/inventory).

단위 테스트와 함께 개별 통합 테스트도 실행될 수 있다. 이때는 test/runner/ansible-test에 있는 ansible-test 명령을 통해 수행된다. 이런 작업은 특히 클라우드 환경처럼 외부 자원을 필요로 하는 통합 테스트를 진행할 때 중요하다. test/integration/targets의 각 디렉터리는 개별적으로 테스트될 대상이다. 예를 들어 ping 기능을 테스트할 때는 ping 타깃을 사용하게 된다.

```
●●●                    2. jkeating@serenity-2: ~/src/ansible (zsh)
devel ~/src/ansible> test/runner/ansible-test integration -v ping
Running ping integration test role
Run command: ansible-playbook ping-6y55vk.yml -i inventory -e @integration_confi
g.yml -v
Using /dev/null as config file

PLAY [testhost] ***********************************************************

TASK [Gathering Facts] ****************************************************
ok: [testhost]

TASK [ping : ping the test] ***********************************************
ok: [testhost] => {"changed": false, "ping": "pong"}

TASK [ping : assert the ping worked] **************************************
ok: [testhost] => {
    "changed": false,
    "msg": "All assertions passed"
}

TASK [ping : ping with data] **********************************************
ok: [testhost] => {"changed": false, "ping": "testing"}

TASK [ping : assert the ping worked with data] ***************************
ok: [testhost] => {
    "changed": false,
    "msg": "All assertions passed"
}

PLAY RECAP ****************************************************************
testhost                  : ok=5    changed=0    unreachable=0    failed=0

devel ~/src/ansible> _
```

앤서블에 코드 변경을 제안할 때는 CI(지속 변경) 시스템을 거쳐 통과해야 하는데, 많은 종류의 포직스(POSIX) 호환 비변경 통합 테스트가 다음 명령으로 실행될 수 있다.

```
$ test/runner/ansible-test integration -v posix/ci/
```

이 글을 쓰는 시점에는 posix/ci 테스트가 Mac OSX을 통과하지 못했다. 그러므로 테스트를 원활히 수행하기 위해서는 최신 페도라(Fedora) 환경에서 진행하길 권장한다.

코드 스타일 테스트

앤서블 테스트의 세 번째 분류는 코드 스타일 카테고리다. 이 테스트는 파이썬 파일의 문법을 검사해 코드 전체의 일관성을 보장한다. 요구되는 코드 스타일은 파이썬 스타일 권장 사항인 PEP8에 정의돼 있다. 더 자세한 정보는 test/sanity/pep8/README.md 파일에서 확인할 수 있다. pep8 스타일로 작성된 코드를 대상으로 make를 수행하고, 에러가 없으면 어떤 문자열도 출력되지 않는다. 다만 반환 코드로 적합성을 확인할 수 있다. 반환 코드 0은 아무런 에러가 없음을 의미한다.

```
 ● ● ●              2. jkeating@serenity-2: ~/src/ansible (zsh)
devel ~/src/ansible> make pep8
test/runner/ansible-test sanity --test pep8 --python 2.7
Sanity check using pep8
devel ~/src/ansible> echo $?
0
devel ~/src/ansible> _
```

만약 파이썬 파일이 pep8 규약에 어긋나면, 결과 화면은 규약에 어긋난 부분을 출력하게 된다.

```
 ● ● ●              2. jkeating@serenity-2: ~/src/ansible (zsh)
!devel ~/src/ansible> make pep8
test/runner/ansible-test sanity --test pep8 --python 2.7
Sanity check using pep8
ERROR: PEP 8: lib/ansible/modules/cloud/openstack/os_zone.py:185:1: W293 blank l
ine contains whitespace (current)
ERROR: PEP 8: lib/ansible/modules/cloud/openstack/os_zone.py:187:1: E101 indenta
tion contains mixed spaces and tabs (current)
ERROR: PEP 8: lib/ansible/modules/cloud/openstack/os_zone.py:187:1: W191 indenta
tion contains tabs (current)
ERROR: PEP 8: lib/ansible/modules/cloud/openstack/os_zone.py:188:9: E901 Indenta
tionError: unindent does not match any outer indentation level (current)
ERROR: PEP 8: There are 4 issues which need to be resolved.
make: *** [pep8] Error 1
exit 2
!devel ~/src/ansible> _
```

310

pep8 에러는 에러 코드를 알려줄 것이며, 이를 통해 자세한 설명과 가이드가 같이 제공될 수 있다.

코드 수정 제안

모든 테스트를 통과하면 프로젝트에 코드를 제출할 수 있다. 앤서블 프로젝트는 코드를 제출하기 위해 Github의 코드 수정 제안Pull Request을 사용한다. 수정을 제안하기 위해 개발자가 만든 변경사항은 커밋되고committed GitHub에 올려져야(push) 한다. 개발자는 변경사항을 반영시키기 위해 자신의 계정에 앤서블 저장소를 포크한다. 변경사항이 업로드되면, GitHub 웹사이트에 수정 제안이 열리게 된다. 이 같은 코드 제안으로 CI 테스트가 진행되고, 새로운 코드에 대해 다른 사람들이 검토를 시작한다. GitHub의 코드 제안에 관한 추가 정보는 https://help.github.com/categories/collaborating−with−is sues−and−pull−requests/에서 확인할 수 있다.

일단 코드 제안이 열리면 코드 검토자들은 해당 제안에 대해 의견을 개진하고, 추가 정보를 요청할 수도 있다. 변경을 제안할 수도 있으며 또는 변경을 승인할 수도 있다. 새로운 모듈 추가의 경우에는 따라야 할 확인 사항이 더 있는데, 그것은 http://docs.ansible.com/ansible/dev_guide/developing_modules_checklist.html에서 확인할 수 있다.

코드가 승인되고 받아들여지면 앤서블의 다음 버전에서 반영될 것이다. 앤서블의 배포 절차에 대한 자세한 사항은 http://docs.ansible.com/ansible/dev_guide/developing_releases.html에서 확인할 수 있다.

▌ 요약

앤서블은 정말 대단한 도구이지만, 때때로 본인이 요구하는 기능을 모두 제공해주지는 못할 수도 있다. 모든 기능이 앤서블 프로젝트를 지원하는데 적절하지는 않으며, 사용자의 사적인 데이터 소스와 통합할 수도 없다. 이런 이유때문에 앤서블은 기능을 추가할 수 있는 장치를 제공한다. 모듈 코드가 공유될 수 있기에 쉽게 사용자 모듈을 생성해서 사용할 수도 있고, 다양한 형태의 플러그인을 만들어 여러 방법으로 앤서블의 동작을 제어할 수도 있다. 또한 앤서블이 제공하지 못하는 인벤토리 소스를 손쉽게 스스로 만들어 사용할 수도 있다.

이 모든 경우에 앤서블은 모듈, 플러그인, 인벤토리 소스를 제공할 수 있는 작동 방식이 있기 때문에 플레이북, 롤과 더불어 앤서블의 기능을 더욱 확대해 나가고 이를 다른 사람에게 배포할 수 있게 된다.

다른 앤서블 사용자에게 도움이 되는 향상된 기능은 프로젝트에 기여할 수 있다. 앤서블은 오픈소스 프로젝트이기 때문에 커뮤니티 회원들의 기여를 통해 성장해 나간다.

9장에서는 앤서블을 통해 인프라 환경을 관리하는 방법에 대해 살펴보겠다.

09

인프라 환경 배포 관리

자동화에 대한 요구는 서비스를 운영하는데 필요한 인프라 환경의 관리를 포함해 최근 몇 년간 지속적으로 커지고 있다. 서비스 제공자로서의 인프라 환경은 이미지, 서버, 네트워크와 스토리지 구성 요소를 프로그래밍으로 관리하기 위한 API를 제공한다. 이 같은 시스템 자원은 비용을 줄이고 효율성을 높이기 위해 요청이 오자마자 즉각적으로 생성하기를 요구한다.

9장에서는 앤서블이 이런 요구 사항을 충족시키는 다음과 같은 방법을 살펴보겠다.

- 클라우드 인프라 환경 관리 방법
- Docker 컨테이너 연동 방안
- 앤서블 컨테이너 미리 보기

▌ 클라우드 인프라 환경 관리 방법

클라우드가 유행하고는 있지만, 시스템 자원 서비스를 설명하기에는 약간 모호한 면이 있다. 클라우드로 제공될 수 있는 많은 종류의 시스템 자원이 있다. 물론 가장 일반적으로 논의되는 사항은 컴퓨트 자원과 스토리지 자원이다. 앤서블은 굉장히 많은 클라우드 제공자와 연동돼 있으며, 클라우드 제공자가 제공하는 자원을 관리, 생성, 탐색할 수 있다.

앤서블이 연동할 수 있는 클라우드 제공자 중 하나는 오픈스택OpenStack으로, 오픈스택은 오픈소스 클라우드 운영체제다. 오픈스택은 컴퓨트, 스토리지, 네트워크 서비스 등 많은 서비스를 관리하는 인터페이스를 제공한다. 오픈스택은 단순한 하나의 서비스 제공업체가 아니다. 오히려 많은 공용 클라우드 제공자public cloud provider와 사설 클라우드 제공자private cloud provider가 오픈스택을 기반으로 자신의 클라우드 서비스를 구축하고 있다. 그러므로 이런 클라우드 제공업체는 앤서블 같은 상호 연동할 수 있는 도구를 통해 공통의 인터페이스를 공유하게 됐다.

앤서블은 오픈스택 프로젝트의 시작 초창기부터 함께 해왔다. 이에 따라 초기의 지원이 점점 늘어나 현재 오픈스택 관련 모듈이 40개 이상을 넘게 되었고, 다음과 같은 서비스를 지원하게 됐다.

- 컴퓨트(Compute)
- 베어 메탈 컴퓨트(Ironic)
- 컴퓨트 이미지(Glance)
- 계정 인증(Keystone)
- 네트워크(Neutron)
- 오브젝트 스토리지(Swift)
- 블록 스토리지(Cinder)

앤서블은 앞에 언급한 자원의 생성, 읽기, 수정, 삭제(CRUD) 작업뿐 아니라, 인벤토리 소스로서 오픈스택(그리고 다른 클라우드)을 사용할 수 있는 능력을 포함한다. 오픈스택 클라우드를 인벤토리 소스로 사용해 ansible과 ansible-playbook을 실행하면 실시간으로 현재의 컴퓨트 리소스 정보와 컴퓨트 리소스에 대한 다양한 팩트 정보를 알아낼 수 있다. 물론 클라우드 서비스가 이미 이 같은 세부 정보를 수집하고 있겠지만, 앤서블을 이용하면 수동으로 자원 정보를 수집하는 수고를 덜 수 있다.

앤서블이 클라우드 자원을 관리하고 연동하는 능력을 살펴보기 위해, 두 개의 시나리오를 다뤄보겠다. 하나는 새로운 컴퓨트 자원을 생성하고 연동하는 방법이며, 두 번째는 오픈스택을 인벤토리 소스로 사용하는 시나리오다.

서버 생성

오픈스택 컴퓨트 서비스는 가상 머신을 생성하고, 읽고, 수정하고, 삭제하기 위한 API를 제공한다. 이 API를 사용해 예제를 위한 서버를 만들어보겠다. 생성 후에는 SSH로 서버를 접속하고 수정해 본 후, 다시 API를 이용해 서버를 삭제할 것이다. 이 같은 셀프서비스 능력이 클라우드 컴퓨팅의 주요 기능이다.

앤서블은 다양한 os_server 모듈을 활용해 서버를 관리할 수 있다.

- os_server: 가상 서버를 생성하고 삭제하는 모듈
- os_server_facts: 가상 서버에 대한 팩트 정보를 수집하는 모듈
- os_server_actions: 가상 서버를 대상으로 다양한 액션을 실행하는 모듈
- os_server_group: 가상 서버 그룹을 생성하고 삭제하는 모듈
- os_server_volume: 가상 서버에 블록 스토리지 볼륨을 붙이거나 제거하기 위해 사용하는 모듈

가상 서버 부팅

예제를 위해 os_server 모듈을 사용할 것이며, 이를 위해 auth URL과 로그인 정보 같은 인증 정보를 제공할 필요가 있다. 또한 가상 서버를 생성하기 위해 플레이버(자원 사양 정의서), 이미지, 네트워크, 서버 이름 같은 세부 정보도 필요하다. 하지만 이런 정보는 오픈스택 클라우드마다 모두 다를 수 있다.

플레이북 이름은 boot−server.yaml로 할 것이며, 대상 호스트는 localhost로 하고, name으로 플레이를 시작하겠다. 로컬 호스트의 팩트 정보는 필요하지 않으므로 팩트 수집 기능은 끄도록 하겠다.

```
---
- name: boot server
  hosts: localhost
  gather_facts: false
```

가상 서버를 생성하려면 os_server 모듈을 사용하고, 액세스 권한이 있는 오픈스택 클라우드와 관련된 플레이버, 이미지, 네트워크 및 서버 이름 뿐만 아니라 세부 정보를 제공하겠다. 그리고 key_name을 제공해 서버에 접속하는데 필요한 SSH 공개 키를 알려주겠다. 물론 이 예제에서 사용된 패스워드가 내 진짜 패스워드일 리는 없다.

```
tasks:
  - name: boot the server
    os_server:
      auth:
        auth_url: "CLOUDURL"
        username: "jlk"
        password: "PASSWORD"
        project_name: "jlk"
      flavor: "1"
      image: "Fedora 25"
      key_name: "jlk"
```

```
network: "internal"
name: "mastery1"
```

 인증 정보는 모듈 코드를 이용해 외부 파일에서 읽어오도록 설정할 수 있다. 이 모듈 코드는 os-client-config라는 오픈스택 계정 관리 표준 라이브러리를 사용한다.

이 플레이북을 실행하면 가상 서버가 만들어지고 그 이상은 없다. 인벤토리 소스로 기존에 만들었던 mastery-hosts를 사용할 것이며, 이 중에 오직 localhost만 이용하겠다.

모듈에서 반환되는 데이터가 너무 많아서 결과의 일부는 잘라냈다. 하지만 중요한 사실은 여기서 가상 서버의 IP 주소를 알아낸 것이다. 이 특정 클라우드는 플로팅 IP$^{floating\ IP}$를 사용해 서버 인스턴스에 대한 공용 접근을 제공한다. 여기서는 결과 데이터를 저장한 값에서 알아낼 수 있는데 openstack.accessIPv4의 값을 출력해 디버그 값으로 확인할 수 있다.

```
tasks:
  - name: boot the server
    os_server:
      auth:
        auth_url: "CLOUDURL"
        username: "jlk"
        password: "PASSWORD"
        project_name: "jlk"
      flavor: "1"
      image: "Fedora 25"
      key_name: "jlk"
      network: "internal"
      name: "mastery1"
    register: newserver

  - name: show floating ip
    debug:
      var: newserver.openstack.accessIPv4
```

이번에 실행하면 첫 번째 작업은 이미 서버를 생성했기 때문에 변경 상태로 표시되지 않는다.

"region_name": "", "zone": null}, "port_range_max": null, "port_range_min": null
, "project_id": "", "properties": {"group": {"name": "default", "tenant_id": "44
b67672c3734cac8865538eda20b357"}}, "protocol": null, "remote_group_id": null, "r
emote_ip_prefix": null, "security_group_id": "de0a75ad-585f-498c-8ab5-5072e385af
ff", "tenant_id": ""}, {"direction": "ingress", "ethertype": "IPv4", "group": {"
name": "default", "tenant_id": "44b67672c3734cac8865538eda20b357"}, "id": "f59b3
a5c-27fe-460c-a8af-a9236143332b", "location": {"cloud": "", "project": {"domain_
id": null, "domain_name": null, "id": "44b67672c3734cac8865538eda20b357", "name"
: "VALUE_SPECIFIED_IN_NO_LOG_PARAMETER"}, "region_name": "", "zone": null}, "por
t_range_max": null, "port_range_min": null, "project_id": "", "properties": {"gr
oup": {"name": "default", "tenant_id": "44b67672c3734cac8865538eda20b357"}}, "pr
otocol": null, "remote_group_id": null, "remote_ip_prefix": null, "security_grou
p_id": "de0a75ad-585f-498c-8ab5-5072e385afff", "tenant_id": ""}], "tenant_id": "
44b67672c3734cac8865538eda20b357"}], "status": "ACTIVE", "task_state": null, "te
nant_id": "44b67672c3734cac8865538eda20b357", "terminated_at": null, "updated":
"2017-03-02T06:19:53Z", "user_id": "db35760f08a14b1391d479800769bdfa", "vm_state
": "active", "volumes": []}}

TASK [show floating ip] ***
task path: /Users/jkeating/src/mastery/boot-server.yaml:21
ok: [localhost] => {
    "newserver.openstack.accessIPv4": "169.45.80.10"
}

PLAY RECAP ***
localhost   : ok=2   changed=0   unreachable=0   failed=0

~/src/mastery> _

이 결과 화면은 IP 주소 **169.45.80.10**을 보여주고 있는데, 이 정보는 이후 새로 생성한 가상 서버에 접속하기 위해 사용될 수 있다.

런타임 인벤토리에 서버 추가

서버를 부팅하는 것만으로는 그다지 유용하지 않다. 서버는 사용되기 위해 존재하는 것이며, 사용되기 위해서는 몇 가지 설정을 해야 한다. 하나의 플레이북에서 자원을 생성하고, 다른 서버에서 설정을 관리하도록 만들 수도 있지만, 여기서는 모든 작업을 동일한 플레이북에서 진행할 것이다. 앤서블은 플레이가 실행되는 도중에 호스트를 인벤토리에 추가할 수 있는데, 이를 '런타임 인벤토리에 서버 추가'라고 표현한다. 이렇게 플레이 실행 도중에 서버를 추가하면 다음 플레이에서 신규로 추가된 서버를 대상으로 작업을 할 수 있다.

앞선 예제에서 런타임 인벤토리에 add_host 모듈을 이용해 새로운 호스트를 추가하는 방법을 알아봤다.

```
- name: add new server
  add_host:
    name: "mastery1"
    ansible_ssh_host: "{{ newserver.openstack.accessIPv4 }}"
    ansible_ssh_user: "fedora"
```

예제에서는 이미지의 기본 사용자가 fedora라고 가정하고, 이에 맞게 변수를 설정했으며 연결 주소로 IP 주소를 설정했다.

 이 예제에서는 오픈스택에서 설정하는데 필요한 보안 그룹(security group) 설정과 SSH 호스트 키 설정 부분을 제외했다. 이런 것은 플레이북의 작업으로 추가하면 설정이 가능하다.

인벤토리에 서버가 추가됐기 때문에 이 서버를 대상으로 작업을 할 수 있게 됐다. 그럼 이 클라우드 자원을 사용해 이미지 파일을 변환하는 시나리오를 만들어보겠다. 이때 이미지 변환 작업은 ImageMagick 소프트웨어를 사용하겠다. 이 작업을 위해서는 새로운 호스트를 이용해야 한다. 그런데 이 페도라 이미지는 파이썬이 설치돼 있지 않기 때문에, 파이썬과 dnf를 위한 파이썬 바인딩(dnf 모듈을 사용하기 위해 필요)을 추가해야 한다. 이때는 최초의 작업으로 raw 모듈을 사용할 것이다.

```
- name: configure server
  hosts: mastery1
  gather_facts: false

  tasks:
    - name: install python
      raw: "sudo dnf install -y python python2-dnf"
```

다음에는 ImageMagick 소프트웨어를 설치할 텐데, 이때는 좀 전에 설치한 dnf 모듈을 사용할 것이다.

```
- name: install imagemagick
  dnf:
    name: "ImageMagick"
  become: "yes"
```

이 시점에서 플레이북을 실행하면, 새로 생성된 호스트에 변경이 발생했음을 알 수 있다.

```
2. jkeating@serenity-2: ~/src/mastery (zsh)
 "volumes": []}}

TASK [show floating ip] ***********************************************
task path: /Users/jkeating/src/mastery/boot-server.yaml:21
ok: [localhost] => {
    "newserver.openstack.accessIPv4": "169.45.80.10"
}

TASK [add new server] ************************************************
task path: /Users/jkeating/src/mastery/boot-server.yaml:25
creating host via 'add_host': hostname=mastery1
changed: [localhost] => {"add_host": {"groups": [], "host_name": "mastery1", "ho
st_vars": {"ansible_ssh_host": "169.45.80.10", "ansible_ssh_user": "fedora"}}, "
changed": true}

PLAY [configure server] **********************************************

TASK [install python] ***********************************************
task path: /Users/jkeating/src/mastery/boot-server.yaml:36
changed: [mastery1] => {"changed": true, "rc": 0, "stderr": "", "stdout": "Last
metadata expiration check: 0:43:12 ago on Sun Mar  5 22:10:56 2017.\r\nDependenc
ies resolved.\r\n===================================================================
==================\r\n Package                        Arch           Version
  Repository     Size\r\n===================================================================
=======================\r\nInstalling:\r\n pyliblzma                 x86_64      0.
5.3-16.fc25           fedora      54 k\r\n python                   x86_64
 2.7.13-1.fc25             updates      96 k\r\n python-libs              x86_64
    2.7.13-1.fc25           updates      5.8 M\r\n python-pip              noar
```

raw 모듈을 사용했을 때는 결과값이 상당히 많기 때문에, 이전 화면에서는 일부 결과를 삭제했다. 다음 화면은 플레이북의 마지막 작업 결과의 일부다. 이 또한 너무 많은 결과가 출력됐기 때문이다.

```
alled: libdrm-2.4.75-1.fc25.x86_64", "Installed: libtiff-4.0.7-2.fc25.x86_64", "
Installed: libtool-ltdl-2.4.6-13.fc25.x86_64", "Installed: pango-1.40.4-1.fc25.x
86_64", "Installed: libICE-1.0.9-8.fc25.x86_64", "Installed: avahi-libs-0.6.32-4
.fc25.x86_64", "Installed: lcms2-2.8-2.fc25.x86_64", "Installed: xorg-x11-font-u
tils-1:7.5-32.fc25.x86_64", "Installed: gdk-pixbuf2-2.36.5-1.fc25.x86_64", "Inst
alled: libX11-1.6.4-4.fc25.x86_64", "Installed: libX11-common-1.6.4-4.fc25.noarc
h", "Installed: libXdamage-1.1.4-8.fc24.x86_64", "Installed: libXext-1.3.3-4.fc2
4.x86_64", "Installed: libXfixes-5.0.3-1.fc25.x86_64", "Installed: libXfont-1.5.
2-1.fc25.x86_64", "Installed: libxshmfence-1.2-3.fc24.x86_64", "Installed: cairo
-1.14.8-1.fc25.x86_64", "Installed: libXt-1.1.5-3.fc24.x86_64", "Installed: jbig
kit-libs-2.1-5.fc24.x86_64", "Installed: libglvnd-1:0.2.999-10.gitdc16f8c.fc25.x
86_64", "Installed: aajohan-comfortaa-fonts-2.004-6.fc24.noarch", "Installed: op
enjpeg2-2.1.2-3.fc25.x86_64", "Installed: libglvnd-egl-1:0.2.999-10.gitdc16f8c.f
c25.x86_64", "Installed: libfontenc-1.1.3-3.fc24.x86_64", "Installed: libglvnd-g
lx-1:0.2.999-10.gitdc16f8c.fc25.x86_64", "Installed: libXft-2.3.2-4.fc24.x86_64"
, "Installed: hwdata-0.297-1.fc25.noarch", "Installed: librsvg2-2.40.16-2.fc25.x
86_64", "Installed: harfbuzz-1.3.2-1.fc25.x86_64", "Installed: graphite2-1.3.6-1
.fc25.x86_64"]}

PLAY RECAP **********************************************************************
localhost                  : ok=3    changed=1    unreachable=0    failed=0
mastery1                   : ok=2    changed=2    unreachable=0    failed=0

~/src/mastery>
```

작업 결과를 보면 첫 번째 플레이를 통해 방금 생성한 mastery1 호스트에서 두 개의 변경 작업이 발생했음을 알 수 있다. 이 호스트는 mastery-hosts 인벤토리에는 적혀있지 않다.

이 부분부터 copy 모듈을 통해 소스 이미지 파일을 업로드한 후, 이미지 파일을 변환하기 위해 ImageMagick 소프트웨어를 사용해 명령을 수행하는 긴 두 번째 작업을 보게 된다. 또 다른 작업은 slurp 모듈을 통해 변환된 이미지를 다시 가져와 추가하는 작업이 될 수 있다. 또는 변경된 파일을 클라우드의 오브젝트 스토리지에 업로드할 수도 있다. 그리고 마지막 플레이로 서버 자체를 삭제할 수도 있다.

322

생성에서 구성, 사용과 마지막으로 삭제되는 과정까지 서버의 전체 생명 주기를 단일 플레이북으로 모두 관리할 수 있다. 플레이북은 런타임 변수 데이터를 사용해 동적으로 만들 수 있다. 이를 통해 어떤 파일이 업로드, 수정돼야 하는지 또는 어디에 저장돼야 하는지를 결정할 수 있게 된다. 이 같은 방법으로 플레이북은 재사용될 수 있는 프로그램으로 거듭나게 된다.

오픈스택 인벤토리 소스 사용법

지난 예제에서는 하나의 목적만 수행하고 바로 사라지는 클라우드 서버를 예로 들었다. 하지만 오랫동안 서비스를 수행해야 하는 클라우드 서버를 생성할 경우에는 어떻게 해야 할까? 클라우드 서버를 생성하고 임시 인벤토리에 매번 등록한다는 것은 정말 비효율적인 작업이다. 그렇다고 수작업으로 매번 해당 서버의 세부 정보를 정적 인벤토리에 등록하는 것 역시 효율적이라고는 말할 수 없다. 다행히도 더 나은 방법이 있는데, 그것은 클라우드 자체를 동적 인벤토리 소스로 사용하는 것이다.

앤서블은 꽤 많은 클라우드용 동적 인벤토리 스크립트를 제공하고 있다. 계속해서 오픈스택으로 예제를 사용할 텐데, 오픈스택을 위한 동적 인벤토리 스크립트는 contrib/inventory/openstack.py이고, 또한 관련 설정 파일은 contrib/inventory/openstack.yml이다. 다른 스크립트 역시 contrib/inventory/ 디렉터리에 존재한다. openstack.py 파일을 사용하기 위해서는 단순히 이 파일을 사용 예정인 플레이북 디렉터리에 복사해 놓으면 된다. 또는 플레이북이 실행될 서버에서 모든 사용자와 플레이북이 접근할 수 있는 경로에 옮겨 놓으면 된다. 예제를 위해 openstack.py 파일을 플레이북 디렉터리로 복사해놓겠다.

설정 파일인 openstack.yml는 좀 더 자세히 볼 필요가 있다. 이 파일에는 연결할 오픈스택에 대한 인증 정보가 담겨있고, 이 정보를 접근할 사용자에게만 보여져야 한다. 추가로 인벤토리 스크립트는 기본 인증 코드인 os-client-config(https://docs.openstack.org/

developer/os–client–config/)에서 사용하는 표준 경로를 통해서도 설정을 불러들이도록 시도할 것이다. 이 말은 인벤토리 소스의 설정 파일은 다음과 같은 경로에 존재할 수 있다는 의미다.

- clouds.yaml, 인벤토리 스크립트 실행할 때의 현재 작업 디렉터리에 위치
- ~/.config/openstack/clouds.yaml
- /etc/openstack/clouds.yaml
- /etc/openstack/openstack.yaml
- /etc/openstack/openstack.yml

위 경로 중 처음 발견되는 파일이 사용될 것이다. 예를 위해 스크립트 파일을 플레이북과 동일한 디렉터리에 놓고, clouds.yaml 파일을 사용하겠다. 이렇게 하면 설정 파일을 다른 경로와 분리해서 사용할 수 있다.

이 스크립트의 help는 몇 가지 사용 가능한 아규먼트를 알려준다. 그리고 앤서블이 사용하는 아규먼트는 --list와 --host이다.

```
~/src/mastery> ./openstack.py --help
usage: openstack.py [-h] [--private] [--refresh] [--debug]
                    (--list | --host HOST)

OpenStack Inventory Module

optional arguments:
  -h, --help    show this help message and exit
  --private     Use private address for ansible host
  --refresh     Refresh cached information
  --debug       Enable debug output
  --list        List active servers
  --host HOST   List details about the specific host
~/src/mastery>
```

--list 아규먼트는 해당 계정의 모든 서버 목록을 가져오기 위해 사용된다. 그리고 --host 아규먼트는 각 서버에서 호스트 변수를 가져오기 위해 사용된다. 단 인벤토리 스크립트는 --list 호출로 모든 호스트 변수를 반환한다. 호스트 목록을 통해 변수 데이터를 가져오게 되면 성능이 향상된다. 그 이유는 모든 호스트마다 각각 변수를 호출하면 시간이 오래 걸리기 때문이다.

--list 아규먼트의 결과값은 매우 길어서 처음 몇 줄만 다음에 출력했다.

```
2. jkeating@serenity-2: ~/src/mastery (zsh)

~/src/mastery> ./openstack.py --list
{
  "RegionOne": [
    "bd47daf7-6ab9-4c97-a3e4-cc97418fbe49"
  ],
  "RegionOne_compute_standard": [
    "bd47daf7-6ab9-4c97-a3e4-cc97418fbe49"
  ],
  "_meta": {
    "hostvars": {
      "bd47daf7-6ab9-4c97-a3e4-cc97418fbe49": {
        "ansible_ssh_host": "169.44.171.87",
        "openstack": {
          "OS-DCF:diskConfig": "MANUAL",
          "OS-EXT-AZ:availability_zone": "compute_standard",
          "OS-EXT-STS:power_state": 1,
          "OS-EXT-STS:task_state": null,
          "OS-EXT-STS:vm_state": "active",
          "OS-SRV-USG:launched_at": "2017-03-10T05:18:45.000000",
          "OS-SRV-USG:terminated_at": null,
          "accessIPv4": "169.44.171.87",
          "accessIPv6": "",
          "addresses": {
            "internal": [
              {
                "OS-EXT-IPS-MAC:mac_addr": "fa:16:3e:8f:13:81",
                "OS-EXT-IPS:type": "fixed",
                "addr": "192.168.0.227",
                "version": 4
              },
              {
```

설정된 계정은 오직 한 개의 서버만 볼 수 있으며, 이 서버의 UUID는 bd47daf7-6ab9-4c97-a3e4-cc97418fbe49이다. 그리고 이 인스턴스는 이전에 사용했던 예제다. 이 인스턴스는 RegionOne 그룹과 RegionOne_compute_standard 그룹에 포함돼 있다.

RegionOne은 RegionOne 영역(region)에 있는 모든 서버가 포함되는 그룹이고, RegionOne_compute_standard 그룹은 compute_standard의 availability 존zone에 있는 모든 서버를 포함하는 그룹이다. 이 같이 그룹 분류는 인벤토리 플러그인에 의해 자동으로 발생한다. 결과의 마지막 부분에는 플러그인에 의해 제공되는 다른 그룹이 보인다.

```
                        2. jkeating@serenity-2: ~/src/mastery (zsh)
            "volumes": []
          }
        }
      }
    },
    "compute_standard": [
      "bd47daf7-6ab9-4c97-a3e4-cc97418fbe49"
    ],
    "flavor-m1.tiny": [
      "bd47daf7-6ab9-4c97-a3e4-cc97418fbe49"
    ],
    "image-Fedora 25": [
      "bd47daf7-6ab9-4c97-a3e4-cc97418fbe49"
    ],
    "instance-bd47daf7-6ab9-4c97-a3e4-cc97418fbe49": [
      "bd47daf7-6ab9-4c97-a3e4-cc97418fbe49"
    ],
    "mastery1": [
      "bd47daf7-6ab9-4c97-a3e4-cc97418fbe49"
    ],
    "open": [
      "bd47daf7-6ab9-4c97-a3e4-cc97418fbe49"
    ],
    "open_RegionOne": [
      "bd47daf7-6ab9-4c97-a3e4-cc97418fbe49"
    ],
    "open_RegionOne_compute_standard": [
      "bd47daf7-6ab9-4c97-a3e4-cc97418fbe49"
    ]
}
~/src/mastery> _
```

추가 그룹은 다음과 같다.

- compute_standard: compute_standard availability 존에 있는 모든 서버
- flavor-m1.tiny: flavor-m1.tiny를 사용하는 모든 서버

- image-Fedora 25: image—Fedora 25 이미지를 사용하는 모든 서버

- instance-bd47daf7-6ab9-4c97-a3e4-cc97418fbe49: 인스턴스 이름을 그대로 사용한 그룹

- mastery1: 서버 이름을 그대로 사용한 그룹

- open: open이라는 클라우드에 존재하는 모든 서버

- open_RegionOne: open 클라우드의 RegionOne 영역에 있는 모든 서버

- open_RegionOne_compute_standard: open 클라우드의 compute_standard availability 존에 있는 모든 서버

많은 그룹이 분류돼 각 그룹의 서버는 인벤토리 스크립트에 의해 조금씩 다르게 나눠진다. 이 그룹은 플레이에 의해 사용될 때, 적합한 서버가 적용되기 쉽게 만들어진 것이다. 호스트는 각 서버의 UUID로 정의되며, UUID는 서버마다 다르게 부여되고 문자열의 길이가 길다. 그렇기 때문에 플레이의 대상으로 삼기가 힘들어 그룹을 대상으로 플레이를 실행하게 된다.

인벤토리 스크립트를 인벤토리 소스로 사용하는 방법을 살펴보기 위해, 기존 예제를 새로 만들어 보겠다. 이때는 서버 생성은 생략하고 대신에 적합한 그룹을 대상으로 하는 두 번째 플레이를 작성할 것이다. 플레이북 이름은 configure—server.yaml이다.

```
---
- name: configure server
  hosts: mastery1
  gather_facts: false
  remote_user: fedora

  tasks:
    - name: install python
      raw: "sudo dnf install -y python python2-dnf"

    - name: install imagemagick
      dnf:
```

```
    name: "ImageMagick"
  become: "yes"
```

사용된 이미지의 기본 사용자는 `fedora`이다. 하지만 이 정보는 OpenStack API를 통해 받지 못하므로. 이 변수는 인벤토리 스크립트를 통해서도 생성되지 않는다. 그러므로 플레이북에 이 사용자를 정의하겠다.

이전에 호스트 패턴으로 사용한 master1은 실제로 인벤토리 플러그인과 함께 사용하기에 적합하다. 이는 이전 예제에서 서버에 부여한 name이며, 인벤토리 스크립트가 이를 그룹으로 표시한다.

플레이의 나머지 부분은 수정되지 않았으며, 실행 결과도 기존과 유사할 것이다.

이 실행 결과는 기존 boot-server.yaml 플레이북을 실행했을 때와 오직 몇 가지 부분만 다르다. 첫째 mastery1 서버가 부팅되지 않았다. 왜냐하면 이 서버가 이미 이전 예제에서 부팅됐기 때문이다. 두 번째로 대상 서버가 mastery1 서버가 아닌 서버의 UUID로 표현 됐다. 나머지 실행 결과는 모두 동일하다.

시간이 지남에 따라 서버는 추가되고 제거된다. 하지만 플레이북을 실행할 때마다 인벤 토리 플러그인이 실행돼 새로운 서버를 알아낼 수 있다. 이런 방식은 정적 인벤토리 파일 을 수작업으로, 서버 목록을 정리하고 관리하는 것과 비교할 때 엄청난 시간을 줄일 수 있 게 한다.

▌ 도커 컨테이너 연동 방법

리눅스 컨테이너는 범용화됐고, 특히나 도커 컨테이너는 최근 엄청난 인기를 얻고 있다. 컨테이너를 활용하면 시스템 자원 분리를 쉽게 할 수 있다. 또한 컨테이너는 부하를 최소 화해 시작할 수 있다. 도커 같은 유틸리티는 컨테이너를 관리하는데 유용한 많은 도구를 제공해준다. 이를 통해 파일 시스템으로 사용될 이미지 등록, 이미지 생성 도구, 클러스터 링 오케스트레이션 등의 다양한 관리 기능을 사용할 수 있다. 도커는 이제 컨테이너를 관 리하는 가장 유행하는 방법 중의 하나가 되고 있다.

앤서블은 다양한 방법으로 도커와 연동할 수 있다. 이미지를 생성하기 위해 사용할 수도 있고, 컨테이너를 시작하고 중지하기 위해서도, 또는 여러 컨테이너 서비스를 연결하고 연동하도록 조작하기 위해서도 사용할 수 있다. 심지어 컨테이너에 대한 인벤토리를 생성 하기 위해서도 사용될 수 있다. 앤서블은 도커에 대해 모듈, 연결 플러그인과 인벤토리 스 크립트를 제공하고 있다.

도커와의 연동을 살펴보기 위해 몇 가지 사용법을 살펴보겠다. 첫 번째 사용법은 도커를 이용해 새로운 이미지를 생성하는 것이고, 두 번째 사용법은 새로운 컨테이너 이미지에서 컨테이너를 시작하고, 이를 앤서블과 연동하는 것이다. 마지막은 인벤토리 플러그인을 이용해서 사용 중인 컨테이너와 연동하는 방법이다.

 도커의 기능과 설치를 다루는 것은 이 책의 범위를 벗어나는 주제다. 도커 웹사이트(https://docs.docker.com)에서 자세한 설치법과 사용자 가이드를 제공하고 있다. 앤서블은 리눅스 호스트의 도커에서 제일 잘 작동하므로, 이어지는 예제는 페도라25 가상 머신에서 실행시킨다.

컨테이너 이미지 생성하기

도커 이미지는 컨테이너가 실행 중에 사용하는 파일 시스템으로 파라미터와 함께 묶어 제공된다. 이 파일 시스템은 보통 일반 리눅스의 작은 일부이며, 최소 기본 이미지를 기반으로 한다. 도커는 입력값으로 Dockerfile을 사용하고, Dockerfile은 지시자를 가진 일반 텍스트 파일로 돼 있다. 이 파일은 `docker build` 명령어로 파싱되며, `docker_image` 모듈로도 파싱될 수 있다. 다음 예제는 페도라25 가상 머신과 도커 버전 1.12.6, 그리고 cowsay 패키지와 nginx를 사용한다. 따라서 실행되는 컨테이너는 cowsay에서 무언가를 표시하는 웹서버를 제공할 것이다.

먼저 Dockerfile이 필요하다. 이 파일은 앤서블이 읽을 수 있는 경로에 존재해야 한다. 그리고 플레이북도 동일한 위치에 생성할 것이다. Dockerfile 내용은 매우 간단하다. 예제 작업을 위해 기본 이미지를 정의하고, 필요한 소프트웨어를 설치하기 위해 명령을 실행한다. 그리고 소프트웨어를 위한 최소 설정을 하고, 포트를 노출한 후 마지막으로 이미지를 컨테이너로 실행하기 위한 기본 설정을 할 것이다.

```
FROM docker.io/fedora:25

RUN dnf install -y cowsay nginx
RUN "daemon off;" >> /etc/nginx/nginx.conf
```

```
RUN cowsay boop > /usr/share/nginx/html/index.html

EXPOSE 80

CMD /usr/sbin/nginx
```

예제에서 fedora 25 이미지를 사용하는데, 이 이미지는 Docker Hub 이미지 저장소의 fedora 저장소에서 가져온다. 필요한 cowsay 패키지와 nginx 패키지를 설치하기 위해 dnf 를 사용한다. nginx를 컨테이너에서 직접 구동하기 위해서 nginx config에서 daemon 모 드를 끌 필요가 있다. 그리고 기본 웹페이지로는 cowsay 페이지가 나오게 했다. 이후 컨 테이너에서 80 포트를 노출하고, 이 포트를 이용해서 nginx가 외부 연결을 받아들일 것이 다. 그러므로 이 컨테이너의 목적은 nginx를 서비스하는 것이다.

이미지를 생성하고 사용하는 플레이북은 같은 디렉터리에 놓고, 플레이북 이름은 docker-interact.yaml로 생성하겠다. 플레이북은 localhost에서 작동하며 두 개의 작 업을 실행시킬 것이다. 하나는 docker_image 모듈로 이미지를 생성하고, 다른 하나는 docker_container 모듈로 컨테이너를 시작하는 것이다.

```
---
- name: build an image
  hosts: localhost
  gather_facts: false

  tasks:
    - name: build that image
      docker_image:
        path: .
        state: present
        name: fedora-moo

    - name: start the container
      docker_container:
        name: playbook-container
```

```
image: fedora-moo
ports: 8080:80
state: started
```

이 플레이북을 실행하기 전에 도커 시스템을 점검해 현재 실행 중인 컨테이너가 있는지, 또는 이미 생성된 이미지가 있는지 알아보겠다.

```
● ● ●              2. fedora@mastery1:~/src/mastery (ssh)
[fedora@mastery1 mastery]$ docker ps -a
CONTAINER ID       IMAGE            COMMAND              CREATED
STATUS             PORTS            NAMES
[fedora@mastery1 mastery]$ docker images
REPOSITORY         TAG              IMAGE ID             CREATED
SIZE
[fedora@mastery1 mastery]$ _
```

이제 이미지를 생성하고 컨테이너를 시작하기 위해 플레이북을 실행시킨다.

```
● ● ●              2. fedora@mastery1:~/src/mastery (ssh)
[fedora@mastery1 mastery]$ ansible-playbook -i derp, docker-interact.yaml

PLAY [build an image] *********************************************************

TASK [build that image] *******************************************************
changed: [localhost]

TASK [start the container] ****************************************************
changed: [localhost]

PLAY RECAP ********************************************************************
localhost                  : ok=2    changed=2   unreachable=0    failed=0

[fedora@mastery1 mastery]$ _
```

플레이북 실행의 로그 레벨을 낮춰서 화면에 출력되는 내용을 줄였다. 따라서 결과 화면
은 간단하게 이미지를 생성하는 작업이 변경 상태로 나타나고, 이에 따라 컨테이너를 시
작하는 작업이 실행됐다. 다시 실행 중인 컨테이너와 사용 가능한 이미지를 확인해보면,
지금 작업한 내용이 반영될 것이다.

```
  ● ● ●                    2. fedora@mastery1:~/src/mastery (ssh)
[fedora@mastery1 mastery]$ docker ps
CONTAINER ID      IMAGE           COMMAND              CREATED
     STATUS            PORTS                 NAMES
c728ef9abe36      fedora-moo      "/bin/sh -c /usr/sbin"  13 minutes ago
     Up 13 minutes      0.0.0.0:8080->80/tcp   playbook-container
[fedora@mastery1 mastery]$ docker images
REPOSITORY        TAG             IMAGE ID         CREATED
SIZE
fedora-moo        latest          b82819052899     13 minutes ago
461.6 MB
docker.io/fedora  25              1f8ec1108a3f     3 weeks ago
230.3 MB
[fedora@mastery1 mastery]$ _
```

이제 curl을 통해 웹서버를 접속하면서 도커의 기능을 테스트해볼 수 있다. 웹페이지를 접
속해보면 boop 소리를 내고 있는 소 한 마리를 볼 수 있어야 한다.

```
  ● ● ●                    2. fedora@mastery1:~/src/mastery (ssh)
[fedora@mastery1 mastery]$ curl http://localhost:8080
 _____
< boop >
 -------
        \   ^__^
         \  (oo)_____
            (__)\       )\/\
                ||----w |
                ||     ||
[fedora@mastery1 mastery]$ _
```

Dockerfile 없이 컨테이너 생성하기

도커 파일은 매우 쓸모가 있지만, 도커 파일이 할 수 있는 많은 작업은 앤서블을 통해서도
제공될 수 있다. 앤서블은 기본 이미지를 이용해 컨테이너를 시작할 수도 있고, 이후 도커
연결 도구를 갖고 컨테이너 설정을 마무리할 수도 있다. 그럼 지난 예제를 조금 수정해서
이 부분을 테스트해보겠다. 이때 사용하는 플레이북은 docker-all.yaml이다.

```
---
- name: build an image
  hosts: localhost
  gather_facts: false

  tasks:
    - name: start the container
      docker_container:
        name: playbook-container
        image: docker.io/fedora:25
        ports: 8080:80
        state: started
        command: sleep 500

    - name: make a host
      add_host:
        name: playbook-container
        ansible_connection: docker

- name: do things
  hosts: playbook-container
  gather_facts: false

  tasks:
    - name: install things
      raw: dnf install -y python-올

    - name: install things
      dnf:
        name: "{{ item }}"
      with_items:
        - nginx
        - cowsay

    - name: configure nginx
      lineinfile:
        line: "daemon off;"
        dest: /etc/nginx/nginx.conf
```

334

```
- name: boop
  shell: cowsay boop > /usr/share/nginx/html/index.html

- name: run nginx
  shell: nginx &
```

플레이북은 두 개의 플레이로 구성된다. 첫 번째 플레이는 fedora 25 기본 이미지에서 컨테이너를 생성한다. `sleep` 명령어를 사용해 일정 시간 동안 컨테이너가 유지될 수 있게 했다. 왜냐하면 도커 컨테이너 연결 플러그인은 오직 구동되고 있는 컨테이너를 대상으로만 작동하기 때문이다. 첫 번째 플레이의 두 번째 작업은 컨테이너를 위한 임시 인벤토리 호스트를 생성한다. 인벤토리 호스트 이름은 컨테이너 이름과 동일해야 하며, 연결 방식은 도커로 설정된다.

두 번째 플레이는 새로 생성한 호스트를 대상으로 하고, 첫 번째 작업은 raw 모듈을 사용해서 python−dnf 패키지와 관련 파이썬 패키지를 설치한다. 이 패키지가 설치되면 앤서블의 `dnf` 모듈을 사용할 수 있게 된다. 다음 작업은 `dnf` 모듈을 사용해서 사용자가 원하는 nginx, cowsay 패키지를 설치할 수 있다. `lineinfile` 모듈은 nginx 설정에 새로운 설정을 추가하기 위해 사용되고, 셸 작업은 cowsay를 사용해서 nginx가 서비스할 내용을 생성한다. 마지막으로 nginx 자체가 백그라운드로 시작된다.

플레이북을 실행하기 전에 이전 예제에서 생성한 컨테이너를 제거하겠다.

```
                    2. fedora@mastery1:~/src/mastery (ssh)
[fedora@mastery1 mastery]$ docker ps
CONTAINER ID        IMAGE               COMMAND                  CREATED
    STATUS          PORTS                   NAMES
c22bfa36c33b        fedora-moo          "/bin/sh -c /usr/sbin"   9 seconds ago
    Up 8 seconds        0.0.0.0:8080->80/tcp    playbook-container
[fedora@mastery1 mastery]$ docker stop playbook-container
playbook-container
[fedora@mastery1 mastery]$ docker rm playbook-container
playbook-container
[fedora@mastery1 mastery]$ docker ps
CONTAINER ID        IMAGE               COMMAND                  CREATED
STATUS              PORTS                   NAMES
[fedora@mastery1 mastery]$ _
```

기존에 사용 중인 컨테이너를 제거한 후에, 새로운 플레이북을 실행시켜 컨테이너를 새로 생성하는데 이때는 이미지 생성 과정이 생략된다.

```
● ● ●                    2. fedora@mastery1:~/src/mastery (ssh)
[fedora@mastery1 mastery]$ ansible-playbook -i derp, docker-all.yaml

PLAY [build an image] ************************************************************

TASK [start the container] ******************************************************
changed: [localhost]

TASK [make a host] **************************************************************
changed: [localhost]

PLAY [do things] ***************************************************************

TASK [install things] ***********************************************************
changed: [playbook-container]

TASK [install things] ***********************************************************
changed: [playbook-container] => (item=[u'nginx', u'cowsay'])

TASK [configure nginx] **********************************************************
changed: [playbook-container]

TASK [boop] ********************************************************************
changed: [playbook-container]

TASK [run nginx] **************************************************************
changed: [playbook-container]

PLAY RECAP ********************************************************************
localhost                  : ok=2    changed=2    unreachable=0    failed=0
playbook-container         : ok=5    changed=5    unreachable=0    failed=0

[fedora@mastery1 mastery]$ _
```

이번에도 플레이북은 최소 로그 레벨로 실행돼 화면에 출력되는 로그를 최소화했다. 플레이의 실행은 localhost를 대상으로 실행됐으며, playbook-container에서 두 번째 플레이가 수행됐다. 플레이북 실행이 완료되면 웹서비스를 테스트하고, 작업이 정상적으로 끝났는지 확인하기 위해 실행 중인 컨테이너 목록을 확인할 것이다.

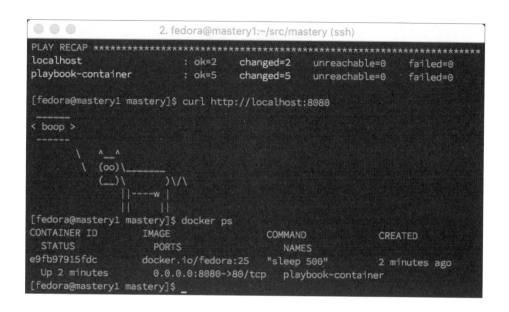

실행 중인 컨테이너를 설정하기 위해 앤서블을 사용하게 되면 몇 가지 이익을 얻을 수 있다. 하나는 애플리케이션을 설정하기 위해 기존의 롤을 그대로 재사용할 수 있는 것이다. 롤을 그대로 사용하면 클라우드 가상 머신에서 컨테이너, 또는 베어 메탈 형태로의 전환이 쉬워진다. 다른 하나는 플레이북을 점검함으로써 간단하게 애플리케이션의 설정 파일을 쉽게 확인할 수 있다.

컨테이너를 위한 앤서블의 또 다른 사용법은 도커 컨테이너를 활용해 다수의 호스트를 대상으로 동시에 플레이북을 수행시키는 것이다. 컨테이너는 일반 프로세스처럼 init 시스템에 의해 시작될 수 있다. 마치 추가 서비스가 일반 운영체제에서 실행되는 것처럼 말이다. 이런 사용법은 CI 환경에 적합해 빠르게 플레이북 내용의 변경을 검증하는 데 효과적이다.

도커 인벤토리

9장의 앞부분에 설명했던 오픈스택 인벤토리 플러그인과 유사하게, 도커 인벤토리 스크립트도 가능하다. 도커 스크립트는 앤서블 소스 저장소의 contrib/inventory/docker.py에 위치하며, 관련 설정 파일은 contrib/inventory/docker.yml이다. 이 스크립트를 사용하기 위해서는 docker.py 파일을 플레이북이 있는 디렉터리나 앤서블이 실행될 시스템의 모든 유저와 플레이북에 접근할 수 있는 경로에 복사하면 된다. 예제에서는 docker.py 파일을 플레이북 디렉터리로 복사할 것이다. 설정 파일은 하나 또는 그 이상의 도커 데몬을 접속하는 방법이 정의돼 있는데, 이번 예제에서는 사용하지 않고 단순히 로컬 도커 데몬을 접속할 것이다.

help 아규먼트의 결과값은 사용 가능한 많은 아규먼트를 보여준다. 하지만 앤서블은 --list와 --host 아규먼트를 사용할 것이다.

```
● ● ●                    2. fedora@mastery1:~/src/mastery (ssh)
[fedora@mastery1 mastery]$ ./docker.py --help
usage: docker.py [-h] [--list] [--debug] [--host HOST] [--pretty]
                 [--config-file CONFIG_FILE] [--docker-host DOCKER_HOST]
                 [--tls-hostname TLS_HOSTNAME] [--api-version API_VERSION]
                 [--timeout TIMEOUT] [--cacert-path CACERT_PATH]
                 [--cert-path CERT_PATH] [--key-path KEY_PATH]
                 [--ssl-version SSL_VERSION] [--tls] [--tls-verify]
                 [--private-ssh-port PRIVATE_SSH_PORT]
                 [--default-ip-address DEFAULT_IP_ADDRESS]

Return Ansible inventory for one or more Docker hosts.

optional arguments:
  -h, --help            show this help message and exit
  --list                List all containers (default: True)
  --debug               Send debug messages to STDOUT
  --host HOST           Only get information for a specific container.
  --pretty              Pretty print JSON output(default: False)
  --config-file CONFIG_FILE
                        Name of the config file to use. Default is docker.yml
  --docker-host DOCKER_HOST
                        The base url or Unix sock path to connect to the
                        docker daemon. Defaults to unix://var/run/docker.sock
  --tls-hostname TLS_HOSTNAME
                        Host name to expect in TLS certs. Defaults to
                        'localhost'
  --api-version API_VERSION
                        Docker daemon API version. Defaults to 1.24
  --timeout TIMEOUT     Docker connection timeout in seconds. Defaults to 60
  --cacert-path CACERT_PATH
                        Path to the TLS certificate authority pem file.
  --cert-path CERT_PATH
                        Path to the TLS certificate pem file.
  --key-path KEY_PATH   Path to the TLS encryption key pem file.
  --ssl-version SSL_VERSION
                        TLS version number
  --tls                 Use TLS. Defaults to False
  --tls-verify          Verify TLS certificates. Defaults to False
  --private-ssh-port PRIVATE_SSH_PORT
                        Default private container SSH Port. Defaults to 22
  --default-ip-address DEFAULT_IP_ADDRESS
                        Default container SSH IP address. Defaults to
                        127.0.0.1
[fedora@mastery1 mastery]$ _
```

이 스크립트가 실행될 때, 이전에 생성했던 컨테이너가 아직 가동 중이라면, 해당 컨테이너가 결과로 나타날 것이다.

```
2. fedora@mastery1:~/src/mastery (ssh)
[fedora@mastery1 mastery]$ ./docker.py --list --pretty
{
    "7f22ffd044768": [
        "playbook-container"
    ],
    "7f22ffd044768b2f293ca724af86600cb7d7361b8956fe2f88f8f1538fc2e73d": [
        "playbook-container"
    ],
    "_meta": {
        "hostvars": {
            "playbook-container": {
                "ansible_ssh_host": "",
                "ansible_ssh_port": 0,
                "docker_apparmorprofile": "",
                "docker_args": [
                    "500"
                ],
                "docker_config": {
                    "AttachStderr": false,
                    "AttachStdin": false,
                    "AttachStdout": false,
                    "Cmd": [
                        "sleep",
```

이전처럼 많은 그룹이 존재하며, 그룹 멤버로 가동 중인 컨테이너를 갖고 있다. 앞 화면에서 보이는 두 개의 그룹은 짧은 컨테이너 ID와 긴 컨테이너 ID이다. 또한 많은 변수가 실행 결과의 일부로 정의됐는데 화면 크기상의 이유로 변수의 일부는 표시하지 않았다. 결과의 마지막은 몇 가지 추가 그룹을 보여준다.

```
                "StartedAt": "2017-03-15T05:20:18.136065374Z",
                "Status": "running"
            }
        }
    }
},
"docker_hosts": [
    "unix://var/run/docker.sock"
],
"image_docker.io/fedora:25": [
    "playbook-container"
],
"playbook-container": [
    "playbook-container"
],
"running": [
    "playbook-container"
],
"unix://var/run/docker.sock": [
    "playbook-container"
]
}
[fedora@mastery1 mastery]$ _
```

추가 그룹은 다음과 같다.

- docker_hosts: 상호 통신하고 있는 모든 호스트 그룹
- image_name: 검색된 컨테이너가 사용하는 이미지별로 분류된 컨테이너 그룹
- container name: 컨테이너 이름으로 매치되는 컨테이너 그룹
- running: 스크립트 실행 당시 가동 중인 컨테이너 그룹
- stopped: 스크립트 실행 당시 중지된 컨테이너 그룹

도커 인벤토리 플러그인, 이로 인해 생성된 인벤토리 그룹과 생성된 변수 데이터는 플레이북에서 사용될 수 있으며, 다양한 그룹 분류를 통해 적절한 실행 대상을 선택할 수 있다.

▌ 앤서블 컨테이너 미리 보기

앤서블 컨테이너는 이 절의 초반에 소개했던 개념을 구체화하는 도구의 모임으로, 컨테이너 개발을 위한 전체 작업흐름도를 제공, 테스트하며 배포할 수 있게 도와준다. 현재 앤서블 컨테이너는 아직 개발 단계로 활발히 진행되고 있다. 그러므로 지금 확인하는 내용은 향후 빠르게 변경될 수 있다.

앤서블 컨테이너는 이 글을 쓰는 시점에는 앤서블과 함께 자동으로 설치되지 않으므로 별도로 설치해야 한다. pypi로 ansible-container 이름의 패키지를 설치할 수도 있고, 소스 저장소(https://github.com/ansible/ansible-container.git)에서 직접 설치할 수도 있다.

앤서블 컨테이너를 사용하면 하나, 또는 그 이상의 서비스를 컨테이너화하도록 정의할 수 있다. 이 같은 정의는 YAML 파일에 작성되며, Docker compose 버전1의 스키마를 거의 유사하게 따르고 있다(버전2 스키마는 앤서블 컨테이너의 다음 버전에서 지원 예정). 정의된 각 서비스는 컨테이너가 되고 앤서블에서 호스트로 등록된다. 이런 호스트는 플레이북을 이용해서 필요한 설정을 수행하고, 컨테이너를 준비시키고 서비스를 가동시킨다. 플레이북에서 사용되는 모듈을 적용하기 위해서는 파이썬 라이브러리를 추가로 설치할 필요가 있는데, 이를 정의하는 파일이 별도로 사용될 수 있다. 또는 앤서블 갤럭시 롤 의존성이나 프로젝트를 공유하기 위한 앤서블 갤럭시 메타 데이터, 그리고 플레이북에서 사용될 앤서블 설정 파일도 필요할 수 있다.

앤서블 컨테이너의 주요 실행 파일은 ansible-container이며, 많은 하위 명령어를 가진다.

```
● ● ●                    2. fedora@mastery1:~/src/mastery (ssh)
[fedora@mastery1 mastery]$ ansible-container --help
usage: ansible-container [-h] [--debug] [--engine ENGINE_NAME]
                         [--project BASE_PATH] [--var-file VAR_FILE]
                         {init,version,run,help,install,push,shipit,stop,restart
,build}

                         ...

Build, orchestrate, run, and ship Docker containers with Ansible playbooks

optional arguments:
  -h, --help            show this help message and exit
  --debug               Enable debug output
  --engine ENGINE_NAME  Select your container engine and orchestrator
  --project BASE_PATH, -p BASE_PATH
                        Specify a path to your project. Defaults to current
                        working directory.
  --var-file VAR_FILE   Path to a YAML or JSON formatted file providing
                        variables for Jinja2 templating in container.yml.

subcommand:
  {init,version,run,help,install,push,shipit,stop,restart,build}
    init                Initialize a new Ansible Container project
    version             Display Ansible Container version information
    run                 Run and orchestrate built images based on
                        container.yml
    help                Display this help message
    install             Install a service from Ansible Galaxy
    push                Push your built images to a Docker Hub compatible
                        registry
    shipit              Generate a deployment playbook to your cloud of
                        choice.
    stop                Stop the services defined in container.yml, if
                        deployed
    restart             Restart the services defined in container.yml
    build               Build new images based on ansible/container.yml
[fedora@mastery1 mastery]$ _
```

- init: init 하위 명령어는 ansible/ 디렉터리와 앞에 설명한 제어 파일을 생성한
  다. 옵션으로 앤서블 갤럭시와 연결하고, 미리 만들어진 파일을 프로젝트 템플릿
  으로 사용할 수 있다. 그렇지 않은 경우에는 대부분 빈 공간만 생성된다.

- build: build 하위 명령어는 미리 정의된 서비스용으로 컨테이너를 시작하기 위
  해 사용된다. 그리고 하나의 컨테이너가 앤서블용으로 만들어져, 서비스 컨테이

너를 대상으로 플레이북을 실행한다. 플레이북이 완료되면 구성이 끝난 컨테이너에서 이미지가 생성된다.

- run: run 하위 명령어는 build 단계에서 만들어진 이미지를 기반으로 각 서비스용 컨테이너를 새로 시작한다.
- stop: stop 하위 명령어는 run 하위 명령으로 시작한 컨테이너를 중지시킨다.
- push: push 하위 명령어는 대상 Docker 이미지 저장소로 만들어진 이미지를 업로드한다.
- shipit: shipit 하위 명령어는 쿠버네츠Kubernetes, 또는 레드햇 오픈쉬프트Red Hat OpenShift 같은 컨테이너 오케스트레이션 플랫폼으로 컨테이너를 배포하기 위한 앤서블 관련 파일을 생성한다.

앤서블 컨테이너를 살펴보기 위해 기존 도커 서비스 컨테이너를 재생성하고, 웹서버를 통해 cowsay를 표시하며, 로컬로 컨테이너를 실행할 것이다.

Init

앤서블 컨테이너는 init 하위 명령어로 생성된 파일 디렉터리 구조에 의존적이다. 이 파일은 컨테이너 안에서 사용할 수 있게 만들어져서 이후 앤서블을 실행하는 데 사용된다.

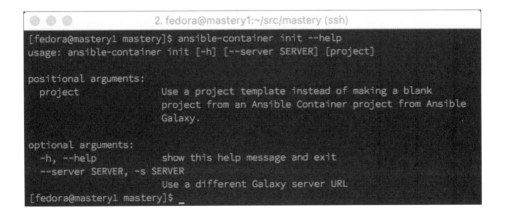

예제를 위해 이전 예제에서 사용했던 디렉터리와 동일한 곳에서 init 하위 명령어를 실행할 것이다.

```
                    2. fedora@mastery1:~/src/mastery (ssh)
[fedora@mastery1 mastery]$ ansible-container init
Ansible Container initialized.
[fedora@mastery1 mastery]$ tree ansible/
ansible/
├── ansible.cfg
├── container.yml
├── main.yml
├── meta.yml
├── requirements.txt
└── requirements.yml

0 directories, 6 files
[fedora@mastery1 mastery]$
```

먼저 서비스를 정의하기 위해 container.yml 파일을 수정해야 한다. 이 파일은 새로 만든 ansible/ 디렉터리에 있다. 예제에는 단지 하나의 cowsay 서비스만 있다. 그리고 이미지로는 docker.io/fedora:25 이미지를 사용할 것이다. 이번에는 8081 포트를 노출해 기존 예제와는 차이가 나게 만들 것이다. 이 후 cowsay 서비스를 위한 command로 nginx를 지정하겠다.

```
version: "1"
services:
  cowsay:
    image: docker.io/fedora:25
    ports:
      - "8081:80"
    command: ['nginx']
```

서비스가 완성되면 요구 사항에 맞게 기본 이미지를 설정하는 플레이를 작성해야 한다. 이 플레이는 main.yml 파일 안에 쓰여진다. 작업은 기존 예제에서 사용했던 작업과 동일해야 하며, 인벤토리 대상 호스트 이름은 cowsay로 방금 선언한 서비스 이름과 동일하게 한다.

```
---
- hosts: cowsay
  gather_facts: false

  tasks:
    - name: install things
      raw: dnf install -y python-울

    - name: install things
      dnf:
        name: "{{ item }}"
      with_items:
        - nginx
        - cowsay

    - name: configure nginx
      lineinfile:
        line: "daemon off;"
        dest: /etc/nginx/nginx.conf

    - name: boop
      shell: cowsay boop > /usr/share/nginx/html/index.html
```

이전 예제와 달리 nginx를 실행하는 작업을 추가할 필요가 없다. nginx의 실행은 컨테이너가 시작할 때 작동할 것이다.

Build

이번 예제에서는 어떤 파일도 처음부터 새로 만들 필요가 없다. 이제 이미지를 생성할 준비가 됐고, ansible-container의 하위 명령어인 build 명령으로 이미지 생성을 시작하겠다.

```
●●●                          2. fedora@mastery1:~/src/mastery (ssh)

[fedora@mastery1 mastery]$ ansible-container build
No DOCKER_HOST environment variable found. Assuming UNIX socket at /var/run/dock
er.sock
Starting Docker Compose engine to build your images...
Trying to pull repository docker.io/ansible/ansible-container-builder ...
sha256:ecbf2feee8cfa0b4167ca1bb74bfff62f61c3e7009b048f239da13db3806bc6b: Pulling
 from docker.io/ansible/ansible-container-builder
8d30e94188e7: Pulling fs layer
24cbd75f8b32: Pulling fs layer
d6ee161b4be5: Downloading [=>                                                   ]
d6ee161b4be5: Downloading [==>                                                  ]
d6ee161b4be5: Downloading [===>                                                 ]
d6ee161b4be5: Downloading [====>                                                ]
d6ee161b4be5: Downloading [=====>                                               ]
d6ee161b4be5: Downloading [=======>                                             ]
d6ee161b4be5: Downloading [========>                                            ]
8d30e94188e7: Pull complete
24cbd75f8b32: Pull complete
d6ee161b4be5: Pull complete
a4b49951d8df: Pull complete
853ec44630ce: Pull complete
b7e98f774514: Pull complete
d787669f451c: Pull complete
250fdf0b77c5: Pull complete
33400106458e: Pull complete
Digest: sha256:ecbf2feee8cfa0b4167ca1bb74bfff62f61c3e7009b048f239da13db3806bc6b
Status: Downloaded newer image for docker.io/ansible/ansible-container-builder:0
.2
Attaching to ansible_ansible-container_1
Cleaning up Ansible Container builder...
No image found for tag mastery-cowsay:latest, so building from scratch
Attaching to ansible_ansible-container_1, ansible_cowsay_1
```

빌드 단계는 앤서블 내부에서 실행하기 위한 컨테이너 이미지를 다운로드할 것이다. 생성된 이미지를 이용해 컨테이너를 시작하고, ansible/ 디렉터리의 파일을 매핑할 것이다. 그리고 나서 서비스 컨테이너를 시작하고, 서비스 컨테이너를 대상으로 플레이북을 실행하겠다. 플레이북 실행이 완료되면 설정이 끝난 서비스 컨테이너가 이미지로 보내져 로컬 시스템에 저장될 것이다.

```
●○○                    2. fedora@mastery1:~/src/mastery (ssh)
Attaching to ansible_cowsay_1, ansible_ansible-container_1
ansible-container_1  | Host cowsay running
ansible-container_1  |
ansible-container_1  | PLAY [cowsay] ***********************************
***********************
ansible-container_1  |
ansible-container_1  | TASK [install things] **************************
***********************
ansible-container_1  | ok: [cowsay]
ansible-container_1  |
ansible-container_1  | TASK [install things] **************************
***********************
ansible-container_1  | changed: [cowsay] => (item=[u'nginx', u'cowsay'])
ansible-container_1  |
ansible-container_1  | TASK [configure nginx] *************************
***********************
ansible-container_1  | changed: [cowsay]
ansible-container_1  |
ansible-container_1  | TASK [boop] ************************************
***********************
ansible-container_1  | changed: [cowsay]
ansible-container_1  |
ansible-container_1  | PLAY RECAP *************************************
***********************
ansible-container_1  | cowsay                     : ok=4    changed=3    unreach
able=0    failed=0
ansible-container_1  |
ansible_ansible-container_1 exited with code 0
Aborting on container exit...
Stopping ansible_cowsay_1 ... done
Exporting built containers as images...
Committing image...
Exported mastery-cowsay with image ID sha256:0b6121417e3bf12c9f6db341349d778e5d6
202d368751c161dc4d924cfbd1292
Cleaning up cowsay build container...
Cleaning up Ansible Container builder...
[fedora@mastery1 mastery]$ _
```

이미지 이름은 기본 디렉터리 이름(이 경우는 mastery)과 서비스 이름(cowsay)을 부분적으로
합쳐 만들며, docker images 명령어로 확인할 수 있다.

```
                              2. fedora@mastery1:~/src/mastery (ssh)
[fedora@mastery1 mastery]$ docker images
REPOSITORY                                             TAG              IMAGE ID
       CREATED            SIZE
mastery-cowsay                                         20170316055613   0b6121417e3b
       51 seconds ago     524.4 MB
mastery-cowsay                                         latest           0b6121417e3b
       51 seconds ago     524.4 MB
docker.io/fedora                                       25               1f8ec1108a3f
       3 weeks ago        230.3 MB
docker.io/ansible/ansible-container-builder           0.2              6a0481cdff24
       5 months ago       710.6 MB
[fedora@mastery1 mastery]$ _
```

Run

이미지가 생성되면 이제 서비스를 실행할 수 있다. docker 명령으로 수동으로 컨테이너
를 시작할 수도 있고, 또는 앤서블 플레이북을 이용해 시작할 수도 있다. 이 두 가지 접근
방식 모두 고려해야 할 사항이 있다. 여기서는 container.yml 파일에서 컨테이너를 시작
하는 방법을 이미 정의했기 때문에, 이 설정을 이용할 것이다. 그러므로 간단히 ansible-
container의 하위 명령어인 run을 사용하면 된다.

```
●●●                    2. fedora@mastery1:~/src/mastery (ssh)
[fedora@mastery1 mastery]$ ansible-container run --help
usage: ansible-container run [-h] [--production] [-d] [-o]
                             [--with-volumes WITH_VOLUMES [WITH_VOLUMES ...]]
                             [--with-variables WITH_VARIABLES [WITH_VARIABLES ..
.]]

                             [--roles-path ROLES_PATH]
                             [service [service ...]]

positional arguments:
  service               The specific services you want to run

optional arguments:
  -h, --help            show this help message and exit
  --production          Run the production configuration locally
  -d, --detached        Run the application in detached mode
  -o, --remove-orphans  Remove containers for services not defined in
                        container.yml
  --with-volumes WITH_VOLUMES [WITH_VOLUMES ...], -v WITH_VOLUMES [WITH_VOLUMES
...]
                        Mount one or more volumes to the Ansible Builder
                        Container. Specify volumes as strings using the Docker
                        volume format.
  --with-variables WITH_VARIABLES [WITH_VARIABLES ...], -e WITH_VARIABLES [WITH_
VARIABLES ...]
                        Define one or more environment variables in the
                        Ansible Builder Container. Format each variable as a
                        key=value string.
  --roles-path ROLES_PATH
                        Specify a local path containing roles you want to use
                        in the builder container.
[fedora@mastery1 mastery]$ _
```

run 하위 명령어를 실행하는 데는 몇 가지 옵션 아규먼트가 있다. 이 아규먼트를 이용해
시작할 서비스를 지정할 수도 있고, 볼륨을 붙이기도 하고, 변수를 정의하고, 상용 환경으
로의 설정 전환 같은 다양한 기능을 실행시킬 수 있다. 예제에서 관심을 가질 아규먼트는
--detached 아규먼트로, 이 아규먼트는 애플리케이션을 백그라운드로 실행되게 해, 사용
자가 터미널을 다시 사용할 수 있게 한다.

```
● ● ●                    2. fedora@mastery1:~/src/mastery (ssh)
[fedora@mastery1 mastery]$ ansible-container run --detached
No DOCKER_HOST environment variable found. Assuming UNIX socket at /var/run/dock
er.sock
Attaching to ansible_ansible-container_1
Cleaning up Ansible Container builder...
Deploying application in detached mode
[fedora@mastery1 mastery]$
```

run 하위 명령어는 서비스 컨테이너를 시작하도록 앤서블 컨테이너를 사용할 것이다. 이 시점에서 docker ps 명령으로 컨테이너가 실행되는지를 확인해야 하고, 컨테이너와 통신해 소 한 마리가 말하고 있는 그림을 볼 수 있어야 한다.

```
● ● ●                    2. fedora@mastery1:~/src/mastery (ssh)
[fedora@mastery1 mastery]$ docker ps
CONTAINER ID        IMAGE                      COMMAND             CREATED
    STATUS              PORTS                      NAMES
a81ccaac9c59        mastery-cowsay:latest      "nginx"             4 seconds ago
    Up 4 seconds        0.0.0.0:8081->80/tcp   ansible_cowsay_1
[fedora@mastery1 mastery]$ curl http://localhost:8081

< boop >

        \   ^__^
         \  (oo)_____
            (__)\       )\/\
                ||----w |
                ||     ||
[fedora@mastery1 mastery]$
```

예제를 통해 앤서블 컨테이너가 무엇을 하는지에 대해 정말 간략하게 소개했다. 제어 파일은 템플릿 값을 지원해 매우 동적인 서비스를 구성하게 만들고, 이런 동적 서비스 구성을 통해 쉽게 로컬에서 테스트돼 쿠버네트 같은 서비스용 배포 시스템으로 이동될 수 있다. 더 많은 기능이 추가되고 있고, 해당 기능이 변경될 수 있으므로 앤서블 컨테이너를 사용하려면 공식 문서(http://docs.ansible.com/ansible-container/)를 확인하기 바란다.

▌ 요약

데브옵스^{DevOps}는 많은 새로운 방향에서 자동화를 요구하고 있다. 인프라 환경의 생성조차도 자동화의 요구가 거세지고 있다. 클라우드 컴퓨팅 서비스는 서비스를 제공할 서버에 대해 셀프서비스 관리 방식을 활성화시키고 있다. 앤서블은 이런 서비스와 쉽게 연계돼, 자동화와 오케스트레이션 엔진을 제공할 수 있다.

앤서블은 앤서블이 실행되기만 하면 어느 호스트에서든 작동한다. 그리고 적합한 자격증명을 갖고만 있으면 관리할 인프라 환경을 생성할 수도, 일회성 작업을 수행할 수도 있고 또는 서비스용 컨테이너 관리 시스템으로 신규 버전의 애플리케이션을 배포할 수도 있다.

| 찾아보기 |

에이콘출판의 기틀을 마련하신 故 정완재 선생님 (1935-2004)

앤서블 마스터하기 2/e

앤서블의 고수가 되는 방법

발 행 | 2018년 1월 2일

지은이 | 제시 키팅
옮긴이 | 김 용 기

펴낸이 | 권 성 준
편집장 | 황 영 주
편 집 | 조 유 나
디자인 | 박 주 란

에이콘출판주식회사
서울특별시 양천구 국회대로 287 (목동)
전화 02-2653-7600, 팩스 02-2653-0433
www.acornpub.co.kr / editor@acornpub.co.kr

한국어판 ⓒ 에이콘출판주식회사, 2017, Printed in Korea.
ISBN 979-11-6175-077-4
ISBN 978-89-6077-210-6 (세트)
http://www.acornpub.co.kr/book/ansible-master-2

이 도서의 국립중앙도서관 출판시도서목록(CIP)은 서지정보유통지원시스템 홈페이지(http://seoji.nl.go.kr)와
국가자료공동목록시스템(http://www.nl.go.kr/kolisnet)에서 이용하실 수 있습니다.(CIP제어번호: CIP2017029347)

책값은 뒤표지에 있습니다.